ENTERPRISE STRATEGY
BASED ON DEVELOPMENT
ENVIRONMENT

基于环境的企业发展战略

邓志雄 格日勒图 胡武婕 李宁 刘庆波 ◎ 著

電子工業出版社
Publishing House of Electronics Industry
北京 • BEIJING

图书在版编目（CIP）数据

岭峰之观：基于环境的企业发展战略 / 邓志雄等著. —北京：电子工业出版社，2019.4

ISBN 978-7-121-36072-5

Ⅰ. ①岭…　Ⅱ. ①邓…　Ⅲ. ①企业发展战略－研究　Ⅳ. ①F272.1

中国版本图书馆 CIP 数据核字（2019）第 035557 号

策划编辑：刘九如　　董亚峰
责任编辑：刘小琳　　　　　　特约编辑：白天明 等
印　　刷：北京虎彩文化传播有限公司
装　　订：北京虎彩文化传播有限公司
出版发行：电子工业出版社
　　　　　北京市海淀区万寿路 173 信箱　邮编 100036
开　　本：720×1 000　1/16　印张：22.5　字数：270 千字
版　　次：2019 年 4 月第 1 版
印　　次：2023 年12月第 3 次印刷
定　　价：99.00 元

凡所购买电子工业出版社图书有缺损问题，请向购买书店调换。若书店售缺，请与本社发行部联系，联系及邮购电话：（010）88254888，88258888。

质量投诉请发邮件至 zlts@phei.com.cn，盗版侵权举报请发邮件至 dbqq@phei.com.cn。

本书咨询联系方式：liuxl@phei.com.cn，（010）88254538。

著者邮箱：ddzzxx@yeah.net

题 记

横看成岭侧成峰，

远近高低各不同。

不识庐山真面目，

只缘身在此山中。

苏轼

序一

企业发展战略是企业家在勤奋实践中悟出来的。这种悟，既离不开企业家对生产实践过程内在规律的深刻认识，更离不开企业家对企业外部环境的全面把握。企业环境母系统是一个由多因素构成的复杂系统。志雄同志这本书通过九个章节，从物质、能量、信息、资本、技术、制度、市场、平台、政府、国别、时代、文化等多个维度，综合审视环境母系统对于企业子系统的广泛影响，研究基于环境的企业发展战略，得到了不少新的认识，值得读者们结合自身实际来思考并提炼精华。

比如，对生产力和生产关系相互作用方式的独到分析。本书认为，从社会外部看企业，是生产力决定生产关系，生产力落后的企业会因资源利用效率低下而在竞争中被淘汰；但是，从企业内部看企业，却是生产关系反过来决定生产力的，制度混乱、治理不良的企业无法有效运转。独资企业、无限合伙企业、股份公司、有限责任公司、有限合伙企业等企业制度，都是为适应特定社会生产力发展的需要而先后产生的，同时又反过来严格决定了企业中生产力各要素之间的相互关系。因此，企业应深刻认识社会科技进步和市场发展的大趋势，积极适应社会生产力发展的时代新要求，努力把握好企业制度选择、股权结构安排和治理机制设计，不断引领企业在开放中创新、协调、绿色发展，并与社会母系统共享发展成果。志雄同志认为：这种认识、适应、把握、引领的过程，就是生产关系反作用于生产力的过程。

又如，对产融结合问题展开的大胆而深刻的讨论。本书指出，导致美国 2008 年金融危机的宏观原因是美国经济的金融化，微观原因则是工业时代的公众公司制度已经不适合作为金融资本时代的主导企业制度。当世界实体经济与美国金融泡沫的平衡被打破时，美国金融危机就会不可避免地爆发出来。因此，为防范经济金融化风险，要从宏观、微观、体制、制度等多个方面探索实现产融均衡发展的新措施。要探索稳定性更好的全球“金融之锚”，从宏观上把握好各国货币发行总额及金融衍生品总量。要改革和完善企业治理，改变企业债务责任承担机制，从微观上消除企业管理层金融化经营冲动。要支持大型实体企业稳妥发展产业金融，使金融有效服务于实体产业发展的全过程。实体企业则要采取恰当的企业制度组合，利用好产权市场、股票市场、债券市场，融通国家资本、机构资本和公众资本，在发展混合所有制经济中不断提高资源配置效率。

再如，对“四化”同步时代中央企业发展战略的研究。现在，中国现代化建设进入新型工业化、农业现代化与信息化、城镇化同步发展新时期。本书认为，“四化”同步发展中充满了跨界创新互动，混合所有制是历史必然，产融结合是资本运动规律要求，科技文化产业将成为引领传统产业发展的强大动力，走出去开展国际化经营是企业历史责任。中央企业要主动适应时代发展潮流，坚持按照规律办企业，以打造具有全球竞争力的世界一流企业为目标，奋力引领中国“四化”同步发展。

中华人民共和国成立 70 年，特别是改革开放 40 年，中国人民在中国共产党的坚强领导下，创造了举世无双的发展奇迹，留下了无数宝贵的物质和精神财富。衷心希望有更多同志勤奋思考、不断提炼、总结经验、探讨规律，为实现中华民族伟大复兴的中国梦做出各自的新贡献，并使退休成为新生活的起航。

是为序。

2019-2-25

李荣融，国务院国有资产监督管理委员会原主任。

序二

邓志雄同志是我们中南大学一位勤于思考的好校友。

1980 年代在新晃汞矿工作期间，邓志雄同志就已经有所发现、有所发明。工作中，他和同事们一起，发明了从各类含汞废料中回收再生汞，并进一步深加工为汞盐、汞触媒、钡汞复合触媒的新方法，走出了一条资源枯竭老矿山通过循环经济方式扭亏脱困的新路子，并为减少全国汞污染做出了重要贡献。在工作之余，他用五年多的时间执着钻研几何学中的三等分角线难题，终于获得突破，独立发现并证明了“三等分角线的性质及判定定律 ”，同时还发明了一种规尺三等分一角的逼近作图法。

1990 年代，邓志雄同志经中央党校培训一年后调到北京，负责中国有色金属工业总公司系统的矿山接替和分流转产工作，全程参与了有色金属系统“两建一撤”大调整，主持起草了有色金属工业三年脱困工作计划。在这些工作中，他对矿山企业应如何市场化进退、周期性剧烈波动行业中的企业如何实现均衡发展、国有企业如何改革脱困、行业协会如何有效运作等问题进行了深入研究，发表了大量论文，并注意向母校反馈研究成果，支持母校开展相关研究。

21 世纪以来，邓志雄同志进入国家经贸委和国务院国有资产监督管理委员会工作，先后担任综合司副司长、产权管理局局长、规划发展局局长，进入了有所创造有所前进状态。他和同事们一起，对中央企业如何进行功能定位与分类，国资企业如何做好结构调整与重组，怎样建设有中国特色的复合资本市场，如何在发展混合所有制经济中做强做优做大国有资本，国资国企如何加快市场化改革、现代化创新、国际化经营等问题进行了广泛深入的研究，产生了大量学习与工作成果，并两次荣立了三等功。

现在，邓志雄同志作为中国电信、中国铝业、中国保利三家央企的专职外部董事，又挤时间将其对基于环境的企业发展战略的综合性思考有机集成起来，为我们献上了这本涵盖广泛、思考深刻的《岭峰之观——基于环境的企业发展战略》，确实是可喜可贺之事。

改革开放 40 年，中国发生了日新月异的变化，基于环境把握好企业发展战略成为企业持续兴盛的关键。在这方面，我们确有极其丰厚的实践经验需要总结提炼。作为岭峰之观，自会有高低横竖之别。读者们的阅历不同，对同一事物的观点看法也会有所不同，争论亦在所难免，交流就成为重要的事。如果本书能在一定程度上推动对企业发展战略影响因素的深入讨论，就会既有利于拓宽当下企业家们的视野，也有益于丰富后来学子和创业者们的辨证思维能力，从而加快我们建设更多更好的世界一流企业的步伐。

是为序！

黄伯云

2019-2-5

黄伯云，1945年出生，南县人。材料学家，中国工程院院士，中南大学教授，中央军委科技委国防科研生产与国防经济领域专家委员会顾问。曾任“十五”国家高技术计划“863计划”新材料领域专家委员会主任，中南大学校长，中国科学技术协会副主席，中国材料研究学会理事长，第十一届全国政协委员，第十二届全国人民代表大会常务委员会委员。主要从事先进材料研究，为国家大飞机工程、航空武器装备及航天飞行器研制了多种高性能关键材料，为保障国家战略安全做出了重要贡献。先后获得国家技术发明一等奖等科技成果奖4项，留学回国人员成就奖1项，被授予国家中青年有突出贡献专家，全国杰出专业技术人才、全国劳动模范和全国优秀共产党员等荣誉称号。

序三

“企业发展和各种外部因素之间的关系”是官员、学者、企业家等都密切关心的核心课题，学界和业界从多个维度对之有非常多的论著。我的良师益友邓志雄同志的这本书给出了新的理论框架和分析工具。

一、本书的理论框架由微观和宏观两部分组成。微观是主导企业制度理论，宏观是复合资本市场体系理论。

（1）对于主导企业制度，本书从科技进步、产业演变、市场形态、人本资本关系等角度，论述了适应多维度、多层次生产力发展需要产生的五种企业制度，并从人合与资合两大因素的相关作用出发，分析给出了五种企业制度演变的内在逻辑，指出了未来企业制度的发展方向，说明了混合所有制经济发展的必然性。五种企业制度在历史上都有过因适应某一阶段或某一领域社会生产力发展需要而展现的辉煌，也会出现因不能很好满足社会先进生产力发展要求而失去主导企业制度地位。其中，作者明确提出，股份公司制是工业化时代的主导企业制度，有限合伙制是信息化、智能化时代的主导企业制度。在中国即将完成工业化进入创新发展新时期的时候，这一理论具有重要的创新价值与历史意义。

（2）对于产权市场理论和复合资本市场体系，本书从国企改革、科技进步、市场演变、混合发展、产业金融、跨国经营、“四化”同步等角度展开论证，形成了以股票市场作为“头部市场”，以产权市场作为“长尾市场”，二者相辅相成，共同组成“复合资本市场”，分别为公众和非公众企业提供资本形成与流转服务，这样一个具有中国特色和世界意义的完整的资本市场理论。同时，本书鲜明的提出了市场经济的“三主体论”：市场是资源配置主体，企业是市场交易主体，政府是市场提供（建设、维护和监管）主体，三者紧密联系，共同推动社会经济发展。显然，“三主体论”为正确把握政府、市场和企业的关系提供了新的分析工具。

（3）本书在理论应用上探索分析了几个具有现实意义的大事：一是美国 2008 年金融危机的宏观与微观成因。二是中国混合所有制发展的理由和路径。三是共享经济的发展逻辑。四是企业跨国经营的历程。根据复合资本市场理论，本书还对区块链技术在资本市场中的应用做出了展望。

二、我从事了多年的股权投资直投基金和母基金的工作，对以上领域的研究进展及现实场景非常关心，结合本人工作实践与邓志雄同志在以下四个方面保持着深度交流与研讨。

（1）股权投资企业采取有限公司制或有限合伙制的制度分析。

私募股权投资企业在过去大多采取有限公司制，近些年来则更多采取有限合伙制。我早期在采取公司制的深圳市创新投资集团有限公司长期担任过董事长职务，近年则全力创办了有限合伙制的前海股权投资母基金。一路走来，深刻的体会到两种制度在“人本和资本”的形成、运营、流转，在责权利落实过程中，在激励与约束机制、风险与收益机制、信息和博弈机制，在融资条件和税务安排等方面存在不少差异，需要结合实际善加利用。对此，本书的第三章到第五章有较详细的论述。

（2）通过“产权市场+股票市场”的复合资本市场做好股权投资机构的募投管退工作。

对于股权投资机构而言，“募投管退”是一个完整的闭环链条和有机的生命周期，每个阶段都会与复合资本市场发生密切的互动，彼此深刻影响。只有全面认识市场、把握制度、规范操作，才能有序推进公私资本融合的募投管退工作。只有深刻把握产权市场和股票市场的功能差异，以恰当的产权结构和企业制度对接多种多样的社会资本，综合利用复合资本市场开展资本运作，才能扬长避短，持续创新，在众多投资机构中脱颖而出，基业长青。我们相信，借助于产权市场+股票市场的复合资本市场双通道，中国私募股权投资基金的募投管退可以比只有股票市场单通道可用的西方基金的运作效率更高，中国的私募股权投资事业可以比西方发展得更好。

本书第四章介绍的企业资本运作孵化注资的三主体模式，就是综合应用复合资本市场的一种高效的机制设计。

（3）股权投资企业如何践行“脱虚向实”的工作。

经济和金融周期及危机，有大量的理论模型和分析。本书中邓志雄同志对这一问题提出了新的理论框架：宏观层面上的资本“短流程高杠杆高泡沫”+企业制度层面的“债务责任敞口机制”，导致实体经济空心化、企业经营泡沫化、资本运营杠杆化，矛盾重重叠叠，产生周期性危机。因此需要在微观层面上，加大企业制度改造，使得更“负责任”、更具有生命力的企业制度发挥主导作用，同时鼓励金融资本“脱虚向实”，大力发展产业金融。本书的第六章对此有比较详细的论述。

股权投资机构的主要投向就是实体经济，特别是投资于自主创新、硬核科技、高新制造、转型升级等领域的企业，因此在实际工作中主要的精力就是“脱虚向实”。在投资过程中，要充分认识到金融危机的危害，避免投资泡沫化估值、虚假创新、无社会和经济意义的浪费模式等的企业或项目。

（4）把握企业失败规律，提升股权投资的成功率。

经过多年积累的实际工作经验，我在各种场合做过《创业的三十种死法》的演讲，通过创业者的精神和道德层面、企业发展战略层面、公司治理结构层面、产品技术层面、商业策略与经营模式层面等五个方面梳理了众多企业的失败案例和规律，希望向社会提示风险、规避失败，提升创业与投资的成功率。

邓志雄同志的书中对企业成败规律有深刻的阐述，其核心观点是生产力发展到一定阶段，必然出现能更好适应新的市场组织形态的企业。不同时代的生产力需要不同形态的市场和企业，对活跃于其中的市场主体的行为机制有更新的要求。这就使得在考虑企业投资成败时，要更多在外部和内部协同因素、人本和资本的结合机制、需求与供给的动态变迁等多维度互相印证。本书的第一章、第二章、第四章、第九章对此进行了较多分析。

总体来看，邓志雄同志在本书中用其多年的工作经验和独到思考形成的理论，给出了企业发展和外部因素之间的多维互动参照系，相信读者能够利用本书的理论框架和工具，探索寻找到企业工作实践中一些疑难问题的答案。我非常希望这本书能在读者们的参与下不断迭代和丰富，完善成为能在新时期复杂环境下促进广大企业健康发展的优秀管理参考书。

是为序！

靳海涛

2019.02.25

靳海涛先生有 50 多年的工作经历，是我国创业投资领域最早的实践者之一，现任中国证券投资基金协会副会长兼创业投资委员会主席、前海股权投资基金首席执行合伙人。曾任深圳赛格集团总经理、深圳创新投资公司董事长。曾获深圳市 30 年行业领军人物、广东省优秀企业家、CCTV 中国经济十大年度人物称号。

目录

概　述

有史以来，市场中的企业一直在不断的生生灭灭中前行，基业常青的百年老店很少。现如今，这种变化越来越快，甚至一些名不见经传的小企业可以突然间崛起为网络大平台或独角兽企业，而一些曾经在业内拥有核心竞争力的响当当的品牌企业也可以在顷刻间被颠覆。这种崛起和颠覆当然与企业自身的品质与运行息息相关，但只从企业内视角度很难解释如此巨大而迅猛的突变。众所周知的柯达倒闭和分析不多的贝尔斯登被收购，都是这方面的典型案例。

传统的企业管理著作多以企业系统本身为核心来展开分析，把企业作为造成变化的内因，把环境看作造成企业变化的外因，重点研究企业家如何利用企业内外各种资源和机会来产生效益以求得企业的生存和发展。这样做是有必要的，有利于促进企业家发挥主观能动性，积极做好企业这个市场交易主体自身能做之事，推动社会经济的创新发展。

但是，只看到企业系统本身还难以理解企业的荣枯和生死。“不识庐山真面目，只缘身在此山中”。在企业发展战略上，正如德鲁克所说，“所有组织的成果都只限于外部”。“企业是什么的问题，只能从企业的外部、从市场和客户那里来看，才能找到答案”。按系统论的观点，每个企业系统都是全球经济社会系统的子系统。子系统发生嬗变的原因离不开子系统和母系统的相互作用。主导这种相互作用的，短期看好像是企业子系统这个快变量，长期看则更像是经济社会母系统这个慢变量。各个时期产生出的明星企业都是且只是历史长河中的一朵朵浪花，而母系统则是那条源源不断的长河。搞好企业，当然离不开企业系统自身的顽强努力。但是，这种努力必须顺应经济社会母系统发展的时势与潮流。企业家只有不断适应经济社会科技进步和市场需要，才能有效推动企业向前发展。

在接触了数百家中央企业集团的战略规划和产权管理业务及长期反复与美欧资本市场打交道之后，笔者深深感受到经济社会母系统对企业子系统生死存亡的种种巨大影响。为此，本书尝试做出一些新的探索，更多地从经济社会的种种变化对于企业所产生的巨大影响来进行解读，或者说是把子系统作为母系统的一部分来一起进行考察，分析宇宙演变、科技进步、市场更新、制度变迁、跨国经营、产融结合、混合经济、共享发展等大趋势如何从各方面造成企业系统的嬗变，研究企业如何在城市化、信息化、新型工业化和农业现代化并行发展过程中求得实实在在的进步。本书希望能站在岭峰之上，跳出企业看企业，与读者探索研究企业系统的重要外部因素对企业发展的深刻影响，以便使企业家们更好地认识、适应、把握、引领市场变化和时代发展。

本书内容共九章，各章相对独立地讨论某一外部因素对企业生存发展的作用与影响，这些外部因素共同形成一个影响企业生存发展的外因系统。前四章讲社会生产、科学技术、市场形态、企业制度等因素对企业的作用和影响；中间三章讲企业适应发展时势变化必须实施好的三合战略：公私混合、产融结合和境内外结合；第八章讲中国工业化、信息化、城镇化、农业现代化“四化”同步发展对企业提出的新要求；第九章讲企业怎样认识并参与到共享经济发展的时代潮流之中去。

为突出主题，方便阅读，现将本书各章中的一些基本观点概述于下。

（一）认识四种社会生产

1. 社会生产可以划分为四种生产，其中科技文化生产最重要

对应宇宙四大系统，人类从事四种生产，产生四大产业。系统论认为，宇宙中存在生物生态系统、物质能量系统、人类社会系统、科技文化系统四大系统，在人类经济社会中对应存在生物生态生产、物质能量生产、社会服务生产、科技文化生产四种生产，相应存在农业、工业、服务业和科技文化产业，通常称为第一、第二、第三、第四产业。中国当前处在四业并举的发展过程中。企业生在社会上，长在宇宙中，其空间位置和组织水平须恰到好处，才能使企业系统与宇宙四大系统有机协调，获得健康发展。不同种类的生

产对资本和人本的要求不同，对应的企业组织形式也因此不同。企业使用的人力、资本和技术，企业利用的物质、能量和信息，企业所处的社会、环境和生态，都会对企业的生存和发展产生深刻影响。

2. 三次工业革命推动了工业现代化的发展，第四次工业革命正在发生

工业革命发生的必要条件是国际贸易大市场的形成拉动，工业革命发生的充分条件则是能源、交通、通信技术创新的集群应用。目前，第四次工业革命正在发生，随着“一带一路”倡议实施的步伐加快，我们的企业一定要紧握科技创新这把利剑，充分用好全球化的大市场，及时做大科技文化产业，用第四产业改造提升第一、二、三产业，努力走在世界的前列，绝不能丢失战略机遇期，再次落在别人后面。

3. 农业即生物生态产业的发展过程可以分为三个阶段，工业与农业高度相关

第一阶段是传统小农经济阶段，第二阶段是农业大生产阶段，第三阶段是现代生物技术产业阶段。传统小农经济是手工作坊业发展的基础，第一、二次工业革命是农业大生产发展的前提，现代生物技术产业将与第四次工业革命融合发展。中国曾在小农经济阶段取得过无比辉煌的成绩，但农业大生产阶段却才刚刚起步。我们应加快农村土地三权分置改革，推进农业大生产发展，并在实施“乡

村振兴”战略过程中，加快现代生物技术产业的发展。

4. 城市是人类共享的载体，城市改变生活

为着共享资源、共享安全、共享发展，人们建设城市，集群居住，推动城市化不断发展。城市化扩大了工农业市场，催生了服务业发展。在工业化后期，城市成为创造美好生活推动发展的主要载体，服务业逐渐超过农业和工业成为最大的产业。我们应进一步提升对城市化的认识，拓宽服务业发展空间，提高服务业质量水平，促进工业化、农业现代化、信息化与城市化同步发展。

5. 科技文化反映自然规律，是人类社会发展的加速器

人类通过对客观世界和人类社会各种信息所揭示的事物规律性的认识和总结，产生和获得了知识与科技，逐渐建立并不断完善起地球之王独有的科技文化系统，日益广泛而深刻地揭示和解释了无机世界和有机世界的本质联系，推进了人类对客观世界的认识和改造，同时也进一步提升了人自身的进步，促进了企业和社会的发展。现代科技文化产业既是发展最快的产业，也是改造提升第一、二、三产业的巨大力量。我们的企业应像重视土地和资本一样重视数字资源，我们的政府应尽快将科技文化产业作为第四产业加以独立统计研究，制定促进科技文化产业发展的政策，组织和动员青年自觉投身科技文化产业的发展。

（二）了解五代科技进展

1. 以科技进步对工业革命的影响为主线，可以将社会生产力发展大致分为五个时代

工业革命前期为生产力发展的体力时代。到 18 世纪 60 年代，以蒸汽机为代表的新技术群引爆了第一次工业革命，社会生产力发展进入蒸汽时代。到 20 世纪初，以发电机为代表的新技术群引爆了第二次工业革命，社会生产力发展进入电气时代。到 20 世纪中叶，以计算机为代表的新技术群引爆了第三次工业革命，社会生产力开始进入信息时代。进入 21 世纪以来，物联网和人工智能等新技术群正在引爆第四次产业革命，人类即将走进智能时代。

2. 物联网基于互联网，超越互联网

物联网在网络结构、信息时态和控制功能上与互联网有着显著不同。在网络结构上，互联网只是计算机之间的互联，而物联网是万物互联，包括人与人、人与自然、人与机器、机器与机器特别是计算机与非计算机之间的互联。相对于互联网的平面式一维互联而言，物联网是立体的多维互联。物联网促进物理空间、生物空间和网络空间相互融合，使计算机网络由虚拟世界转向虚实并行的世界。在信息时态上，互联网上的内容是过去时的，互联网上的信息总是人们在事后输入计算机才传进互联网的，都是已发生的事物信息；而物联网上的信息主要是由摄像头即时抓拍并自动适时上网

的，多半是现在进行时的信息。在控制功能上，互联网是非智能的，只能按事前在计算机中设定好的程序简单规范过程进展；而物联网可以根据现场情况适时地智能化处置事务进程。

3. 物联网与超级计算产生大数据，加速提高人类认识事物规律的能力

物联网的万物互联在推动海量设备接入的同时，将在网络中形成海量大数据，并通过进一步的多路径虚拟超级计算，产生更多大数据。这些大数据可对人类更快更好地认识事物发展运动的规律提供强大支持，将成为第四次工业革命最具价值的资源与能源，推动企业在物质能量、生物生态、社会服务及科技文化各方面真正实现全面创新协调的发展。

4. 市场交易和科技进步共同推进人类社会的发展，企业应高度关注二者同步带来的机遇

市场需求巨大是历次工业革命发生和发展的必要条件，没有新的大市场需求就不会有新的大发展。第一次工业革命的纺织品等依靠新大陆等殖民地市场来消化；第二次工业革命的钢铁、化工产品等靠世界大战军工需求和战后重建市场来消费；第三次工业革命的计算机等产品靠贸易全球化和网络大市场来消纳；可以断定，第四次工业革命的物联网和人工智能等产品将要依靠“一带一路”沿线国家市场等双边、多边互动的超国家级板块市场或链式市场来销

售,板块或链条上任意两个成员间达成的协议将成为各成员国市场的节点共识，从而大大提高市场配置资源的效率。

（三）用好五类企业制度

1. 企业制度既具有鲜明的生产力发展的时代性，又能显著影响企业生产力的运行和发展

从人类社会经济发展整体过程看,是社会生产力决定企业生产关系。离开生产力三要素，缺少了生产者、生产工具和生产资料，就不能有效进行生产。不同时代，不同生产力水平对企业制度和生产关系有着大不相同的要求。人们不能随意决定企业组织形式和生产关系，而只能根据社会生产力发展的水平来决定生产关系。狩猎时期没有剩余、没有市场、没有企业；工业革命前不能组织农业大生产；蒸汽机和发电机推动的工业大生产要求股份制；社会主义初级阶段要求混合所有制；科技创新时代要求引入有限合伙企业制度。但从企业内部的组织运行看，则是生产关系反过来决定生产力。不形成一定的生产关系，就理不顺生产者、生产工具、生产资料的关系，企业生产就无从开展。和谐恰当的生产关系促进企业生产力成长；不合时宜的企业制度束缚企业生产力发展。社会生产力的发展要求企业及时更新生产关系；企业生产关系的优化有利于提升企业生产力。因此，社会上以法律形式确认的企业制度必须适应各种

社会生产力特别是先进生产力发展的要求，而市场中各个企业选用的具体产权制度形式应能有效引领本企业生产力获得更好的组合与应用。

2. 企业制度随生产力发展的演变过程，具有资本与人本双本两合不断增强的内在逻辑

企业发展需要资本和人两方面的合力。因此，人合与资合的机制设计是企业制度的灵魂。在生产力发展的不同时代，人合与资合有着不同的价值，因此导致不同时代的企业制度对人合与资合会有不同偏重。世界各国先后出现了五种常见的企业制度。最初，在农业社会出现的企业当然是独资企业，各家举一人一户之资力创业发展。之后，为增强生产能力加快企业发展，出现朋友相邀入伙共同经营，产生了纯粹人合的无限合伙企业。当工业革命来临，企业生产经营规模迅速扩大，需要大资本从事大生产并化解大风险时，上市面向公众筹资的纯粹资合的股份公司便被一个个创设出来。当社会资本大量集中于机构投资者而非散户手中之后，向少量机构投资者私募融资就能满足企业资本形成需要，股东较少的以资合兼顾人合的有限责任公司便如雨后春笋般产生出来。到了后工业时期，创新引领发展，人本价值大幅提升，以人合为主兼顾资合的有限合伙企业便加快发展起来。面向未来，科技文化产业引领社会经济发展，双合力量强大的混合所有制必将成为主导的企业制度。

3. 独资企业既是古老的，又是现代的

在机器大生产时代特别是第二次工业革命后的工业社会中，独资企业制度处于次要地位。但在前工业时代和后工业时代中分别以人的体力或脑力作为最主要的社会生产力时，独资企业都是重要的企业制度。在信息和智能时代，人脑和计算机网络成为最主要的生产力。与之相适应，无边无际的平台 + 千千万万个小微企业，将形成信息智能时代新的企业生态。显然，这些小微企业一开始多为独资企业。因此，独资企业将在后工业时代重新成为社会上重要的企业制度。在中国，一个立足于各种基础网络平台之上，充满创新创业力量，铺天盖地的小微企业时代，已经向我们快步走来！

4. 无限合伙企业制度具有特殊作用，也只适用于特殊领域

无限合伙企业制度主要优势在于合伙人的经营诚信，企业债务责任是闭合的，合伙人在执业活动中非因故意或者重大过失造成的合伙企业债务以及合伙企业的其他债务，都要由全体合伙人承担无限连带责任，从而在制度上保障了全体合伙人诚实守信、相互监督、共担责任、共享发展。然而，也正是由于这种债务责任闭合的无限合伙关系，造成了这种企业资本融通能力很弱，资本累积一般只能靠合伙人投入和企业发展逐渐实现。因此，这种企业制度基本不适用于重资产规模化经营的工商企业，但却在十分强调企业诚信责任的社会中介机构领域中非常适用。

5. 股份公司是工商业发展的产物，是利弊都很明显的企业制度

15 ~ 17 世纪的地理大发现，大大拓展了人类的视域，推动了跨洋贸易的发展。个人、家庭或合伙企业的资本规模、经营能力和债务无限责任机制都不足以支持企业开展规模剧增的贸易和经营活动，股份制于是应运而生。股份公司制度通过有限责任机制分散投资风险鼓励资本形成，通过拆细股份、开放股权、融通社会大中小额各种资本，通过规模经营化解风险降低成本扩大利润，形成了一整套有利于社会化大生产的企业市场化运作机制。当蒸汽时代特别是电力时代社会化大生产到来的时候，股份制便大放光芒，极大地促进了工业化进程，推动了社会生产力大发展，创造出巨大的社会财富，成为工业时代最伟大的企业制度。

然而，纯粹资合的股份制又是建立在市场投机基础上的、难以有效治理的、极不公平的企业制度。股份公司要经发行上市才能形成和流转资本，而股票市场具有强烈的选择性和投机性。股市只能选择性地为极少数优秀企业服务，造成全社会日益严重的两极分化。股市中存在着花样不断翻新的同业竞争、关联交易和虚假信息等问题，极易受到国内外大型投机资本的冲击，存在巨大的系统性风险，既大规模形成资本，也大规模毁灭资本。

6. 股份制是债务责任敞口的企业制度，会自动引发企业冒险经营和金融系统泡沫

企业经营中，高收益伴随高风险是市场客观规律。债务责任闭

合的企业会自觉关注收益与风险的平衡，只做力所能及之事。与之不同，股份制的有限责任机制导致公司的债务责任敞口，股东出资以外的公司债务无人负责。股东不用负责，董事不用负责，造成经营失败的经理层也不用负责。公司破产时企业的敞口债务，要由企业债权人自己承担，债权人承担不了的交由政府承担，实质上变成全社会纳税人承担！成功之利归己，失败风险交人，这种机制设计导致上市公司自发走向冒险经营之路。因此，当工业化进程接近完成，当服务业特别是科技文化产业成为社会主导产业，当企业中人本因素的作用大于资本因素的作用时，社会生产关系和企业制度就应该及时进行改变。对纯粹资合而忽视人合的股份公司制度和具有强烈投机性的股票市场，社会应做出深入分析和调整，使之只在恰当的领域发挥积极的作用。

7. 有限责任公司和有限合伙企业是对纯粹资合的股份制进行人合改良的两条路径，但改良方法有很大不同

有限责任公司和有限合伙企业都是资合与人合兼顾的两合企业制度，都在资合的同时引入了人合因素，强调了人本对资本形成和流转的影响；二者都保留了投资人的有限责任机制以维持企业的融资能力和经营规模；二者都不再将股权拆细成标准化的股份，主要依靠机构投资人而非短期投机者资本的支持；二者都缩小了投资人的数量，着力防范股东泛化现象和委托代理中的信息不对称；二者都选择作为私人企业而非公众公司存在，按企业章程约定形成治理关系，不按上市公司统一监管和披露信息。显然，这样的制度选

择避免了工业时代一味追求规模经营的“傻大黑粗”的制度安排，更加符合服务业和科技文化产业以人为本的高质量发展的新时代要求，已经并将继续推动经济社会的转型升级。

有限责任公司和有限合伙企业又存在机制设计上的诸多不同：有限责任公司是企业法人，有限合伙企业不是企业法人；有限责任公司是纳税主体，有限合伙企业不是纳税主体；有限责任公司的投资人分取企业全部利润，有限合伙企业的投资人只分享80%左右的利润，其余利润由不出资的普通合伙人分享，即有限合伙企业是真正开始体现“以人为本”的企业制度；有限责任公司的管理费用是变动的，有限合伙企业的管理费用是固定的，超资就会减少有限合伙人分利；有限责任公司的债务责任是敞口的，有限合伙企业的债务责任是完全闭合的；有限责任公司的管理层对公司债务不用承担责任，有限合伙企业的普通合伙人须对企业债务承担无限责任，等等。这些制度差异使二者在适应企业生产力发展要求上大不一样，需要我们从问题导向和战略导向出发，认真分析和领悟有限合伙企业与有限责任公司的同与不同，结合企业发展实际善加利用。

8. PE 基金体系内含促进创新的责任机制、容错机制、激励机制，是推动企业创新发展的重要制度

创新是面向不确定的未来进行攻关，需要大量资本，需要较长时间，需要优秀人才，需要建立强有力的责任机制、容错机制、激励机制。独资企业和公司制企业不能很好满足上述四个需要，它们或者债务责任敞口，缺乏约束；或者按年按项考核，缺乏包容；或

者不认人本，激励不足。PE 基金体系以 GP 对于基金债务承担无限责任的债务闭合机制，对负责运营的管理层不切实际的高风险投资行为加以内在的约束，建立了明确而强硬的责任机制；以 8 ~ 10 年的中长周期为投资期限，对合约整体目标进行全周期考核，建立了明确的低噪声的容错机制；以 2%的管理费用锁定基金的运营成本，用 20%左右的利润分成，明确 GP 的利润分享水平，建立了明确的强有力的激励机制。这些因素联合作用，使有限合伙的 PE 基金体系具有远超独资企业和公司制企业的创新发展能力。

9. 调整好资本与人本的关系是优化企业制度的核心，有限合伙企业制度是最具创新能力的现代企业制度

独资企业和无限合伙企业重人本轻资本，股份公司和有限责任公司重资本轻人本，它们都有过因适应某一阶段或某一领域社会生产力发展需要而展现的辉煌，但都不能很好满足未来社会双本结合创新发展的时代要求。现在看，建立了资本与人本共同担责分利机制的有限合伙企业制度，有可能更好适应未来科技文化产业创新发展和第一、二、三产业转型升级的需要，成为信息智能时代的主导企业制度。我们的企业要深刻认识这一历史发展新趋势，适应科技文化产业大发展时代的崭新要求，把握制度创新的历史机遇，引领企业制度向资本与人本结合、以人本主导资本的有限合伙企业制度转型发展。

（四）把握四种市场形态

1. 市场上存在四种不同的市场形态及相应的节点互动机制

从组织形态上讲，市场大致可以分为离散化市场、中心化市场、平台化市场和去中心化市场四类。离散化市场的节点市场之间没有制度化的联系和互动。中心化市场的中心节点垄断交易资源，其他节点彼此纵向串联成链，各条交易链与中心市场形成多对一关系并彼此相互竞争。将中心化市场扁平化为两级结构，再让其二级节点市场按照一定的节点共识建立横向互联机制，就形成了平台化市场。因此，平台化市场中的节点市场之间既有多对一的上下互动，更有多对多的横向互联，共同形成了“多对一+多对多”的市场机制。去中心化市场即分布式市场。去掉平台化市场中的中心节点，就得到去中心化市场；将离散化市场按一定的节点共识有机连接起来，就形成分布式市场；去中心化市场的节点之间没有上下互联，只有横向互联，各节点按共识协议彼此形成多对多互动机制。

2. 企业制度与市场形态紧密关联

各种市场组织形态，都是生产力发展到一定阶段的历史产物。不同时代的生产生活需要不同形态的市场，不同的文化、不同的能源交通通信技术条件等支撑不同的市场形态，不同的市场形态孕育和要求不同的企业组织形式。离散化市场与小农生产紧密联系，与之相应的社会主导企业制度是独资企业制度。中心化市场充满工业时代标准化、规模化的大生产特点，与之相应的社会主导企业制度是股份公司制度。互联网技术的不断突破，催生了既能连接世界又能有效监管的网络平台，推动社会主导企业朝着“平台+小微”形态转型升级。未来，去中心化市场将在区块链等技术支持下加快发展，推进有限合伙企业等信任企业制度的普及应用。

3. 中心化市场的收益和风险都很巨大

中心化市场有限的交易产品在多对一的市场机制作用下引发子节点链之间激烈的交易竞争，自发催生交易过程的投机性和泡沫化，极易导致市场的区域性、系统性风险。因此，中心化市场是国家垄断性的市场，必须有强制的立法监管，其交易产品必须公开化、标准化，其交易方式须采取拆细连续交易。股票市场就是典型的中心化市场。股票市场的投机竞争对上市公司的行为机制产生深刻影响，使上市公司趋向高杠杆高风险经营，普遍走上脱实向虚道路，反过来又导致股市周期性泡沫化危机。

4. 有限合伙企业以去中心化市场机制形成独特信任优势

不同节点之间形成统一的点对点的协议即“节点共识”，是去中心化市场形成和发展的先决条件。节点共识作为一种去中心化的自组织机制，具备减少内耗、增强信任、降低成本、提高效率的强大能力。有限合伙企业就是按去中心化市场机制设计出来的企业制度的典型代表，它以自身的“321 合约治理结构”作为 PE 体系的节点共识，完全不同于股份公司三权制衡的委托代理机制。三个主体通过两个协议和一种无限责任机制达成的节点共识所形成的合约治理结构，使 PE 体系形成了良好的信息对称、权责对等、激励约束平衡机制，创造了中周期资本循环方式，具有良好的自组织发展能力，极大地提高了企业资本形成能力和价值创造能力，成为促进大众创新、万众创业的重要企业组织形式。

5. 建设发展好有中国特色的复合资本市场

交易上市公司股票的股票市场是资本市场的头部市场，而交易非上市企业产权的产权市场是资本市场的长尾市场。在头部市场上进行的是少数企业标准化股票的连续交易，交易量很大，交易标的却很少。在长尾市场上交易的是广大非上市企业的非标准化资产，交易标的众多，交易过程非连续。头部市场以少数产品的反复交易形成其市场规模，长尾市场以其众多交易标的的一次性交易形成其市场规模。新世纪以来，信息技术特别是互联网的发展为产权市场的发展提供了必要条件，企业国有产权进场交易为产权市场发展提供了充分条件。产权市场为非上市企业提供的资本形成和资本流转服务功能，既大力推进了国有企业的改革发展，又有效免除了国有产权配置中的腐败现象，得到国内外的普遍好评。由产权市场和股票市场共同组成的复合资本市场，是具有中国特色和世界意义的完整的资本市场！

6. 以三主体论正确处理好市场和政府的关系

搞好市场经济，要讲三主体论，而不能只讲单主体论。市场是资源配置主体，企业是市场交易主体，政府是市场提供（建设、维护和监管）主体，我们应以这种全面的联系的互动的眼光来审视经济学的基础，来理解“发挥市场配置资源的决定性作用，更好发挥政府作用”的科学内涵，来处理好离散性市场、中心化市场、分布式市场的关系，来把握好加快建设新时代智能化市场网络平台的力度。东方国家要防止再犯把政府部门或政府机构作为社会资源配置主体和市场交易主体的错误，彻底放弃对于计划经济的任何幻想，严防政府、市场和企业的错位、缺位和越位。西方国家要认清市场是昂贵的公共产品这一常识，理解市场是要不断由政府来建设、运维、监管和优化的社会重要基础设施，明白市场及其预期稳定的价值，学会更好发挥政府作用，并停止任性破坏他国和国际市场的行为。

（五）积极推进混合发展

1. 中国国企改革可依国企名称区分为三个阶段

第一个阶段是国营企业改革，大致包含从党的十一届三中全会起到党的十四大为止的十五六年时间；第二个阶段是国有企业改革，大致可以从邓小平视察南方算起，而以 2017 年年底中央企业全部完成公司制改革作为结束；第三个阶段是现阶段正在深化的以管资本为主的国资企业改革阶段。在国有企业改革阶段中将国有和国有控股企业并列在一起，导致国有企业改制为国有控股企业后仍按国有企业来监督管理，运行机制得不到很好的转变。建议按照党的十八大和党的十九大报告的做法，不再并列使用“国有和国有控股企业”概念，全面改用国资企业称谓，名正言顺地推进混合所有制经济发展。“国家独资企业”统一由国务院国有资产监督管理委员会（简称“国资委”）代表国家履行出资人职责，“国资控股企业”和“国资参股企业”作为混合所有制企业，按照公私双方股东商议的企业章程施行治理。履行国有资本出资人职责的机构和企业，应以管资本为主加强国资监管，重点关注企业国有资本配置的必要性、安全性、流动性和有效性，不断做强、做优、做大国有资本。

2. 把握好发展混合所有制的要义

我国和其他社会主义国家的发展历程证明，在现有生产力水平下，只要公有制、不要私有制和混合所有制，会导致社会发展不足。西方国家发展和苏东国家改革的历程证明，在现有生产力水平下，只要私有制、不要公有制，会出现严重的社会发展不当。我国近十几年产权制度改革调整的历史证明，仅强调两个毫不动摇，不强调发展混合所有制经济，会导致社会经济结构向着哑铃形变化：社会上公有经济和私有经济出现比较严重的两相分离，中间连接部相对脆弱，“国进民退”还是“国退民进”争吵不休，出现了发展不稳的新问题。党的十八大、党的十九大高度重视这种新情况，明确要求积极发展混合所有制经济，目的就是要拓宽改革发展新空间，进一步调动各方积极性，做大做强公私经济结合部，增强社会稳定性，稳中求进谋发展，推动中国社会经济结构朝向橄榄形结构发展。实践证明，发展混合所有制经济合乎中国现实国情和传统文化，有效拓宽经济社会发展空间，有效调动企业员工积极性，有效扩大企业资本来源，有利于深化国资企业改革，有利于推进创新驱动发展，有利于走出去开展国际化经营。

3. 推进混改要用好产权市场和股票市场

发展混合所有制经济的难题在于如何处理好国家资本参与混合中的一系列问题：该不该混，该由谁混，该与谁混，该以什么方式混，该以什么价格混？解题的关键是确保混改过程市场化阳光化，公开透明操作，严防腐败和不作为，防止国有资产流失。

市场化的资本混合应该在资本市场上公平竞争地开展。各个国家都积极利用股票市场通过将国企改制上市的方式实现资本混合。中国则根据推进各类国企产权改革的需要，在大力建设发展股票市场的同时，还创造性地建立发展了产权市场，为发展混合所有制经济提供全方位服务，使之成为推进国企混改的主渠道、主平台。除改制上市的混改操作在股票市场进行外，资本混合中的产权转让、增资扩股、合资新设、并购投资、资产处置及 PPP 项目等各种形式的混改操作都可以在产权市场公开、公平、公正、竞争完成。

（六）规范发展产业金融

1. 深刻认识美国经济金融化的历史趋势，全面把握美国金融危机的宏观与微观机理

美国经济的金融化是经由美元的两个双挂钩过程实现的。第一个双挂钩是在第二次世界大战结束时建立起“布雷顿森林体系”，实行“各国货币与美元挂钩+美元与其所持黄金挂钩”政策，使美元成为世界的硬通货。第二个双挂钩是建立“美元与金融期货交易挂钩+美元与世界石油交易挂钩”机制，由此开启了世界金融衍生品交易和印钞换石油的大门，既为无锚美元的大规模流转打开了天窗，也为美国经济金融化敞开了大门。劳动创造价值的生产过程被公然改变成了“金融设计+资产交易”创造价值的金融游戏，资本可不再通过生产环节就能直接通过市场交易实现获利增殖。全球由此被逐渐拖入金融资本主义时代。此后，美国通过造成市场波动和强力干预他国政治经济形成了吸食全球利益的财富掠夺机制。

经济金融化使原本作为实体经济血液的金融由于宏观和微观双重制度设计的负面因素的交织作用，恶性膨胀到了不可收拾的地步，事实上成为了严重压迫实体经济的巨大血管瘤，造成社会资本流转的短路和社会资源的严重错配。导致美国 2008 年金融危机的宏观原因就是美国经济的金融化；导致金融危机的微观原因则是工

业时代的公众公司制已不适合作为金融资本时代和信息智能时代的主导企业制度。公众公司制的债务责任敞口机制导致企业经理层在经营中不顾高风险追求高收益，企业资本运动放弃长流程追求短流程，造成实体经济空心化、企业经营泡沫化。这种债务责任敞口的微观机制与美国经济金融化的宏观条件相互作用，造成了美国金融风险的不断放大。当世界实体经济与美国金融风险的平衡被打破时，美国金融危机就会不可避免的爆发。

2. 为防范经济金融化风险，要从宏观、微观、体制、制度等多个方面探索实现产融均衡的新措施

首先要探索稳定性更好的全球“金融之锚”，从宏观上把握好各国货币发行总额及金融衍生品总量的控制。金银等物资产品作为“金融之锚”已经不能满足社会经济发展的需要，而单一货币作为全球“金融之锚”也已经被历史证明存在巨大风险。以 G20 国家的一篮子货币为世界“金融之锚”对防范金融风险具有进步意义，但协调相对困难。一篮子基于区块链技术但有各国央行监管的国家数字货币可能是最值得积极探索的新的国际“金融之锚”。

二要改变企业债务责任承担机制，从微观上消除企业管理层金融化经营冲动。路径可能有两条，一条是统一改良有限公司制，另一条是大力发展有限合伙制。

三要协商制定强有力的控制金融衍生品风险的监管制度。应争取在 G20 平台上达成协议，坚持金融分业经营和统一监管，对实

体企业和金融企业从事金融衍生品交易的资质、额度、杠杆、风控、分配和纳税等进行有区别的明确限制。

3. 支持大型实体企业稳妥发展产业金融

发展产业金融，不是金融企业做实业，也不是实业企业玩金融，而是要使金融有效服务于实体产业发展的全过程。实体企业在资本形成、资本运营和资本流转各阶段都要做好产融结合工作。

一要提高企业存量资产的流动性，在提升 W 生产的品质和良率的同时，通过全面预算、集中结算和动态核算，缩短“G—W”和“W—G’”的资金占用和变现风险。

二要以管资本为主做好企业增量资产配置。明确企业发展战略，保障企业发展资源，规范企业投资权限，明确投资项目负面清单，做好投资项目的全程管理。

三要建设好产业发展投融资平台。产融结合的平台企业大致可以分为两类，一类是资本投资公司，另一类是资本运营公司。这些平台型企业集中了一大批具有战略眼光的优秀企业家，形成了巨大的用户群体和强大的品牌影响力，具有坚实的产业和金融资源配置能力，在全球市场中具有良好的纵向整合与横向协同能力。

四要采取恰当的企业制度，利用好产权市场、股票市场、债券市场，融通国家资本、机构资本和公众资本，不断优化融投管退的资本运作。

（七）稳妥推动跨国经营

1. 国际化经营是企业在国际市场上实现资源优化配置的行为

中国企业的国际化经营先后经历跨国贸易、跨国工程建设、跨国投资并购和建设跨国平台等不同的发展阶段，共融于“一带一路”倡议行动大潮之中，并正在引领新一轮经济全球化的创新发展。

外贸即通商，起始于扬长，即国家或地区之间在消费品上的互通有无，用以调剂双方市场需求；继之以补短，即为生产资料需要而进出口，以克服双方生产中的短板，更好发挥各自社会生产要素的综合能力；再次是专业化，即外贸产品的专业化生产，其产品的生产和消费从头到尾可能都是针对国际市场的；最后是投资与贸易相结合，在境外投资生产，面向全球展开销售。

跨国贸易基于交易商品的竞争优势，四种产业的比较优势是各不相同的，同一产业的不同发展阶段的竞争优势也是不同的。一国的国际竞争优势要从不同产业、不同阶段来认识和把握。

2. 中央企业在跨国工程建设中具有强大的竞争优势

我国以高铁、特高压电网、高端信息化技术引领的公路、铁路、水路、空路、电路、地下管路和通信线路的“三高七路”建设能力，超越了各发达国家建设能力之和，形成了在全球基础设施建设市场上的强大竞争力，成为推动“一带一路”倡议落地的建设基石。我们应充分用好这一优势，以强大的企业品牌力量、优良的工程质量、较快的建设速度和相对较低的建设工程成本，双向进入发达国家和欠发达国家的基础设施建设市场，大力促进全球能源、交通、通信等基础设施的建设与联通，在促进相关国家发展中引领经济全球化实实在在地向前推进。

3. 搞好境外投资，要健全制度、明确责任、混合发展、循序渐进

不同的投资人掌握不同的市场信息和资源，具有不同的抗风险能力。投资项目股权多元化是防范境外投资风险的重要手段。中央企业境外投资项目应积极引入国有资本投资、运营公司以及民间投资机构、项目当地投资者、国际投资机构入股，发挥各类投资者熟悉项目情况、具有较强投资风险管控能力和公关协调能力等优势，降低境外投资风险。对境外特别重大项目，应委托独立第三方有资质咨询机构对投资所在国政治、经济、社会、文化、市场、法律、政策等风险做出全面评估，对项目投资、融资、担保做出强有力安排。

4. 中央企业要积极参与“一带一路”建设

“一带一路”倡议是习近平主席代表中国向世界提出的新的全

球合作发展方案，其发展目标是要共同打造政治互信、经济融合、文化包容的利益共同体、命运共同体和责任共同体；其发展方式是抓好“五通”：政策沟通、设施联通、贸易畅通、资金融通、民心相通；其行为底气是基于中国企业的“三高七路”建设能力和世界人民对和平发展的强烈愿望。“一带一路”倡议的发展目标符合沿线国家的共同需要，发展方式契合沿线国家的发展实际，有利于促进基于陆权的丝绸之路经济带和基于海权的 21 世纪海上丝绸之路相辅相成。中央企业要以“一带一路”建设为契机，积极参与跨国互联互通工程建设，不断提高贸易和投资合作水平，大力推动国际产能和装备制造合作，通过提高有效供给来催生沿线国家新的市场需求，推动世界实现经济再平衡。

（八）主动融于“四化”发展

1. 大国实现工业化、城镇化、农业现代化和信息化的进程是各不相同的

世界各国“四化”发展的过程大致有三种情形：英美等先发国家的串联式；中国等后发国家的并联式；德日等战后重建国家的混合式。以英美为代表的西方发达国家，其工业化、城镇化、农业现代化、信息化的阶段性顺序发展特征较为明显，呈现出“四化”串联式发展的历程。德国和日本的“四化”历程以第二次世界大战为

界走了一条先串联后并联的混合式发展道路，世界大战前先工后农再城市发展，战后则结合全面重建推进“四化”同步发展。澳大利亚和新西兰同处澳洲，但二者的国家“四化”发展战略却大不相同。澳大利亚在 1960 年前后走上工业化发展道路，1980 年左右成为工业化国家，之后又实施“聪明的国家”战略，到 21 世纪初服务业增加值占 GDP 比例超过 70%，成为现代化国家；新西兰则坚持农牧国家的绿色发展战略，大力发展服务业，注重农林牧产品深加工，不搞大规模重化工业，集中力量推动农业现代化、城镇化和信息化的发展，既维护了绿水青山的优美环境，也较好地实现了经济社会的持续发展。

2. 中国现代化建设进入“四化”同步发展新时期

我国的现代化经历了上百年的漫长探索，直到新中国成立后才开始建立独立的工业体系。改革开放后，农村家庭联产承包解决了口粮问题，乡镇企业发展解决了日用品短缺和工业资本不足问题，农民进城和对外开放推动了城镇化进程，工业化推动信息化发展，信息化带动工农业和服务业升级。改革开放后，中国经济高速发展，创造了众多人间奇迹，推动了 13 亿多人口的“四化”同步发展。全国各地基本实现了信息化和工业化融合发展，工业化和城镇化互动发展，信息化与城镇化并行发展，城镇化和农业现代化协调发展。

3. 行业领军企业要适应和引领国家“四化”同步发展

一要建立能够适应“四化”同步发展的企业制度。“四化同步”发展中社会生产力状况的一个显著特点就是，体力、机器、脑力、智能各有其用武之地。这就要求同一时期的不同企业要采取不同的企业制度，切忌盲目搞企业制度的单一化。

二要制定能够引领“四化”同步发展的企业战略。在“四化”同步发展过程中的企业战略，既要广泛关注各个行业领域的发展状态，也要深刻认识“四化”并行发展带来的特殊机遇与挑战；既要创造条件推动行业领域的持续发展，又要着力解决好各个方面的发展不平衡不充分问题。

三要建设和利用好各种形态的市场，满足各类市场交易需求，促进“四化”更平衡更充分的发展。要以信息化改造离散化市场，实现线上线下有机互动的新零售，服务精准扶贫和乡村振兴。要加快智慧城市建设，成为带动农业现代化、新型工业化和信息化发展的强大力量。

四要大力培育好平台化创新企业。在新的历史起点上，必须更好发挥网络平台型企业在第四次工业革命生态构建中的引领带动整合作用，将千千万万充满活力的小微企业与一个个阳光诚信的市场化大平台企业有机结合起来，共同推进“四化”同步发展。

（九）积极践行共享经济

1. 共享经济是共享出来的经济

非经共享，就不经济。共享越深，共享标的的使用价值就越大，社会资源的配置效率就越高。标的资源的使用价值都是全时段的，但由于不能全时段使用而存在浪费。由于标的资源所有者自身使用标的物的时间和频率总是有限的，标的资源的使用价值通常都不能充分发挥出来。通过与人共享，使原来没有应用的使用价值发挥出来，并由所有者、使用者和交易平台共同分享这种价值带来的收益，就形成了共享经济。当科技文化发展使人们需要的各种物品能够越来越多的通过各类共享平台安全方便地实现招手能有、随手好用、挥手即去的时候，物品所有权便只需汇集于共享平台而不必人人都去拥有了，物品与服务的使用效率就会因此大大提高，经济社会资源的稀缺性就会因此大大降低，人们在物质产品占有上的两极分化就将大为改善，个人自拥过多的物品甚至可能成为落后的生产和生活方式。因此，“各尽所能、按需分配”原则中的“需”，可以也应当更多理解为使用权之需，而不都是所有权之需。共享经济正是使人逐步摆脱物的异化和累赘，更好实现自由而全面发展的必经道路。

2. 共享经济是平台化市场经济

没有平台，就难共享。交易平台是分布式市场网络与交易中心两相结合的产物。确定平台功能、树立平台品牌、承担平台责任、设计平台机制、形成平台协议、建立平台共识、扩张平台节点、引入交易主体、披露交易信息、发现交易对家、形成交易价格、提供交易诚信、完成交易结算、实施交易监管，都要由交易中心与市场网络的互动来完成。通过平台化市场的“一对多+多对多”机制，使供需双方聚集在信息化网络平台上按照市场共识协议无障碍无疑虑地自主匹配达成交易，同时保持交易中心对每一单交易的适时监测以及时有力地防控系统风险，是共享经济能够大规模快速发展的根本原因。

3. 发展共享经济，信息共享是基础，算力共享是关键，使用权共享是重点，所有权共享是方向，公共基础设施是保障

随着科技文化产业的进一步发展，我国农业、工业、服务业发展水平将进一步提高，第一、二、三、四产业产品将更加丰富易得，共享经济的发展将会越来越快，社会资源的使用权将更加分散，而其所有权将逐渐向共享平台集中。国家将大力支持各类共享经济平台发展，国有资本将结合其他资本为共享平台建设好相关基础设施，共同推进中国稳步实现中国梦，并为建设人类命运共同体做出更大的贡献。

第一章

认识四种社会生产

按照现代的科学发展观，宇宙是一个大系统，企业只是宇宙大系统中的一个个小小的子系统。如图 1-1 所示[1]，宇宙大系统中依次孕育发展了四个主要的子系统。首先是物质与能量组成的无机世界系统，其次是生物与生态构成的有机世界系统，再次是个人与组织构成的人类社会系统，最后是符号与信息形成的科技文化系统。

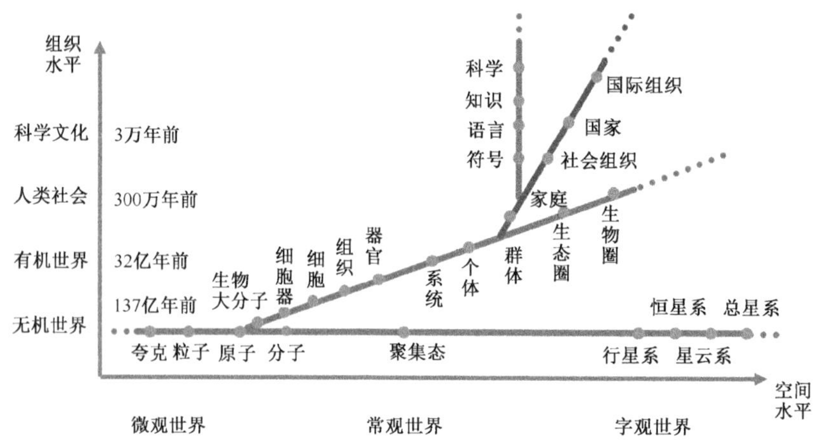

图 1-1　宇宙中的四大系统

与此紧密联系，如图 1-2 所示，按照产出品的不同，我们可将

1 本图摘自中央党校李建华教授的《系统思想与创新能力》ppt 课件。

人类从事的生产划分为四种生产：生物生态生产，物质能量生产，社会服务生产，科技文化生产。对应的，可将人类社会的产业划分为农业、工业、服务业和科技文化产业，分别简称为第一产业、第二产业、第三产业、第四产业。在本书中，分析第四种生产的特点、研究第四产业的发展是一个非常重要的内容。

图 1-2　四种生产——四类产业

企业生在社会上，长在宇宙中。其空间位置和组织水平须恰到好处，才能使企业系统与宇宙四大系统有机协调，获得健康发展。企业使用的人力、资本和技术，企业利用的物质、能量和信息，企业所处的社会、环境和生态，都会对企业的生存和发展产生深刻影响。因此，我们要对宇宙四大系统及由其决定的社会四种生产对企业生存发展的重大影响有一个整体性的科学认识和把握。

01»

物质能量生产

137 亿年前的宇宙大爆炸，是一次集中的能量转化为物质的过程，由此创生了一个由至小到极大的无机物构成的世界。从……夸克、基本粒子、原子、分子到聚集态、地球、行星系、恒星系、总星系……无穷无尽。

物理科学的经典理论认为，世界是物质的，物质是运动的，运动的物质是相互联系的。物质运动需由能量驱动，物体之间以信息相互联系。物质是不灭的，能量是守恒的，信息中包含着宇宙运动的规律。物质和能量能够相互转换，由此爱因斯坦发现了质能转换关系的方程式——$E=MC^2$。

人类第二产业的发展与对无机世界的物质能量利用密不可分。

工业企业既是物质资源的利用者，也是实物产品的生产者。一定意义上，一个个工业企业就是一个个物质与产品的转换器。拥有的创新性转化能力越强，物资利用的效率越高，企业的价值就越大。那些价值创造效率长期低于市场交易效率的企业将会被市场淘汰。矿产与材料生产如此，装备制造也如此。传统的减材制造是这样，正在快速发展的增材制造[2]也是这样。

企业利用的物质资源首先是从身边可见的尺度为 1 ~ 100cm 大小的聚集态物质开始的，然后向大小两端逐步延伸。在向细小材料发展方面，破碎研磨、气相沉积、氧化还原等技术的进步，能帮助人们获得尺度更小的粉体材料。近几十年来，纳米技术[3]的发展已使企业可以生产出 4 倍于原子大小的细微材料。石墨烯技术[4]的发

---

2 增材制造（Additive Manufacturing，AM）俗称 3D 打印，是融合了计算机辅助设计、材料加工与成形技术，以数字模型文件为基础，通过软件与数控系统将专用的金属材料、非金属材料或者医用生物材料，按照挤压、烧结、熔融、光固化、喷射等方式逐层堆积，制造出实体物品的制造技术。增材是相对于传统的车、铣、刨、磨这种减材制造而言的，是一种“自下而上”通过材料累加的制造方法。

3 纳米技术（nanotechnology）是用单个原子、分子制造物质的科学技术，是研究于纳米尺寸（1~100nm）时，物质和设备的设计方法、组成、特性以及应用的科学。“纳米科学”最初的设想来自于著名物理学家费曼 1959 年在加州理工大学的一次演讲。纳米技术是现代科学（混沌物理、量子力学、介观物理、分子生物学）和现代技术（计算机技术、微电子和扫描隧道显微镜技术、核分析技术）结合的产物。

4 石墨烯是一种二维晶体，我们常见的石墨是由一层层以蜂窝状有序排列的

展，已使企业可以生产出只有一层碳原子厚度的二维材料。人们惊讶地发现，随着物质粒径大小和维数的变小，物质的导电性、导热性、韧性、强度等物理性质都会发生巨大的变化，从而使超导、超强、超硬、超级防腐的理想材料不断从超细产品中孕育出来。在向大体积材料和大空间发展方面，燃烧和爆炸技术帮助人们逐步打通了前进的路途。现在，公路、铁路四通八达，航海技术、航空技术、航天技术快速发展。企业级的应用已经可以发射一箭多星并回收火箭，正在大规模建设卫星网络，并准备探索太空旅行和到火星上去居住。被誉为中国“天眼”的 FAST（500 米口径球面射电望远镜），已能发现距离地球约 4000 光年的毫秒脉冲星。核聚变技术应用正处在突破的前夜，人造小太阳有可能大大增加人类物质生产的活动能量和活动范围。

人类在农业和手工业为主的生产阶段经历了成千上万年时间[5]，我们把它称为前工业化时期。亚当·斯密写成《国富论》时，欧洲

平面碳原子堆叠而形成的，石墨的层间作用力较弱，很容易互相剥离，形成薄薄的石墨片。当把石墨片剥成单层之后，这种只有一个碳原子厚度的单层就是石墨烯。在防腐蚀方面，常用的聚合物涂层很容易被刮伤，降低了保护性能，石墨烯可以做保护膜，延缓金属的腐蚀速度，使之更加坚固抗损伤，因此石墨烯可以用于海洋防腐、金属防腐等领域。利用石墨烯的导热、导电性能生产的柔性石墨烯散热薄膜能优化现有笔记本电脑、智能手机、LED 显示屏等。

5 2015 年入选中国十大考古新发现之一的海昏侯墓是西汉废帝刘贺的墓葬，距今约 2000 年。在墓中出土了五谷杂粮，包括黍、稻、麻、小米等，再次印证了我国西汉时期已有粟、麦、稻等粮食种植。

的工业就仍处在手工作坊阶段，工业生产规模还很小。中国在唐宋时期，手工作坊业已经有相当程度的发展，但受重农轻商和社会动荡的影响，工业发展总体上非常缓慢。

直到近 300 年，一次次大市场和新科技集群同时出现，才先后引爆了三次工业革命，推动了工业化的快速发展。大量的市场需求是工业革命发生的必要条件，新的科技集群应用是工业革命发生的充分条件。这里所说的市场可以是国内市场，但更多是指双边和多边的国际市场。这里所说的新的科技集群应用，通常包括能源动力、交通运输、信息通信等众多创新科技成果同时或相继应用于生产。就像水大船大、帆高船疾那样，是市场与技术的共同作用催生了工业革命发展。英国、美国、德国、法国、日本的三次工业革命过程是这样，中国近几十年的工业化集中发展也再次证明了这一点[6]。

在科技集群上，第一次工业革命的核心科技是炸药、煤炭开采、蒸汽机、纺织机、火车、轮船和电话等；第二次工业革命的核心科技是发电机、电动机、内燃机、石油开发、铁路建设、航运技术、汽车、飞机和电报等；第三次工业革命的核心科技是核能、太阳能、计算机、航天卫星、电视、互联网和移动通信等。

在市场需求上，引爆第一次工业革命的市场主要是生活用品市场。如英国殖民地的东印度市场为英国提供了棉花资源供应和巨大的纺织品市场需求，刺激“瓦特们”加快蒸汽机的研制与应用。引爆第二次工业革命的市场主要是生产资料市场。帝国主义

6 文一. 伟大的中国工业革命[M]. 北京：清华大学出版社，2016.6

瓜分世界市场的争夺刺激了工业特别是军工产业的快速发展，在流水线上以机器快速生产机器成为企业发展的战略追求。引爆第三次工业革命的市场是第二次世界大战结束后的全球自由贸易，经济全球化对能源资源、商品贸易、金融服务和科技文化提出了不断扩大的市场需求。

目前，第四次工业革命正在孕育之中，进入即将引爆的前夜。在市场发展方面，在中国大市场显示出巨大优势和欧盟大市场见到明显成效的影响下，世界各大洲都在积极探讨双边、多边、区域性的低成本大市场建设合作协议，自由贸易区和自由港加快发展；中国提出的“一带一路”倡议加快落地更是展现了基于五通[7]的欧亚非一体化大市场的光明前景，加上基于互联网的众多全球电商市场平台不断做大，第四次工业革命在市场方面的需求条件已经具备。在科技方面，新的技术集群也正在加快形成中。在能源方面，中国的特高压输电技术正在努力为全球能源互联网提供技术基础，使极地风能和赤道太阳能、核聚变能等可以电能的形式远距离输送到各大洲市场集中地区，核裂变能、水能、海洋能、地热能发电技术等已经成熟，页岩气、可燃冰开采技术取得重大突破。在交通运输

---

7 2015 年 3 月，中国政府在博鳌亚洲论坛 2015 年年会期间正式发布《推动共建丝绸之路经济带和 21 世纪海上丝绸之路的愿景与行动》，提出要以“政策沟通、设施联通、贸易畅通、资金融通、民心相通”（简称“五通”）为主要内容，打造“一带一路”沿线国家政治互信、经济融合、文化互容的利益共同体、责任共同体和命运共同体。“一带一路”倡议中的“五通”以民本民生、多元包容、和谐共生为宗旨，通过共商、共建、共享，加快人类命运共同体建设。

方面，电动汽车、高铁、超高铁、磁悬浮列车、大飞机、通用航空、商业航天和无人驾驶技术迅猛发展，极大提高了运输与出行效率，大幅提升了广大中小城市土地资源的经济价值。在信息通信方面，新的群体性的科技突破风起云涌，大数据、云计算、移动互联网、物联网、智能制造、智慧城市等正在日新月异地迅速发展，让人感觉眼花缭乱。

更有趣的话题是，物质与能量之外也许并非虚空，宇宙四大系统之外可能还有别的大文章。宇宙仍然在膨胀的科学发现让今天的物理科学家们相信，宇宙中可能还有比物质和能量更多的暗物质[8]和暗能量[9]存在。宇宙中的总能量可能有70%左右是由暗能量提供，

---

8 暗物质（Dark Matter）是一种因存在现有理论无法解释的宇宙现象而假想出的物质，比电子和光子还要小的物质，不带电荷，不与电子发生干扰，能够穿越电磁波和引力场，是宇宙的重要组成部分。暗物质的发现来源于1978年Vera Rubin对仙女座大星系（M31）的星系旋转曲线的测量。根据地球绕太阳运行的速度和地球与太阳的距离，就可以测出太阳的总质量。同理，根据物体（星体或气团）围绕星系运行的速度和该物体距星系中心的距离，就可以估算出星系范围内的总质量。这样计算的结果发现，星系的总质量远大于星系中可见星体的质量总和。观测结果和理论分析均表明漩涡星系外围存在着大质量的暗晕。此后科学家们还通过约7000余次的计算得出结论称：在他们所观测的这些矮星系中，暗物质的含量是其它普通物质的400多倍。

9 暗能量的概念起源可追溯至爱因斯坦的“宇宙常数”。爱因斯坦在1917年推导由他在两年前提出的广义相对论的一组引力方程式，方程式的结果都预示着宇宙是在做永恒的运动，这个结果与爱因斯坦的宇宙静止观点相违背，为了使这个结果能预示宇宙是呈静止状态，爱因斯坦又给方程式引入了一个项，这个项称

25%左右是由暗物质提供，而由我们熟悉的物质所提供的能量可能仅占 5%左右[10]。尽管暗物质不会发光、不与光作用，普通光学观测也无法发现，但当一对暗物质粒子偶然正向碰撞时，它们会同时湮灭，并可能会放出质子、电子及它们的反粒子、中微子和伽马射线。发现这种高能粒子的能谱，就能求证暗物质的存在。在这方面，我国发射的暗物质探测器“悟空号”卫星，在轨 3 年多时间，可以每天 16GB 的速度收集大量暗物质高能粒子的能谱信息。

其实，想想人类在能源利用上的每一步进展，就可以较好地帮助我们理解和相信暗物质暗能量的存在和对其加以利用的可能性。没有学会用火时，数万年来人类只能吃生食；烧柴数千年后才学会烧煤，烧煤几百年后才学会烧油气，会烧油气时不知道还可以大规模使用水能、风能、光能、核能，等等。事实上，对太阳照耀地球带来的光能或者地球旋转产生的风能亦或地球内部的热能的任意百分之几能量的利用，都能完全满足人类社会对能量消费的需要。事实早已证明，对能源资源不足的担忧是一种杞人忧天，膨胀的宇宙中有用不完的能量。

因此，不论是从历史经验的角度看，还是从未来科技发展角度

之为“宇宙常数”。此后“宇宙常数”便被人们所遗忘，后来的一次天文探测发现宇宙可能在加速膨胀，这就预示着宇宙中存在着某种“巨大的东西”，此后这个“宇宙常数”被赋予“暗能量”的含义。科学家对宇宙的组成部分有了新的认识，宇宙中普通物质和暗物质的比例高于此前假设，而暗能量这股被认为是导致宇宙加速膨胀的神秘力量则比想象中少，占不到 70%。

10 引自 2017-06-19 光明日报。

看，与物质能量相关的人类生产，不是已经发展到了尽头，而是可能还处在初级阶段。尽管钢铁、煤炭、水泥、塑料等产品已经出现产能过剩，导致传统企业生产效益下降，但在物质和能量生产领域，特别是在新材料、新能源、新装备的生产和应用方面，市场和企业仍有广阔的发展空间。能源生产仍将是各行业中最重要的生产经营领域，新材料开发将始终是制造企业发展的战略性追求，装备制造则是所有生产持续发展的基础。唯一不同的是，新的物质能量生产将具有越来越高的科技含量。

我们的企业应当坚信，物质生产仍然是社会生产的基础，处在物质能量系统中的实体产业前景总体上是光明的，其作用是永远不可替代的。与此同时，我们的企业也必须警醒，工业革命总是依赖于市场扩大和科技进步。现在，第四次工业革命已经来临，“一带一路”建设步伐加快，我们要紧握科技创新这把利剑，用好全球化的大市场，始终保持走在时代的前列，绝不能再次落在别人的后面。

02»

生物生态生产

地球大约在46亿年前形成。起初，它只是一颗炙热的行星；后经漫长的冷却和圈层分异，逐渐形成了大气圈、水圈和岩石圈；再经大气圈、水圈和岩石圈的长期互动，在地球表面上形成了生物圈。大约在38亿年前，从无机分子的演变中出现了有机的生物大分子，于是，最早的生命——细菌开始在地球上出现，地球生命系统开始运转。最新的科学发现表明，大约21亿年前，地球上有了可以行走的动物。从细胞、组织、器官、系统，到个体、群体、生物链、生态系、生物圈，有机的生命系统使地球变得多姿多彩、郁郁葱葱、饱含活力、充满生机！

从无机世界到有机世界，从简单生物到复杂生命，其间蕴藏着无尽的奥妙，有着始终问不完的为什么。有机世界的组织水平远高于无机世界的组织水平。在细胞出现 30 多亿年后，经过极其复杂的演变过程，生物生态系统中才产生了人。因此，人类应对生物生态系统抱持深深的敬畏，明白人类从哪里来，懂得生物生态系统是人类赖以滋生的土壤，知道绿水青山就是金山银山，任何时候都不能以破坏生态环境的代价来换取短期经济的增长。对于企业而言，有机世界的生物和生态系统，既是企业资源的供应者，又是企业产品的消费方。每个企业都离不开有机系统的支撑，每个企业都应为有机系统的生存和发展做出应有的贡献。

将生物生态的生产列为第一产业，是因为从事狩猎的人类还不能算是有了生产或产业。因此，人类的社会生产应从农业种养开始起算。人类本身就是生物生态有机世界系统中的一分子，对这个系统最为依赖，与其关系也最为紧密。

人类生物生态产业的发展过程大致可以分为三个阶段：第一阶段是传统小农经济阶段；第二阶段是农业大生产阶段；第三阶段是现代生物技术产业阶段。

小农经济阶段在第一次工业革命之前。在长达数千年的小农经济时代，人类主要是围着吃穿和繁衍做文章，属于科技含量很低的生物生态生产。原始农业生产中很低的技术水平和巨大的自然风险，农产品有限的储存时间和较小的市场半径，农业时代频发的土地战争和传染疾病，导致农业社会发展非常缓慢。

在农业社会向工业社会转型的过程中，农业是工业的基础，农业为工业提供劳力、原料和产品市场，并艰难地承载了工业发展的资本原始积累过程。西方列强的资本原始积累是以“羊吃人”[11]的血腥方式完成的。我国在工业体系建设阶段，则采取将农业部门的产品按照低于其价值的价格卖给工业部门，而工业部门则按照高于产品价值的价格把工业品卖给农业，从而形成了工农业产品价格的“剪刀差”，以农业帮助工业加快原始资本的积累。

各国农业大生产都发生在其完成第二次工业革命之后。这是因为农业大生产是高风险的资本密集型产业，对气候、市场、资本、技术、管理有较高依赖，在小农经济土壤上难以直接生长出农业大生产。只有当工业化国家和地区解决了农业大生产所需要的资本、设施、装备、技术、信息、种子、农药、化肥供应和市场风险应对能力等问题后，机械化、规模化、现代化的农业大生产才能逐步发展起来。

美国在 20 世纪 30 年代进入农业大生产时代，我国农业则在近

---

11 资本原始积累是指新兴资产阶级利用暴力手段，迫使小生产者与生产资料相分离，把生产资料和财富集中到自己手中并转化为资本的过程。这一过程在英国表现得最为典型：15 世纪末，英国的毛纺织业已成为当时发展最快的生产领域，毛纺织品拥有广阔的国内外市场，从事纺织的工人数量快速增长。毛纺织业的发展迅速扩大了对羊毛的需求，随之羊毛的价格上涨，养羊业极为有利可图，大地主和农场经营主除了把自己已有的耕地变成牧场外，还用暴力掠夺公地和份地。他们拆毁和焚烧农舍和村庄，用栅栏和篱笆把大片土地围圈起来，把这些强占的土地变为牧场。这就是英国历史上所谓“羊吃人”的“圈地运动”。

十多年来才加快进入农业大生产阶段[12]。为了在坚持农村土地集体所有制、维护农户土地承包经营权的基础上加快推进现代农业大生产，党中央国务院极具智慧地及时出台了土地三权分置改革政策[13]，有效提高了我国农业大生产发展水平。如图 1-3 所示[14]，到 2016 年，我国土地流转面积已经达到了 4.71 亿亩，占家庭联产承包的耕地比例达到近 36%。

现代生物生态产业发展阶段将与第四次工业革命同步发展，并

---

12 2017 年，中央 1 号文件《中共中央国务院关于深入推进农业供给侧结构性改革 加快培育农业农村发展新动能的若干意见》指出，经过多年不懈努力，我国农业农村发展不断迈上新台阶，已进入新的历史阶段。这个新的阶段，正是大力推进农业大生产的阶段。文件把推进农业供给侧结构性改革作为新形势下主题，提出顺应新形势新要求，坚持问题导向，调整工作重心，深入推进农业供给侧结构性改革，加快培育农业农村发展新动能，开创农业现代化建设新局面。

13 2016 年 10 月，中共中央办公厅、国务院办公厅印发了《关于完善农村土地所有权承包权经营权分置办法的意见》（简称《“三权分置”意见》），“三权分置”是指农村土地所有权、承包权和经营权三权分置。从 1978 年 12 月安徽小岗村 18 户农民开创包产到户开始，我国农村土地即实行土地集体所有、农户承包经营的“两权” 统分结合、双层经营的基本制度，充分调动了广大农民的生产积极性，促进了农业精耕细作和粮食持续增收。但是在土地按照市场需求进行流转、推进土地的适度规模经营、提高土地的产出率和利用率等方面，表现出诸多不便，在有些地方甚至阻碍了农村生产力的发展。为解决这些问题，中央从政策层面上进一步将“两权”分置改变为“三权分置”要求。始终坚持农村土地集体所有权的根本地位；严格保护农户承包权；加快放活土地经营权。

14 本图摘自中国产业信息网。

成为第四次工业革命的重要内容。今天，生物工程、环境工程等科学技术开始从基因层面和生态层面为农业解决种子改良、品质提升和生态优化等问题，并加快转型升级为高科技的生物生态产业。

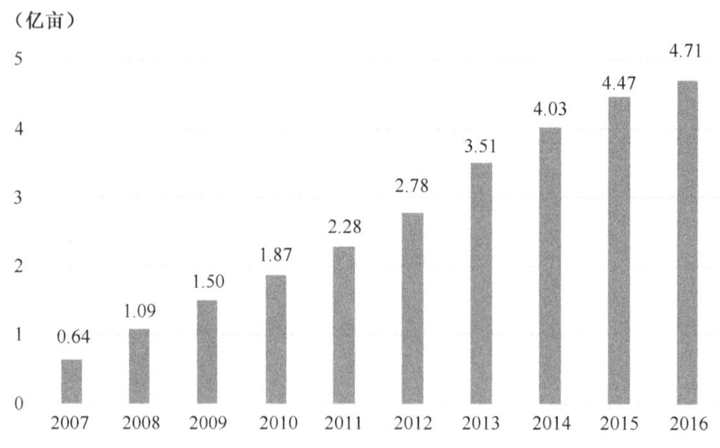

图 1-3　近年来我国土地流转面积

现代生物技术是一个复杂的技术集群系统，其基础是现代生命科学、技术科学和信息科学。现代生物工程主要有基因工程、细胞工程、酶工程、蛋白质工程和微生物工程等部分。其中，基因工程是现代生物技术的典型代表。基因工程是指利用基因重组技术，在生物体外通过人工“剪切”和“拼接”等方法，对供体生物和载体的核酸（基因）进行改造和重新组合，然后导入受体微生物或真核细胞内，使重组基因在细胞内实现表达，产生出人类需要的基因产物，或者改造、创造具有新特性的生物，为人类提供基因治疗和改良农作物品种等多种产品和服务。

从上述发展趋势上看，生物生态产业的范畴已经超出了传统农业生产。也许，正在到来的第四次工业革命可能更宜称为第四次产业革命，因为新的技术集群将不再存在明显的为工业、农业、服务业中某一产业服务的特征，而是更加集成为科技文化产业发展的巨大力量，同时为一、二、三产业服务。比如，基因工程的种子产品为农业服务，自身则发展成为新型工业，其医药产品则将大大改变医疗服务业的面貌。

生物科技是与新能源、新材料、微电子科技同等重要的高新科技。我们的企业应对此给予高度重视。相关企业要密切关注农村土地三权分置改革的进展，积极响应我国飞速发展的农业大生产市场提出的新要求，在装备、技术、农资、市场、信息网络等方面做好涉农经营与服务，更要高度重视生物生态产业领域的科技进步，及时抓住市场机遇，积极稳妥开展投资，在为推进我国农业现代化和医药产业大发展做出贡献的过程中，加快企业科技创新和产业转型升级。

随着“三权分置”改革的推进，中国在农业大生产上遇到的问题正有所改变。与此同时，我们还应看到，现在也是中国加快推进第三阶段农业发展即生物科技发展的关键时期。中国化工集团公司 2017 年投入 430 亿美元巨资并购重组瑞士先进农业技术企业“先正达”，正是出于这样的商业考虑。这里涉及引起社会广泛关注的转基因产品问题。从上述分析可知，生物科技领域是国际竞争的重要领域，作为人口第一大国的中国在生物科技发展中当然不能再次落后。转基因等生物科技产品对人类生存发展的影响，只有通过生物科技发展过程才能加快查证。因此，对转基因等生物科技产品的应用和研究，积极而又稳妥的方法应是：一方面，政府必须在实验证明人类适用的情况下再去推广或准许人们选用；另一方面，企业和科研院所必须加大科研力量，推进研究进程。我们既不能因为要发展生物科技，就去推广未被证实安全适用的转基因产品，留下难料的后患；也不能因为转基因等生物科技产品可能有害，就不去推进生物技术的研究发展，使我国在生物科技领域陷入被动挨打的落后境地。

03»

社会服务生产

在有机系统的发展过程中，经过漫长的演变，大约在距今 300 万年前，逐渐出现了人类。然后，渐次出现了家庭、家族，数万年前形成了部落，数千年前建立了城市和国家。企业、学校、军队、市场及其中介机构等社会组织，国家与国家之间的各类双边与多边国际组织，日益增多的跨国公司和巨大经济体，数量巨大仍不断扩张的信息群团，也持续不断地产生出来。

人是各种社会关系的总和，具有强烈的群居性。为借助群体的力量来加强生命安全、配置市场资源、改善家庭生活、接受良好教育、谋求事业发展，人类社会系统始终朝着城市化水平不断提高的方向发展。尽管城市中的平均私人空间可能比乡下要狭小得多，但人们可以共享的市场空间却更大。市场越大，机会越多，创新越多，发展越快，吸引越来越多的人到城市生活工作，共享空间、共享资源、共享安全、共享服务、共享文化、共享发展。

根据联合国发布的《2014 全球城市化发展报告》显示，全球农村人口“城市化”进程一直在不断加速。数据显示，1950 年全球城市人口比例仅为 30%，2014 年达到 53%，预计到 2050 年将增长到 66%。欧洲、澳洲城市化率早已超过 70%，美洲的城市化率已超过 80%，亚洲和非洲则相对落后。中国的城市人口在改革开放以前是严格控制的，改革开放之初的 1978 年城市化率仅 17%。20 世纪 90 年代以后，我国城市化开始加速发展，但在 2010 年以前仍低于世界平均水平，此后则保持高于全球平均水平的增长。2017 年，中国的城市化水平已达 58.5%。图 1-4 展示了 1950 年、1990 年、2014 年和 2050 年（预计）我国及全球六大洲的城市化率变化情况[15]。

城市运行和发展离不开工农业生产。作为第三产业，服务业是在第一、二产业发展的基础上发展起来的。但是，城市最核心的功能定位是商品和服务的市场交换中心。商业服务是绝大多数城市的主要产业。城市既依城而市，更因市成城。

15 本图数据来源于联合国《2014 全球城市化发展报告》、WIND 数据库中数据和中科院对中国城市化率的预测情况。

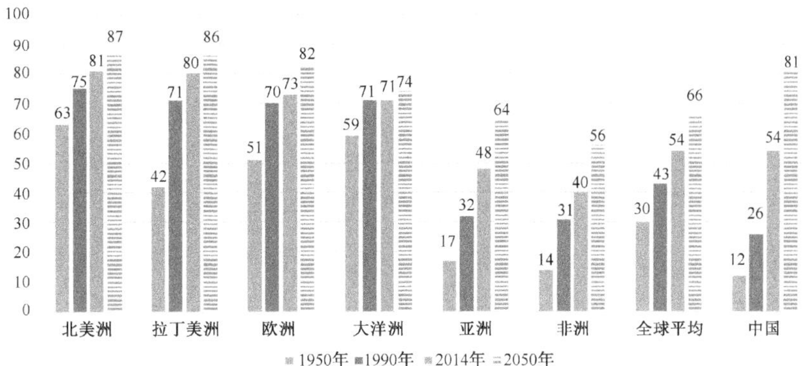

图 1-4 1950 年、1990 年、2014 年和 2050 年（预计）

我国及全球六大洲城市化率变化情况

远古时代，城市区别于分散的原始居民点的本质特征就是活跃的市场交换活动，日中而市（参见第四章）的商贸活动，促进和改善了人们的生产和生活。市场的出现和蓬勃发展把人们从土地上吸引出来，聚居于市井之中，而不再是零星分布在农地之上，进而形成以非农业生产为主的城市。千百年来，城市的规模从小到大，城市的发展盛衰更迭，代表着城市中“城”的有形城墙多已消亡，而“市”所培育的经济活动仍是一座座城市的生命和灵魂所在。国际大都市中，伦敦、纽约、巴黎、香港、新加坡，等等，都是以具有某类国际交易市场中心功能而立市的。作为全球发展最快的城市，深圳的 GDP 增长迅猛，从 1979 年的 1.97 亿元增长到 2017 年的 2.24 万亿元，增长了 1.1 万多倍。究其发展路径，也是紧贴市场，沿着商品贸易、来料加工、模仿制造、自主开发、创新引领这样一个顺序逐步展开的。不断优化的营商环境和强大的产业配套服务能力正是深圳特区持续快速健康发展的内在诀窍。

中小城市也是这样。在福布斯 2013 年中国最富有 10 个县级市排名中获得第一的浙江义乌，就是因市而城的典型。在 1978 年党的十一届三中全会以后，义乌县商贸服务获得巨大发展。1988 年实现撤县设市，逐步形成了“小商品、大市场，小企业、快集群”的发展格局。现在，义乌市场的商品出口到 212 个国家和地区，被联合国、世界银行等国际权威机构确定为“世界第一大市场”，成为中国大陆六大强县（市）之一，人均收入水平、豪车密度在中国大陆居首位，是中国最富裕的县级市之一。中国北方的临沂市也是以市立城求得革命老区脱贫发展的优秀典型。

人们在农业时代依农产品、手工业品集市贸易需求建设小城市，工业时代为大规模商品生产交换需要建设大城市，信息时代则正在用泛在的信息网络将全球城市乡村的海量消费者连接成更为广大的市场。生活性服务业、生产性服务业、科技服务业于是迅速得到发展。图 1-5 是我国城市化率和服务业对国民经济贡献占比情况[16]。

由图 1-5 可以看出，我国城市化率与服务业对 GDP 的贡献率指标是长期高度一致甚至等值的。城市化率以大约每年 1%的速率稳定增长，服务业对 GDP 的贡献率则围绕城市化率的轴线上下波动。图 1-5 同时表明，1978—1992 年，我国的城镇化尚处于发展起步期，城镇建设跟随工农业的发展而发展。1992 年邓

---

16 数据来源于 WIND 数据库。

小平视察南方之后，我国确立了社会主义市场经济发展方向，城镇化进入高速发展时期，逐渐成为引领工业、农业和信息化发展的强大动能。

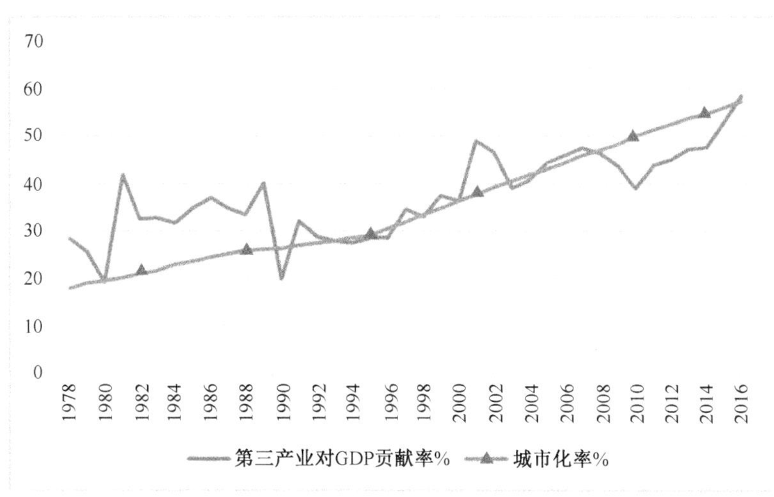

图 1-5 我国城市化率和服务业对国民经济贡献占比相关图（1978 年—2016 年）

现在，第三产业（服务业）已经成为当前我国国民经济发展的主要动力，如图 1-6 所示。2017 年我国服务业增加值达 427032 亿元，占 GDP 的比重为 51.65%，超过第二产业 11.1 个白分点，稳定成为第一大产业；服务业增加值同比增长 8%，高于全国 GDP 增速 1.1 个百分点，连续 5 年增速高于第二产业[17]。

17 数据来源于国家统计局网站。

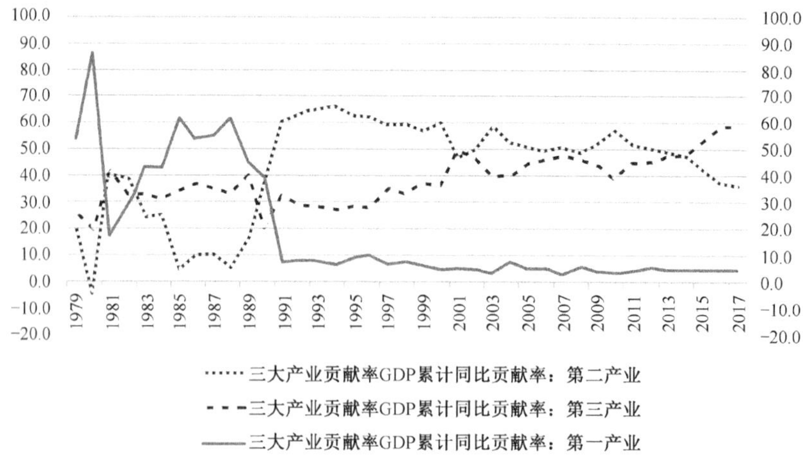

图 1-6　三大产业对我国 GDP 的贡献率

历史上中国重本抑末的传统文化促进了农业发展，巩固了中央集权统治，但却抑制了商品生产与交换，导致了城市化进展缓慢，影响了工业和服务业的发生和发展。农业时代的中国总体上是强盛的，处在世界的中心地位。当人类发展进入工业化时代，长期忽视甚至严格打压市场商业的中国，从清朝乾隆后期起，逐渐失去了人才、市场、资本、技术等优势，远远地落在了西方国家的后面，快速沦为西方列强坚船利炮任意宰割的对象。

中华人民共和国成立以后，中国共产党坚持实行以农业为基础、以工业为主导的经济政策，结合中国国情，逐步学会正确处理第一、二、三产业的关系，推动中国工业化、城市化、信息化和农业现代化的并行发展。以毛泽东为首的中国共产党人，领导全国人民建立起独立的工业体系和国防体系，形成了完整的公有地权制度和统一的全国大市场，基本解决了中国工业产品从无到有问题。但计划取代市场配置资源，导致服务业发展严重滞后，城市就业困难，知识青年上山下乡。改革开放后，中国共产党带领中国建设社会主义市场经济并加入 WTO，基本完成国家工业化，解决了第二、三产业从小到大问题，在商品贸易总量上超英赶美，成为世界第一[18]。图 1-7 是我国 2006 年以来的进出口总额及增长率情况。

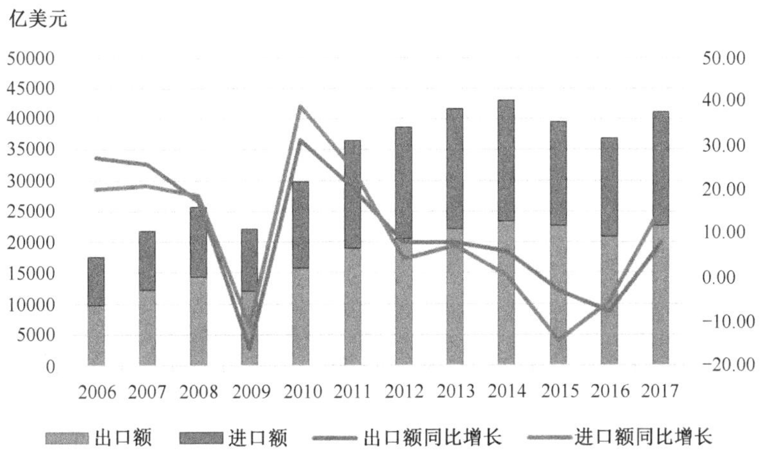

图 1-7 近年来我国进出口总额及增长率情况

从 2012 年起，以习近平同志为核心的党中央，正带领中国按照新时代中国特色社会主义思想，贯彻创新、协调、绿色、开放、共享的新发展理念，大力推进供给侧结构性改革，加快科技文化生产发展，推动社会经济结构优化、动能转换、高质量发展，全面解

18 据商务部网站信息，据世界贸易组织秘书处统计，2013 年我国货物进出口总额为 4.16 万亿美元，超过美国，首次成为世界货物贸易冠军。

决四大产业从有到好、从好到优的问题，争取在 2049 年中华人民共和国成立 100 周年时，全面实现中华民族伟大复兴的中国梦。

纵观世界发展过程，第三次工业革命完成后，服务业就成长为各国经济发展的龙头。我们的相关企业要认清社会生产龙头产业转变的大趋势，明白城市是服务业的主要载体这一客观规律，主动投身到各地城市化进程，积极参与城市市场建设和运营，注重综合服务网络建设，将企业打造成能为千家万户居民生活和成千上万家企业生产同时提供网络化服务的诚信阳光平台。

值得强调的一个问题是，服务业在 GDP 中的占比提高较大，针对这种情况我们也应做深入分析和必要调整。在这方面，我们既需要进一步提高国民对于服务业重要性的认识，维护好服务业的发展势头；更需要研究如何把服务业中属于科技文化产业的增加值作为第四产业单列出来进行考察和分析。

04»

科技文化生产

在个体与社会系统的发展过程中，距今大约3万年前，由于人们在社会生产和生活过程中计数和交流的需要，慢慢产生了符号和语言，逐渐发展出文字与计算。日积月累，人类通过对客观世界和人类社会各种信息所揭示的事物规律性的认识和总结，产生和获得了知识与科技，逐渐建立并不断完善地球之王独有的科技与文化系统，深刻而广泛地揭示和解释了无机世界和有机世界的本质联系，推进了人类对客观世界的认识和改造，同时也进一步加快了对人自身的认识，促进了企业和社会的发展。企业于是随之变化：从单门独户、手工作坊到大规模流水线工厂，从独资企业、无限合伙、股份公司到有限公司、有限合伙，从机械化、电气化到信息化，从互联网、物联网到人工智能。市场于是随之变化：从以物易物到一般等价物，从铜本位、金本位、纸币本位到电子货币，从贸易市场、股票市场、产权市场到网络电商。文化交流方式于是随之变化：从语言、书报、广播等传统方式到电视、计算机、手机、网络、自媒体等新方式。随着大数据、物联网、云计算、移动互联网、社交网络平台等技术的深入发展，现代科技文化产业正越来越多地被赋予智能的力量。未来几十年，人类将进入社会发展的泛智能化阶段，各种智能产品快速向工作生活场景全维度渗透，万物互联互通和智能化潮流正不可逆转地冲击和改变企业和社会生产生活的各个方面。

符号与信息系统揭示事物本质联系的能力取决于数据的充分获得和对数据间规律性联系的挖掘认识能力。计算机、手机、网络等强大的信息收集和处理工具与设施，带来了社会数字化能力的快速提升，使科技文化系统以爆炸式方式迅猛发展。AlphaGo按照围棋基本规则将人类存有棋谱的几十万盘围棋博弈生成的小数据，利用深度学习技术快速展开自我对打形成几千万盘的大数据，再迅速从这几千万盘模拟对弈中产生的大数据中总结出在各种不同棋势下任意一个落子的价值分析和最佳的行棋应对策略，无可争议地在围棋比赛中战胜了人类围棋高手，展示了一条利用小数据产生大数据，再由大数据认识揭示新规律的科技进步新路径[19]。这就意味着，摩尔定律[20]揭示的芯片技术进步速度，也许同样可以用来描述人类

---

19 参见远望智库：《人工智能—第三轴心时代的来临》。

20 1975年，英特尔（Intel）创始人之一戈登·摩尔（Gordon Moore）在一次国际会议上发表了一篇论文，以他作为一名工程师的经验，提出了一个半导体技

信息与知识生产量的扩张情况。现在全球每天平均产生 1000 万 TB 以上的数据；每过两年，中国产生的信息量就会翻番。2017 年 8 月，中国无锡的国家超级计算机中心已开始探索利用“神威太湖之光”超级计算机创造含有 10 万亿个数字粒子的虚拟宇宙。网络已经改变了世界的连接、组织和运行方式，与现实世界并存的虚拟数字世界正变得日益清晰而丰富起来，不断增强着人类认识和改造客观世界的能力。

需要强调的是，第一、二、三产业发展的基础在于科技文化产业的发展，而科技文化产业发展的根基在于办好教育。人是学习型动物，人类社会是学习型组织。通常，人在母体内完成人类基因复制后，还要接受 20 多年的人类知识复制，掌握好人类对宇宙、社会和人自身已有的规律性认识，然后才能参加工作、从事生产、进行科研。教育特别是职业教育和大学教育，培养和影响了一代又一代人的思维方式和行为能力，对社会发展带来重大影响。这在三次工业革命过程中体现得非常充分[21]。中国的传统教育是道德文化传授型的，重农抑商对工商业发展促进作用较弱，致使工业发展迟缓。英国在传统传授型教育的基础上推行工匠型职业教育，培养支持

术进展的预测法则，其内容为：当价格不变时，集成电路上可容纳的元器件的数目，约每隔 18～24 个月便会增加一倍，性能也将提升一倍。可以这样理解摩尔定律：每一美元所能买到的计算机性能，将每隔 18～24 个月翻一倍以上。从更扩大的意义上说，由于技术进步速度的这种倍增效应，人们将以同等的甚至更低廉的价格来使用性能日新月异的电子产品，这一规律就是影响深远的摩尔定律。

21 参见高红兵：《向技术创新创业精准发力》。

“瓦特”们发明和改进蒸汽机、纺织机等，使得英国成为第一次工业革命的领先国家。柏林大学开创了人才培养、科学研究一体化教学模式，实现了从经院式大学到研究型大学的教育转型，成就德国成为第二次工业革命世界中心。第二次世界大战后，美国人认识到大学应成为科技研究开发中心而不只是纯搞学术的象牙塔，并于1946年设立了风险基金公司（ARD），创建了一种传授型、研究型、创业型相结合的大学教育制度，提供了一套以学术研究为基础的高科技企业孵化机制，成就美国成为了第三次工业革命世界中心。当前，第四次工业革命正在酝酿、即将爆发。中国对创新型高等教育的需要比以往任何时候都更加迫切，对科学知识和卓越人才的渴求比以往任何时候都更加强烈，对科技人才的生产和利用能力也比以往任何时候都更加强大。我们应抓住战略机遇，把教育、科技与经济发展紧密结合起来，加大产学研用合作与协同，及时将中国大学和企业的双重数量优势转变为双重创新优势，共同推进大众创业万众创新，争取成为第四次工业革命的世界中心，将中国建设成为强大的创新型国家。

为此，我们的企业必须拥有更加强大的信息网络系统，使之能与全球科技与文化系统建立起最广泛而安全的连接，不断推进企业提升配置全球资源的能力。相关行业领军企业则应加快向平台型企业转型发展，将与本行业生存发展相关的企业、学校、研究机构、金融机构、中介机构、社会媒体和各类消费者最大限度地吸引到一个超强的网络平台上，彼此互动、信息共享、优化结构、增进交易、同解难题、协同创新、共享发展。

在这方面，航天科工集团建设航天云网[22]的探索实践已经取得初步成效。航天云网坚持的信息互通、资源共享、能力协同、开放合作、互利共赢理念，得到广大企业的普遍认同，已经发展成为中国工业互联网的典型代表。从 2015 年 6 月到 2018 年 9 月，在航天云网上注册的企业用户已超过 214 万户，且还在以每月 3 ~ 5 万户的增速快速增长。相关企业可结合自身实际，综合考虑如何共同用好航天云网实现协同共享发展的路径和方式。

22 航天科工集团为响应“互联网+”行动计划、“中国制造 2025”等国家战略，主动适应经济发展新常态，切实推进供给侧结构性改革，联合所属单位共同出资成立高科技互联网企业——航天云网科技发展有限责任公司，基于“云制造”理论基础及实践经验，着力发挥装备制造业与信息技术产业领域拥有尖端的产业技术优势，倾力打造世界首批、中国首个工业互联网云平台——INDICS，并基于 INDICS 平台面向航天科工打造了专有云，面向国内市场打造了航天云网，面向国际市场打造了国际云，为政府、行业组织、企业等用户提供基于“互联网+智能制造”的二十类服务。

05»

第四产业单列统计的问题

党的十九大报告提出，“加快建设创新型国家”，明确“创新是引领发展的第一动力，是建立现代化经济体系的战略支撑”。为落实这一要求，建议：中国带头，尽快将科技文化产业作为第四产业单独进行统计，全面优化现代经济体系的指标结构，正确引导社会经济科学发展。

这是因为，从前述分析中我们已经发现了一个明显的问题：现实中的统计分类已经明显落后于经济现代化发展的实际，服务业统计范围过于宽泛，科技文化产业没有体现出应有地位。

图 1-8 是世界主要发达国家及我国服务业占 GDP 比例情况[23]。从中可以看出，以制造业闻名的德国、日本的 GDP 中服务业占比却超过 70%，美英法等国的服务业占比更是接近 80%。服务业一业独大，自然会导致社会特别是青年对工农实体产业的轻视。同时，科技文化产业的重要性被淹没在一般服务业中，显示不出其独特地位和成长状态，有碍于资本、人本和政策、法律等对于创新发展的重视与支持。

中国的情况也是这样，服务业对 GDP 的占比已经从 1990 年的 20%提升到了 2017 年的 51.65%。东部发达地区服务业发展更快。以北京为例，如表 1-1 所列[24]，2017 年前三季度北京市 GDP 中，服务业增加值占比高达 82%，其中金融业占 17%，文化创意产业超 14%，科研与技术服务占 12%，信息传输、软件和信息技术服务业占 11%。从这组数据中我们可以明显看出两点：一是现有统计口径下北京市的服务业占比已经很高，而工农业合计的 GDP 占比已不足 18%；二是北京科技文化产业对经济的贡献仅算上列文化创意、科技服务和信息服务三项就已高达 37%，远超金融产业，是农业与工业之和的两倍还多，并仍处在最快的成长过程之中。

23 数据来源于 WIND 数据库。

24 数据来源于北京市统计公报。

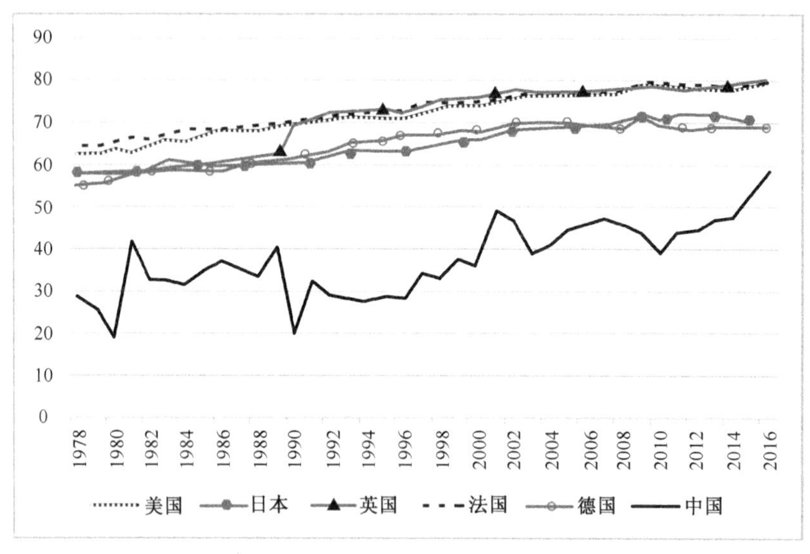

图 1-8　我国与世界主要发达国家服务业占 GDP 比例情况（1970 年—2016 年）

表 1-1　2017 年前三季度北京市 GDP 中各产业占比

（按季度累计值）与五年前对比情况

GPD	2017 年前三季度		2012 年前三季度	
	累计值	占比	累计值	占比
第一产业累计值	86.9 亿元	0.44%	101.40 亿元	0.8%
第二产业累计值	3429.60 亿元	17.52%	2737.50 亿元	21.59%
第三产业累计值	16053.30 亿元	82.03%	9839.20 亿元	77.61%
金融业	3408.60 亿元	17.42%	1837.80 亿元	14.5%
科研与技术服务	2312.30 亿元	11.82%	956.80 亿元	7.55%
信息传输、软件和信息技术服务业	2144.5 亿元	10.96%	1184.1 亿元	9.34%

其实，这一必然性在图 1-1 中就已被明确地表达出来：随着组织水平的提高，代表四大系统发展速度的四条直线的斜率是大不一

样的。无机世界的直线是水平的，斜率为 0，有机世界高于无机世界，社会服务系统高于生物生态系统，而科技文化系统更显著高于社会服务系统。可以预料，未来几十年之内，全球第四产业必将居于四个产业中的龙头地位，世界上将出现一大批科技文化产业占 GDP 比例超过 50%的创新型国家和地区。

过去 200 多年来，世界上先后发生了工业产出超过农业、服务业产出超过工业的故事，社会经济统计也随之先后将工业、服务业分类纳入了经济社会统计分析[25]。北京市的数据告诉我们，现在是将科技文化产业单独统计分析以支持其更好发展的时候了。经济大国应抓紧行动，引领企业以科技文化产业创新驱动第一、二、三产业发展。

人类正在走进信息智能时代，即将到来的第四次产业革命将是一次科技文化产业大发展并对第一、二、三产业进行全面改造的革

25 目前，由联合国发布的国民经济核算体系（SNA）中的三次产业分类（分别为农业、工业和建筑业、服务业），在国际经济社会统计分析上已经通用。联合国于 1953 年发布了 SNA1953 版本，标志着现代国民经济核算体系的建立。随着服务业的发展、金融业的复杂化、环境与经济交互作用的强化等，促使国民经济核算统计制度的更新。1993 年发布的 SNA（1993）加强了对服务业经济活动的系统核算，在产业分类、经济活动内容区分、核算方法和口径范围与统计原则等方面都阐述了更为细致的处理方法。另外，各国的分类标准并不完全相同，如我国在改革开放以前均没有采用三次产业分类。随着改革开放的不断深化，社会生产力的发展和提高，我国第三产业得到迅速发展，国家统计局于 1985 年提出并报经国务院批准《关于建立第三产业统计的报告》。

命。在万物智能互联中，人类未来每年产生和获得的信息量必将更快扩大。这意味着人类通过数字世界认识客观规律和改造现实世界的能力将进一步增强，意味着科技文化产业对第一、二、三产业的影响将更加巨大，意味着科技文化产业在社会经济中的地位和占比将进一步提高。

因此，面向信息智能时代，在建设创新型国家过程中，我国非常有必要率先实施并同时向国际社会倡议：在经济社会统计中对科技文化产业单独进行分类，将其作为第四产业与第一、二、三产业并列统计和分析，全面优化现代经济体系的指标结构，促进全社会进一步认识科学技术这个第一生产力的独特作用，制定专门的产业政策大力支持科技文化产业发展，用科技文化产业驱动第一、二、三产业加快创新，在物质能量、生物生态、社会服务及科技文化各方面全面协调发展。

06»

企业战略定位的建议

基于对社会四种生产的认识，建议企业家们在引导企业发展或决策一项新的投资时，考虑在自身已有组织管理经验的基础上，探索增加两点新的思考。

其一，不断拓宽视野，把企业定位放在四种社会生产并行发展的环境系统中去考察。要全面考察四种社会生产对我国更平衡更充分发展的独特意义，深入了解四种社会生产的发展阶段、发展态势及相互影响，准确把握企业在新阶段的竞争实力、独特价值、品牌定位和发展战略，积极抓住各类创新投资机遇，主动调整落后的资产结构，不断提升用户和社会对企业品牌站位的认同与依赖水平。比如，要在农业和手工业发展的基础上发展大工业；要在完成第一、二次工业革命的基础上发展农业大生产；第四次工业革命应与生物生态技术发展融为一体；城市化发展要与乡村建设动态平衡，信息化要与工业化融合发展，等等。

其二，清醒把握重心，更加注重科技文化产业发展。科技文化系统是宇宙四大系统中最年轻和发展最快的系统。科技文化是人类探索客观世界真理的结晶，是促进农业、工业和服务业发展的强大力量。世界进入科技文化产业快速发展新时期，中国具有教育、人才、信息、资本、市场等综合优势。企业既要敢于加大对科技文化产业的投资力度，也要善于将科技文化创新成果及时应用于传统产业的转型升级，使企业更好地按客观规律和市场需求组织好生产经营，以第四产业带动第一、二、三产业创新发展。

第二章

了解五代科技进步

企业科技创新促进社会生产力发展，社会生产力的变化对企业生存发展产生巨大影响。顺应科技进步潮流的企业站上风口，迅速成长；守着老旧知识度日的企业渐趋落后，难以复苏。国家经济发展也是这样：重视国民教育、重视科技创新的国家发展迅速；远离现代科技发展潮流的国家和地区则发展缓慢。

关于工业革命的时代分段，学术上有多种不同的方式。为凸显人工智能技术的通用性和重要性，本书以图 2-1 中四次工业革命前后的五个科技时代为背景，考察科技进步对企业发展的影响。

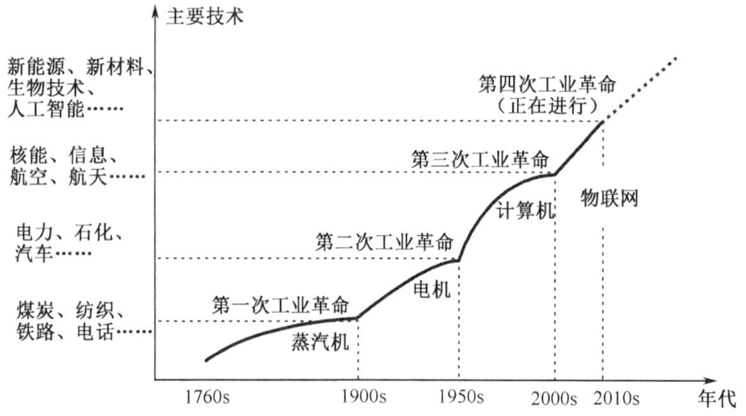

图 2-1 四次工业革命前后的五个科技时代

工业革命前期为生产力发展的体力时代。到 18 世纪 60 年代前后，以蒸汽机为代表的新技术群引爆了第一次工业革命，生产力发展进入蒸汽时代。进入 20 世纪，以发电机为代表的新技术群引爆了第二次工业革命，人类进入电气时代。到 20 世纪 50 年代之后，以计算机为代表的新技术群引爆了第三次工业革命，人类开始进入信息时代。21 世纪以来，物联网正在引爆第四次产业革命，人类即将走进智能时代。

01»

体力时代

人类社会的生产力经历了数以百万年计的漫长的体力时代。那时社会生产主要依靠人或牲畜的体力完成。在早期的狩猎时代，产出不够吃穿之用，没有富余产品，居无定所，不能开展投资，因而没有企业，没有商品。

水与火的利用、种子的培育、动物的饲养、草药的识别推动了生产力的逐步发展。随着农业种养业的发展，人们有了定居点，粮食和牲畜有了富余，逐渐产生了富余产品的交换，产生了集市贸易，催生出商品生产，出现了投资，出现了企业，出现了除血缘、地缘之外的人缘、币缘[1]、企缘关系。

在体力作为主要生产力的时代，生产技术非常原始，交通和通信还很落后，交通靠走，通信靠吼，能源主要靠烧柴产热和水流重力的简单运用，商品交换量很小，企业规模不大。企业是个人的、家族的、皇家的，产权单一，企业制度一般是独资企业或无限合伙。那时的企业不是法人，经营企业的人和企业在法律上互不分离，企业投资经营者对企业债务须承担无限责任，家庭成员责任须彼此连带。投资经营者的无限责任制度使企业具有较好的经营诚信，但也因资本不足、人才不够和责任风险抑制了企业的发展。因此，体力时代的生产力和生产关系都进化得相当缓慢，数以千年也难见什么大的变化。

体力时代，企业的产品主要是农产品、纺织品等生活消费品和金属矿产品。前者用于人口的繁衍与体力的再生产，后者主要用于生产钱币、武器和工艺品，借以开展贸易、礼仪或进行战争，获取粮食、布匹、土地、矿产和俘虏。

体力在劳动中创造财富，也在烧杀抢掠中毁灭财富。体力时代社会财富的积累很慢，破坏却很快。战争、瘟疫、自然灾害，都会使社会生产力不断遭受几近于归零的毁灭性打击。

人类长时间处于体力时代的根本原因在于，那时人类还处于科技文化发展的诱导期，人们只能靠师徒面授传递极其有限的生产经

---

1 王湘穗. 币缘论[M]. 北京：中信出版社，2017.3.

验，科技知识积累不足，文化贫瘠的人们缺少创造工具和对自然界能量加以有效利用的能力。

与体力时代的生产相伴随的市场交换是原始的小规模商品交易。市场形态主要是离散化的集市贸易。集市地点多选择在交通便利、货物与人口较多的集镇或码头。时间上或逢三逢八，或在五在十，定期开集，日中而市。市场性质是综合性的，交易品种五花八门，既有生活用品，也有生产资料。体力时代的市场交换从以物易物开始，后来逐渐出现贝壳、龟甲、铜、银、金等一般等价物。

人类得以告别体力时代走向蒸汽时代的一个重要原因是印刷术的率先突破。1045 年，中国北宋毕昇发明胶泥活字水墨印刷术，并在其后的几百年间沿丝绸之路逐渐传到亚非欧各国。1450 年，德国古登堡出现使用合金活字和油墨的印刷机，推动包括圣经在内的各类书籍的大量复制印刷和新兴文化的广泛传播。这大大解放了人们的思想，推动了欧洲文艺复兴和科技发展，导致了 15 世纪的地理大发现，开创出规模空前的殖民地大市场，为飞梭纺织机和蒸汽机的诞生提供了强大动力和必要条件。

02»

蒸汽时代

体力时代的生产力受到人的体能的约束。要使生产力发展跨越体能的限制加快发展，必须解决好生产中可持续的能量供给问题。人类很早就学会了用柴薪烧火做饭取暖，懂得了用木炭小规模冶炼金属和生产兵器。中国煤炭资源丰富，在中国煤炭很早就已经成为一种重要产品[2]。但是，由于自给自足的农业社会缺乏大规模的市场需求，企业创新发展动能不足，社会文化教育落后，科技水平低下，煤炭未能最早在中国成为大规模应用的工业能源。

13 世纪后，英国人逐渐以煤炭代替柴薪。15 世纪，文艺复兴

2 https://wenku.baidu.com/view/14907c0d0722192e4536f6b7.html.

运动促进了地理大发现[3]，加快了市场全球化。18 世纪中期，依靠海权强盛起来的英国将商品越来越多地销往海外殖民地市场，原有手工工场的生产严重供不应求。1764 年，英国的哈格里夫斯发明了珍妮纺织机。1785 年，卡特奈特发明了水力织布机，形成较大规模的作坊生产能力。为解决水力纺织机只能靠近水源地季节性进行生产的问题，在 1765—1790 年间，瓦特坚持不断地改良纽科门蒸汽机。他创造性地完成一系列发明，如分离式冷凝器、平行运动连杆机构、双向进气汽缸等，使蒸汽机的效率提高到原来纽科门机的 3 倍以上，最终发明出了具有广泛用途的蒸汽机。蒸汽机持续地将煤炭燃烧产生的热能转化为机械能推动众多纺织机械等机器设备快速运转，使得煤炭代替体力和水力成为生产过程中稳定的大规模能量来源，形成了纺织品的大规模生产能力。1807 年，美国人富尔顿发明汽船，有效提高了水上运输能力。1814 年，英国人斯蒂文森发明火车，大大提高了陆上运输能力。蒸汽机作为动力源，从纺织业开始，逐渐广泛应用于采矿、冶金、食品制造和交通运输等各行各业。人类由此进入蒸汽时代。

---

3 地理大发现，或称大航海时代，指从 15 世纪到 17 世纪欧洲的船队出现在世界各处的海洋上，寻找新的贸易路线和贸易伙伴，以发展欧洲新生的资本主义，发现了许多当时在欧洲不为人知的国家与地区。这一时期，欧洲涌现出了许多著名的航海家，如哥伦布、达伽马、卡布拉尔、迪亚士、德莱昂、麦哲伦等。伴随着新航路的开辟，东西方之间的文化、贸易交流开始大量增加，殖民主义与自由贸易主义也开始出现。欧洲这个时期的快速发展奠定了其超过亚洲繁荣的基础，对世界各大洲在数百年后的发展也产生了久远的影响。

到 1830 年，英国整个棉纺工业已基本完成了从工场手工业到以蒸汽机为动力源的机器大工业的革命性转变。1840 年发动鸦片战争前，英国的各主要产业均已实现机器大生产，完成了工业近代化，成为世界上第一个工业化国家，伦敦也随之成为世界政治经济中心。继而，工业革命的先进技术被美、法、德、俄等国广泛吸收和采用，第一次工业革命在欧美相继发生。蒸汽时代形成的机器大工业生产，促进了商业和运输业的发展，加速了城市化的进程，大大提高了社会生产力水平，极大地改变了人类的生活。

大规模商品生产既需要解决好本钱和销路问题，也需要解决好生产制造能力问题。进入蒸汽时代的企业，有了相对于体力时代而言“无穷无尽”的能量，使企业的大规模扩张有了能源供应和生产技术保障。由于体力时代商品匮乏且质量相对低下，第一次工业革命中的先进产品具有强大的市场竞争力，整体上不缺市场。地理大发现后的大规模殖民扩张，使欧美列强企业的市场边界迅速扩大，又为其产品市场提供了强有力的保障。因此，企业发展的关键是要解决好资本来源问题。

与体力时代企业主要依靠家庭或家族小资本即可运营不同，蒸汽时代的机器大生产需要社会大资本来匹配。瓦特改良发明蒸汽机的过程中，就不但用光了自己的钱，还先后导致了两个积极支持者濒临破产。这就要求企业和社会建立起能够动员千家万户参股投资的制度，以融合社会上的小资本形成工业企业的大资本。股份有限公司等企业法人制度如是应运而生。

从资本角度看，股份公司的企业法人制度有三个基本特点。

一是股权开放。与独资企业股权封闭不同，工业大生产企业需要更多投资人一起来为公司形成资本，并分享投资收益。有限公司的股东可以增加到几十个，股份公司的股东可以增加到成千上万个。

二是企业法人制度。视公司为法律上的“人”，作为市场上独立于股东的民事行为主体，以其全部法人财产对公司债务承担责任，股东则仅以投资额为限对公司债务承担有限责任。企业法人制度支持公司独立发展，分散了股东投资风险，使没有大公司运营能力的人也能通过向企业部分出资而投资获利。

三是资本流转。股东投资公司后，会因多种原因需要将股权变现。如果变现困难，其投资积极性就会降低。因此，应建立新老股东自由交易流转股权的制度和市场。

有了这三条，投资人就能实现“投得进、退得出，成则增值分利，败时责任有限”。其结果是社会资本踊跃参与投资，蒸汽时代工业大生产的资本需求得到有力保证。第一次工业革命先后在欧美顺利完成，鼓励和保障私人投资利益的资本主义制度体系也逐渐成为主流的经济、政治、文化和社会制度。

生产规模扩大的公司对资源、市场、劳动力产生新的强烈需求，引发企业之间的激烈竞争。各企业在内部尽力扩大规模、提高技术、降低成本，对外则不断抢占资源、争夺市场，为此甚至不惜发动战争。由于大企业生产对于国家政治经济的巨大影响，政府也被卷入其中。政府或者赋予企业特权，或者给予各种支持，使企业竞争力转变为国家竞争力。欧洲多国的东印度公司就是这方面的典型代表[4]。在工业革命过程中，资本在投资运动中不断增值，资本主义在促进社会财富大幅增长的同时，造成了世间贫富差异的两极分化。国家之间、民族之间、阶级之间、家庭之间，都完全被分层分化了。在国际上，率先完成第一次工业革命的欧美国家成为国际政治经济的列强，对亚、非、拉美大力推行殖民地半殖民地政策，发动区域和世界大战，瓜分世界市场和资源。欧美列强国家的大企业逐渐成为拥有先进技术和世界市场的跨国公司，成为列强国家向世界不竭抽取利益的抽水机。在各国国内，拥有资本的资产阶级掌握了各种投资机会，凭借马太效应使资本规模越做越大，并逐渐影响或掌握了政策制定权和利益分配权，进一步巩固和扩大其阶级利益，最终形成了一富九穷的社会格局。

与体力时代股东与企业不分不同，蒸汽时代的社会结构是“企业+雇佣”形式。在企业内部的生产关系主要是资本家对劳动力的雇佣关系。获得自由的奴隶、失地的农民和向往城市生活的人们

---

4 世界上第一个股份有限公司是荷兰在 17 世纪初建立的东印度公司。16 世纪的葡萄牙在东南亚地区已有殖民地与商业发展，16 世纪 60 年代，一群荷兰商人派浩特曼(Cornelis de Houtman, ?-1599)到葡萄牙刺探商情，浩特曼回国后这群商人便成立一家公司，利用这个资讯往东印度地区发展，从 1595 年 4 月至 1602 年间，荷兰陆续成立了 14 家以东印度贸易为重点的公司，为了避免过度的商业竞争，政府推动 14 家公司合并，成为一家联合公司——荷兰东印度公司。为了融资，荷兰东印度公司发行股票，成功地将分散的财富积累成为对外扩张的资本。荷兰市政厅当时也入股东印度公司，这就大大加强了公司的信誉与权限。

成为资本家雇佣的对象。那时社会上资本的稀缺远远超过劳动力的稀缺程度，企业中资本相对于劳动始终处于支配地位。资本作为企业利益载体吸收生产经营中创造的一切价值增值，资本家仅在接近劳动力再生产成本的水平上支付工人薪资，剥夺了工人劳动创造的剩余价值。因此，劳资关系极不平等，阶级斗争非常激烈，社会发展很不稳定，企业组织水平不高，管理上仍充满体力时代的暴力色彩。

03»

电气时代

蒸汽时代产生的能源是一次能源。这种能源只能与工厂近距离结合在一起，推动生产机械化，实现一个个工厂点上的机器大生产。这种能源供应方式在工厂的点上并没有实现能量的专业化生产，在社会的面上更难以在生产生活中随处广泛应用，总体上效率低下、浪费严重、成本高昂。这些不便促使人们不断寻找新的更好用的能源。

1780 年，意大利的医生迦伐尼在解剖青蛙时无意间发现了手术桌、手术刀与蛙腿之间的电流现象，但却做出了发现“动物电”的错误解释。1792 年，意大利科学家伏打通过用铅、锌、锡、铜、铁、银、金等金属反复实验，证明致使蛙腿跳动的电流是因不同金属相互以一定方式接触而产生，并根据这一原理发明了伏打电池，为人类创造性地提供了能产生恒定电流的电源，为日后从各个方面开展对电的广泛研究与应用打下重要基础。1831 年，英国科学家法拉第发现了电磁感应现象，提出了发电机的基础理论。1832 年，法国人皮斯库发明了手摇发电机。1866 年，德国人西门子制成直流发电机。19 世纪 70 年代，可用于生产的发电机问世。这一时期，能把电能转化为机械能的电动机也被发明出来，电力开始用于带动机器，成为补充和取代蒸汽动力的新能源。随后，电灯、电车、电钻、电焊等电气产品如雨后春笋般地涌现出来。1882 年，法国人德普勒发明了能 35 英里远距离送电的方法，美国科学家爱迪生随后建立了第一个火力发电站，并率先把输电线连接成电力网络。1884 年，特斯拉发明了世界上第一台交流发电机，1885 年，他又发明了多相传电技术，其优越性导致交流电成为后来社会生产生活用电的主要方式。

电力是一种优良而价廉的二次清洁能源，便于远距离传输，便于在各行各业生产生活中广泛应用，极大提高了矿业和制造业的生产能力，推动了钢铁、有色、化工、电力生产和电器、汽车、飞机制造业等一系列新兴工业的迅速发展。汽车、飞机的应用又引发了石油天然气的大规模开采和利用。上述因素共同引发了第二次工业革命浪潮，推进人类历史从“蒸汽时代”跨入了“电气时代”。电能的专业化生产、网络化配送，电话提供的远距离低成本通信，火车、汽车、轮船、飞机的大规模应用带来的交通便捷，使城市特别是沿海城市得以迅速扩张，社会生产和社会财富快速增长。

与蒸汽时代相比较，电气时代的企业规模更庞大、技术更先进、组织管理更复杂、社会影响更广泛，企业运营开始网络化，企业结构出现了科层性。规模更庞大，要求企业更多筹集资本，股票市场变得更加重要，股票市场的影响变得越来越大，金融资产阶层随之产生。技术更先进，出现了以机器制造机器的生产流水线，出现了大规模标准化生产，要求企业必须重视人才、加强研发、重视知识产权保护以全面提高系统的竞争力。规模更庞大，用工众多，要求企业处理好劳资关系，调动劳动者积极性，提高资源配置能力，科学管理于是应运而生。规模庞大到形成垄断企业后，企业左右政府绑架社会，导致反垄断法出台，开始强调企业承担社会责任。

在企业形态上，电气时代企业的主要特点是出现了很多规模巨大的上市公司。为上市公司服务的股票市场也迅速壮大起来。上市公司对股票市场有两大需求：一是发行股票以大规模形成资本、支持企业发展；二是买卖股票以发现股票价格、促进股权流转，实现投资回报。与此需求对应，股票市场功能通常设置为两级：一级市场服务股票发行；二级市场服务股票流转。正是专业化运作的股票市场，大力支持技术先进、市场宽阔的股份公司公开发行股票并上市流转，使得一个个上市公司快速发展壮大，从资本和市场主体两方面推进了电气时代各行各业的大发展，有力推动了第二次工业革命的完成。例如，在资本增值运动作用下，有电就可以用电梯，有电梯就可以建高楼，建高楼就须匹配社区服务，从而推动交通和通信等基础设施的发展，促进城市规模扩张，改变级差地租，再反过来又拉动促进制造业和服务业的发展。

与蒸汽时代相比，电气时代企业中资本和劳动的关系发生了较大的变化。19 世纪下半叶，为反对资产阶级的剥削和支持工人阶级的反抗，马克思、恩格斯在资本论中用剩余价值理论揭示了企业价值创造的过程，指明了资本家剥夺工人劳动剩余价值的不合理性，号召全世界无产者联合起来，推翻不合理的资本主义制度，既直接推动俄国、东欧、中国等国家和地区先后走上科学社会主义革命和建设道路，也教育了各国资产阶级政府，间接导致英国、美国、西欧和北欧等国家和地区先后进行大规模社会关系改良。1895 年恩格斯去世后，资本主义社会发生了重大变化。1901 年，英国制定的《工厂和作坊法》，对工人劳动时间和工资给付日期、地点以及建立以生产额多少为比例的工资制等，做出了详细规定。德国于 1839 年颁布了《普鲁士工厂矿山条例》。法国于 1912 年制定了《劳工法》。进入 20 世纪以后，西方主要的国家大都相继颁布了劳动法、社会福利法、基本住房法，大幅度地提高了工人的基本待遇，逐步缓和了社会阶级矛盾。20 世纪 30 ~ 40 年代，美国全面修改出台公司法、证券法，推动建立现代公司制度，大力推行“经理革命”[5]，逐渐将公众公司[6]经营管理权转交给职业经理人，投资人逐渐退到公司

5“经理革命”是第二次世界大战后为解决社会劳资矛盾并提升大型企业管理水平而展开的公司治理的革命。企业上市成为大规模公众公司后，企业股权日益分散，企业所有权和经营权“两权分离”加速，企业的经营管理权加快从股东手中转移到具有专业知识和经营才能的经理手中，经营管理者取代所有者获得企业经营活动的支配权和控制权。“经理革命”促进了现代公司三权制衡的法人治理结构，也缓解了资本所有者与工人阶级的直接冲突。

6 公众公司是指股东人数超过法定数量的股份有限公司。这个法定数量，在中国是 200 人，在美国是 500 人。由于上市公司股东成千上万，故上市公司都是公众公司。

幕后，在工人和资本家之间插入了一个新的精英管理阶层，进一步缓和了劳资直接矛盾。

电气时代的市场特点是市场日益规模化、标准化、国际化。随着能源、通信和交通运输能力的提高，产品交换的市场半径不断扩大，世界市场交易规模不断扩张，国际贸易迅速发展。全球化市场、大规模生产、低成本竞争要求产品和服务的标准化。标准化的产品和服务反过来又进一步促进了双边和多边贸易的扩大。近三十年来全球商品贸易进出口总额和增长情况如图 2-2 所示[7]。

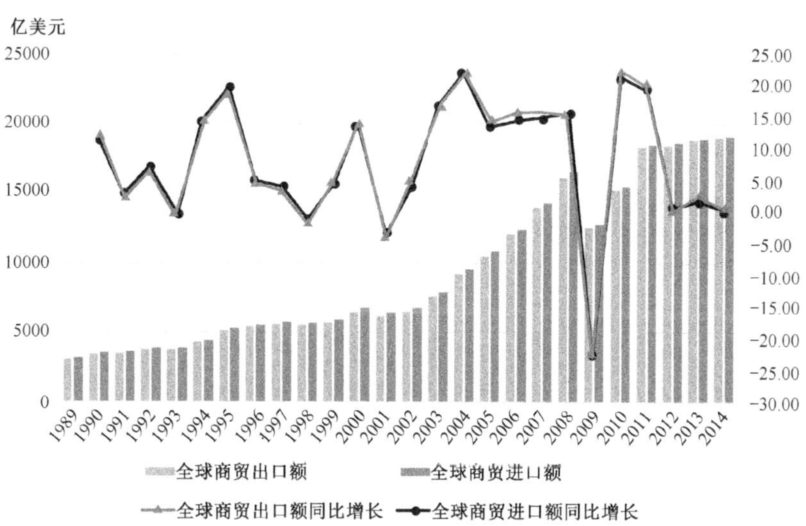

图 2-2 全球商品贸易进出口总额和增长情况

7 数据来源于 WIND 数据库

大市场促进大分工。市场服务的专业化也是电气时代的显著特点。随着交通通信网络的建立，邮购市场、连锁超市、大卖场、电商网络平台等商业业态逐渐发展起来，期货交易、股票交易、金融交易发展起来，律师、会计师、资产评估师和评级机构发展起来，报纸杂志等广告媒体也无孔不入地发展起来。市场服务的专业化不断改变着生产和服务的关系，消费端的重要性日益增强，经济社会的权利主导逐渐从制造中心向流转中心和网络平台转移，服务业从为生产服务到引导生产发展，资本市场从服务企业发展到影响企业命运，第三产业从第一、二产业的服务生逐步演变成三个产业中的大哥大。工业革命的这一结果几乎让所有人始料未及！

04»

信息时代

电气时代引发的第二次工业革命促进了各行各业的大发展，人类对主观和客观世界的认识水平大为提高，科学知识大幅增长，系统论、信息论、控制论等成为新的发展思想与方法，信息技术开始出现日新月异的发展。

集成电路、计算机、互联网的发明和应用催生了第三次工业革命。其中，集成电路的诞生与发展是计算机性能得以快速提升并大规模进入人类生产生活的重要基础，而计算机性能的快速提升和应用普及又进一步促进了互联网的发展壮大，互联网彻底改变了人类信息交互的方式，信息披露和信息交互的成本接近于零，信息传递速度之快可以满足任何交易的需要，网络经济成为新的经济形态。

集成电路是在一块极小的硅单晶片上，利用“光刻”技术制造的集成多种电子元器件并完成特定功能的电子电路。集成电路的发展历程经历了电子管（1906 年诞生）—晶体管（1956 年问世）—集成电路（1960 年制造成功）—超大规模集成电路（1966 年由美国贝尔实验室制造成功）4 个主要历程。

如图 2-3 所示[8]，伴随着集成电路的发展进步，计算机的发展也经历了四个主要阶段：采用电子管的第一代计算机（1946—1959 年），采用晶体管的第二代计算机（1960—1964 年），采用集成电路的第三代计算机（1965—1970 年），采用超大规模集成电路的第四代计算机（1971 年至今）。世界上第一台计算机 ENIAC 于 1946 年诞生于美国宾夕法尼亚大学，它的诞生开创了电子数字计算机时代，其主要用于科学研究和工程计算。美国 IBM 公司开发的 IBM360 系列是第三代计算机的代表，主要用于商业、大学教学和政府机关；IBM 公司于 1975 年推出的个人计算机（PC），让人们对计算机不再陌生，从此计算机开始深入到人类生活的方方面面。

1969 年，互联网形成概念。1989 年，互联网出现。1995 年被认为是互联网商业化的元年，美国网景公司开发上线了更为安全的在线金融交易协议——“安全套接层协议”，同年 Amazon 公司、eBay 公司开始上线运营。1998 年，Google 上线，其给人们在网上搜索信息的方式带来了革命性的变革，同年基于互联网的文件共享开始生根发芽。2001 年，美国维基百科上网发布，它为聚合式的

---

8 图片来自百度

	起止时间	主要元件	元件图示	速度
第一代	1946—1959年	电子管		5千～1万次/秒
第二代	1960—1964年	晶体管		几万至几十万次/秒
第三代	1965—1970年	集成电路		几十万至几百万次/秒
第四代	1971年至今	超大规模集成电路		几千万至千百亿次/秒

图 2-3 世界计算机发展历程

网络内容和社会化媒体铺平了道路。2004 年，美国 John Batelle 和 Tim O'Reilly 在 Web2.0 会议上首次提出了“网络平台”概念，即将应用软件直接构建在互联网上，使其有更好的互操作性且不受操作系统限制；同年美国 Facebook 向大学生开放。2005 年，全球视频网站巨头美国 YouTube 上线运营，其提供免费网络在线视频存储，并给大众分享。2006 年，全球即时通信巨头美国 Twitter 应用上线。2007 年，网络电视应用上线，使得大众可以在互联网上观看流行的电视节目；同年，美国苹果公司推出了广受欢迎的移动终端 iPhone，此后不断推陈出新，2017 年，iPhone 已经推出了第十代版本。以 iPhone 为代表的高效便捷、美观时尚的移动终端不断普及应用，改变了人们上网的行为习惯，上网从桌面计算机迅速向移动终端迁移。如图 2-4 所示，近年来我国互联网网民和互联网普及率逐年提高[9]。

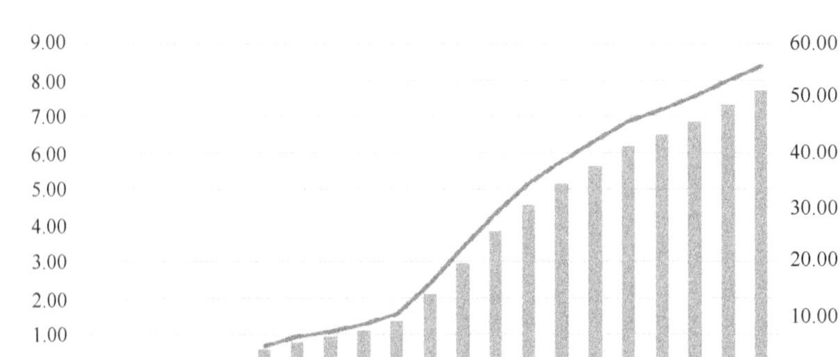

图 2-4　我国互联网网民和互联网普及率

互联网时代遵循的经济规则呈现出明显的边际成本递减、边际效益递增的网络经济性，即网络边际成本随着入网人数（网络规模）的增加而明显减少，网络收益随着入网人数（网络规模）的增加而同比增加，这使能为供需双方提供服务的平台型企业开始崭露头角。随着互联网进入大规模应用阶段，2010 年，在拥有全球最大规模网络和最多移动用户数量的中国，移动终端贡献的网络流量首次超过桌面计算机的网络流量，中国互联网三巨头 BAT（百度、阿里、腾讯）开始大放异彩，企业市值迅速增长，阿里的淘宝电商平台超越美国 Amazon 成为全球最大的跨境电商平台，滴滴打车成为仅次于美国 Uber 的网络出行服务平台公司。

---

9 数据来源于中国互联网络信息中心（CNNIC）发布的《中国互联网络发展状况统计报告》。

互联网正加速与各行各业的融合渗透，改变了传统经济的生产、分配、交换和消费方式，颠覆了企业传统的经营理念和经营模式，创造了迄今为止人类最高的社会生产力。企业广泛部署数字化、网络化软硬件设施，以适应时代的需要和用户的需求。各类互联网创新应用根据消费者需求变化而快速迭代。传统的科层制金字塔式经营管理逐渐被分布式、扁平化经营管理方式所取代，企业管理变得更为高效，管理成本大幅降低，居家办公（SOHO）、弹性工作制变得十分普遍。基于有限合伙制度的一个个创新平台与千千万万小微企业逐渐成为互联网时代的主导企业形态。传统的从企业生产到消费者消费的B2C供需模式逐步向以消费者为中心的C2B经营模式（从消费者到企业）转变，消费者可以根据自身需求参与产品设计、生产和定价，不同环节的生产企业可以组合起来进行定制化生产，企业发展理念也从强调单方竞争取胜转向追求多方共赢共生。

互联网与制造业的结合实现了大规模协同设计与排产，计算机在工业领域的应用产生了大量CAD软件（计算机辅助设计），使得高端装备制造业迅猛发展，隐形战机、载人航天、导弹卫星、航空母舰、高铁核电、数控机床、精密仪器、医疗器械等高精尖产品大量涌现，进一步促进了经济社会的快速发展。美德工业互联网已具备雏形，正推动全球工业体系向智能化变革。中国提出的全球能源互联网快速发展，正推动全球电力油气等能源的双向流动与网络共享，并为包括极地风电、赤道太阳能和核聚变等新能源的广泛应用做好准备。

泛在的网络为人们的衣食住行提供了极大的便利。只要网络可达之处，人们就可以随时随地通过手机进行在线交易，这使全球市场不再受传统的交易场所和交易时间限制，成为泛在的市场，交易规模空前扩大。基于交易主体行为分析的第三方网络信用体系不断建立完善，为消费者的移动在线支付提供了安全可靠的诚信保障。在线交易无须使用现金，使交易过程更加安全高效。在线支付的应用普及，为各类电商平台和共享经济新业态的蓬勃发展奠定了基础。线下交易可以通过线上支付完成，有效降低了交易成本、提高了交易效率。

从第三次工业革命的发展历程看，半导体、集成电路等核心电子元器件技术和工艺的突破，产生了具有划时代意义的计算机，开启了人类经济、社会生活数字化、信息化的新篇章。计算机的普及应用又进一步催生了互联网这一人类更伟大的发明，互联网与各行业的融合渗透颠覆了人类传统的生产生活方式和企业传统的组织管理方式与商业模式。美国是第三次工业革命浪潮的主要领导者，中国凭借庞大的人口基数在互联网大规模应用阶段呈现出强大的赶超之势，在移动支付、电子商务等“互联网+服务”领域形成竞争优势，在“互联网+工业”领域也开始了换道超车的尝试。

我们的企业要进一步深刻认识信息技术自身的飞速发展及其对传统产业的革命性改造能量，自觉适应其带来的颠覆性创新的市场变化，把握好企业融合信息技术实现跨越式发展的历史机遇，引领企业和所在行业在数字化、网络化时代健康发展。

05»

智能时代

今天，以万物互联和人工智能为核心的第四次工业革命[10]正在以前所未有的态势席卷而来，不仅将颠覆许多现有的产业形态、分工和组织方式，而且还将催生出大量新产业、新业态、新模式，其发展速度之快、影响范围之广、改变程度之深将远超前三次工业革命。

1999 年，美国麻省理工学院的 Kevin Ashton 教授首次提出物联网（IoT）的概念，即万物皆可通过网络进行互联。国际电信联盟对物联网给出的定义是，通过各类信息传感设备，按照系统共识

---

10 麻省理工学院的埃里克·布莱恩约弗森、安德鲁·麦卡菲也将本阶段称为“第二次机器革命”。

约定的协议，将任何物品与互联网相连并进行信息交换与通信，以实现智能化识别、定位、跟踪、监控和管理的一种网络。物联网产生于互联网，却在网络结构、信息时态和控制功能上与互联网有着显著不同。在网络结构上，互联网只是计算机之间的互联；而物联网是万物互联，包括人与人、人与自然、人与机器、机器与机器特别是计算机与非计算机之间的互联。相对于互联网的平面式一维互联而言，物联网是立体的多维互联。物联网促进物理空间、生物空间和网络空间相互融合，使计算机网络由虚拟世界转向虚实并行世界。在信息时态上，互联网上的内容总体上是过去式的，互联网上的信息通常都是人们在事后输入计算机才传进互联网的，是已发生的事物信息；而物联网上的信息主要是由摄像头即时抓拍并自动适时上网的，多半是现在进行时的信息。在控制功能上，互联网一般是非智能的，只能按事前在计算机中设定好的程序规范过程进展，而物联网可以根据现场情况适时地智能化处置事务进程。比如城市交通中的红绿灯控制，互联网的管理方式是根据前期交通流量数据分析，设计好计算机管制程序，通过网络按程序进行既定的刚性管制。不管路口实际车流情况如何，各方向红绿灯开闭的时间是保持不变的。互联网看不见车流，也不能自我调整红绿灯时长。而在物联网的智能交通控制过程中，摄像头每时每刻看着路口，实时将各方向车流情况信息自动送入网络，计算机可按照使路口总体通行速度最快原则，根据各方向车流多少灵活分配红绿灯开闭时间的长短，由此实现路口交通情况的柔性智能控制。历史上的地理大发现使人们懂得了地球不是平的而是球状的，由此引发了科技发展、工业革命和贸易全球化。今天我们可以预料，物联网将在信息化时代，将“世界是平的”互联网意识还原为“世界是球状的”科学理念，也必将引发新一轮知识更新、技术突破和产业革命。

近年来随着信息高速公路的广泛普及，传感设备性能得到极大提升而价格快速下降，使物联网在全球范围内呈现加快发展的态势，可穿戴设备、智能家电、汽车电子、医疗电子、工业电子等数以百亿计的新设备正在接入网络。美国咨询机构 Gartner 预计，到 2020 年，全球联网设备将达到 260 亿个，物联网市场规模将达到 1.9 万亿美元。万物互联在推动海量设备接入的同时，将在网络中形成海量数据。美国咨询机构麦肯锡预计到 2020 年全球联网设备带来的数据将达到 44ZB[11]。如果说，蒸汽机、电力、可再生能源等传统意义上的能源分别是前三次工业革命的典型代表，那么由物联网产生的大数据资源将成为第四次工业革命最具价值的新能源，它将构建起未来以大数据驱动的智能生产生活新生态。

人工智能是基于传感器网络、大数据、移动互联、类脑科学、超级计算等技术搭建的一套能够模仿人类意识、思维过程和行为方式的人工系统。人工智能的概念在 20 世纪 50 年代被首次提出，涉及计算机科学、心理学、哲学和语音学等自然科学和社会科学领域的几乎所有学科，被誉为 21 世纪三大尖端技术之一[12]。尽管人工智能的历史已有 60 年，但发展过程几起几落，直至近几年才跨越技术商业化的临界点。腾讯研究院发布的《中美人工智能产业报告》

---

11 1ZB 相当于十万亿亿字节。目前计算机硬盘容量以 GB 为单位，$1ZB=2^{40}GB$。

12 基因工程、纳米科学、人工智能通常被认为是 21 世纪三大尖端技术。

指出，人工智能领域的投资从 2012 年起呈现出非常陡峭的增长趋势，美国企业 FAAMG[13]和中国企业 BATJ[14]无一例外地投入巨资抢占人工智能市场，截至 2017 年，美国相关领域投资近千亿美元，中国仅次于美国达到 635 亿美元。欧盟委员会名为“欧洲地平线”的人工智能科研项目，在 2021—2027 年的资助预算将达 1000 亿欧元。大数据驱动的机器学习和深度学习算法的突破引爆了此次人工智能产业浪潮，人工智能率先在语音识别、人脸识别、自动驾驶、智慧医疗、工业机器人等领域广泛应用。物联网、大数据、人工智能等新一代信息技术与制造业深度跨界融合，正在催生第四次工业革命。以德国“工业 4.0”、美国“工业互联网”为代表的制造业转型升级正加速第四次工业革命进程，制造业各工艺流程将实现并行化、透明化和扁平化，工业企业的运营成本大幅降低、生产效率极大提升、能源资源消耗量不断减少，全球工业将由此迈入智能制造新时代。

推动第四次工业革命的新一代信息技术正在对企业的领导、组织和资源配置方式产生重大影响，企业变革的速度越来越快。如图 2-5 所示，标准普尔 500 指数覆盖的企业平均寿命越来越短，从 1960 年的 60 年迅速下降到 2015 年的 25 年。

---

13 美国市值最高的五大互联网和软件企业：Facebook、Amazon、Apple、Microsoft、Google。

14 中国市值最高的四大互联网企业：百度、阿里、腾讯、京东。

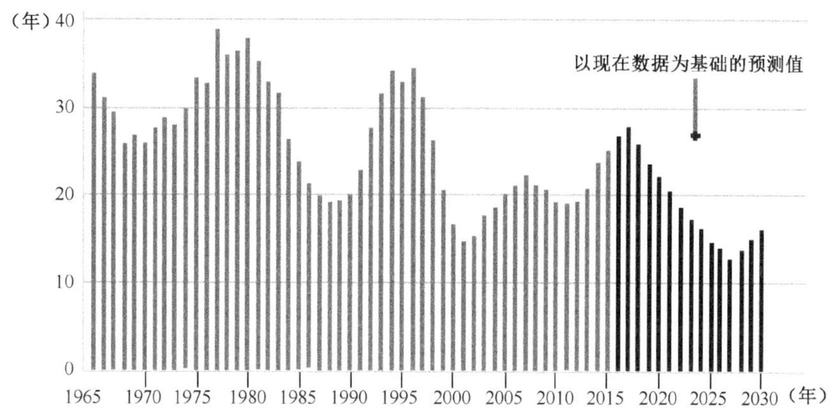

图 2-5　构成标准普尔指数的企业平均寿命

独角兽企业获得市场支配地位、收入达到较高水平所需的时间越来越短[15]。全球市值前十位公司中信息平台型企业占比越来越多，如表 2-1 和表 2-2 所示。在颠覆创新速度加快的环境下，企业的领导人必须不断学习，更多通过大数据挖掘认识市场运行规律，不断调整并质疑自己对成功的认知和运营模式的利弊，重新审视自己的组织是否具有学习变革的能力和快速灵活的运营能力。

表 2-1　全球企业市值前十强企业名单（2007 年 3 月）

排名	公司名称	市值（亿美元）	所属国家	所属行业
1	埃克森美孚	4107	美国	制造类——石油
2	通用电气	3590	美国	消费类——多元化
3	微软	2759	美国	信息类——互联网
4	花旗集团	2474	美国	金融类——银行

15 克劳斯 施瓦布. 第四次工业革命转型的力量，北京：中信出版集团，2016.

续表

排名	公司名称	市值（亿美元）	所属国家	所属行业
5	美国电话电报公司	2298	美国	信息类——电信运营
6	美国银行	2266	美国	金融类——银行
7	丰田汽车	2177	日报	消费类——汽车
8	中国石油	2088	中国	制造类——石油
9	汇丰集团	2023	英国	金融类——银行
10	皇家荷兰壳牌集团	2083	荷兰	制造类——石油
资料来源：《福布斯》全球上市公司 2000 强				

表 2-2　全球企业市值前十强企业名单（2018 年 2 月）

排名	公司名称	市值（亿美元）	所属国家	所属行业
1	苹果	8918	美国	信息类——消费电子
2	谷歌	7838	美国	信息类——互联网
3	微软	7257	美国	信息类——互联网
4	亚马逊	7228	美国	信息类——互联网
5	腾讯控股	5492	中国	信息类——互联网
6	Facebook	5326	美国	信息类——互联网
7	伯克希尔·哈撒韦	5005	美国	金融类——保险
8	阿里巴巴	4950	中国	信息类——互联网
9	摩根大通	4070	美国	金融类——银行
10	中国工商银行	3758	中国	金融类——银行
资料来源：《砺石商业评论》				

美国著名的发明家雷·库兹韦尔预计到 21 世纪末人工智能技术将会“比独立的人类智慧强大数万亿倍”。芯片、传感器快速发展，智能终端随处可见、随需而至，基于大数据驱动的人工智能算法的机器人开始承担决策工作，解决专业领域问题的专业型机器人

会逐步普及，服务型机器人将走进千家万户和每个企业。虚拟现实逐渐成为人们生活的一部分，它将与人工智能相结合给予消费者想要的东西。未来随着人工智能对物联网上大数据价值的深度挖掘与利用，物联网上的万物互联将走向万物智联，其将促进生产生活和社会管理方式不断向智能化、网络化、精细化、共享化方向转变。各类物联网应用将呈现爆发性增长，物理世界的有限资源约束或将被突破。企业生产将在科学技术创新发展的驱动下，在物质能量、生物生态、社会服务及科技文化各方面真正实现全面协调发展。

我国拥有人工智能技术发展人才、资本和市场的巨大优势。人工智能是实现中华民族伟大复兴不可错过的重要战略性技术。习近平总书记在中央政治局第九次集体学习时强调指出，“加快发展新一代人工智能是我们赢得全球科技竞争主动权的重要战略抓手，是推动我国科技跨越发展、产业优化升级、生产力整体跃升的重要战略资源”。我们的企业一定要深刻认识领会习近平总书记的讲话精神，牢牢把握新一代人工智能发展带来的历史机遇，自觉加强基础研究，努力攻克核心技术，及时推进产智结合，推进智慧城市、智能家居、智慧产业、智能服务在我国的快速健康发展。

06»

企业创新思考

回顾历史，每一次科技革命及其带来的产业变革都极大地提高了人类认识自然、利用自然的能力，带来了社会生产力的大发展、人类文明的大跃升。在加快推进创新发展方面，我们的企业一定要认清大趋势、抓住大市场，争取走在世界的前列。

一要认清大趋势。第一次工业革命靠蒸汽驱动实现了机器的应用，在生产点上替代和放大了人的体力，“工厂”成为社会先进生产力载体，使 19 世纪的世界快速由农业文明向工业文明转化，成就了英帝国的崛起。第二次工业革命靠电能驱动展开了以机器生产机器的社会化大生产，在生产线上放大了人的体力和一定的脑力，“公司”成为社会先进生产力载体，为 20 世纪初的人类开创了产品丰富的新世界，成就了德国和美国的重化工业大崛起。第三次工业革命靠计算机驱动展开了以机器控制机器的信息化生产，在社会的面上提升了生产与生活的效率，“网络”成为社会先进生产力的载体，对 20 世纪下半期以来的人类生产方式、生活方式、思维方式产生了深刻影响，成就了美国长时间的世界霸主地位。展望未来，我们认为，第四次工业革命正在以人的脑力为驱动力，展开智能机器的大量生产与广泛应用，将在虚拟世界和现实世界的合二为一中实现人机智能协同，物联网将成为社会先进生产力的载体，“网络平台+双创小微”将成为社会创新发展的主要基地，将成就中国与“一带一路”的崛起，推动加快人类命运共同体的建设。

智能化的物联网横跨数字技术、物理技术和生物技术三大领域，融通人类社会、信息空间和物理世界三维空间，融合千家万户居民生活与企业运作，将深刻改变人与机器、人与社会的关系，推动人的更加自由而全面的发展。站在现实和未来的交汇点，在第四次工业革命涉及的各主要领域，具有强大智力资源和广阔市场的中国已经具备了成为新的时代先锋的条件，中国将在新一轮经济全球化和人类命运共同体建设中成为领头羊。2017 年，中国工业机器人产量 13 万台套、民用无人机 290 万架，分别增长 81%和 67%。过去五年，中国科技进步贡献率由 52.2%提高到 57.5%；我国文化产业实现年均增长 13%以上；消费贡献率由 54.9%提高到 58.8%。我们的企业要抓住第四次工业革命的历史机遇，利用好中国历史悠久、人才众多、市场巨大的优势，主动适应信息智能时代领军企业的创新发展要求，积极参与行业和区域物联网建设，自觉承担起推动产业变革与跨界融通的责任与使命。

二要把握大市场。市场交易和科技进步共同推进了人类社会的发展。市场需求巨大是历次工业革命产生和发展的必备条件，没有新的大市场需求就不会有新的大发展。第一次工业革命的产品依靠新大陆等殖民地市场消化。第二次工业革命的产品靠世界大战军工需求和战后重建市场来消费。第三次工业革命的产品靠贸易全球化和网络大市场来消纳。可以断定，第四次工业革命的产品将要依靠“一带一路”沿线国家市场等等双边、多边互动的超国家级板块市场或链式市场来销售，板块或链条上任意两个成员间达成的协议都将成为各成员国市场的节点共识，从而大大提高市场配置资源的效率。中国倡导共建人类命运共同体，倡议并带头开展“一带一路”，进一步深化改革扩大开放，牢牢抓住发展战略机遇期，更多获得与各国人民共商共建共享的大市场。这正是中国企业又好又快发展的大好时机，我们的企业要高度关注全球大板块市场的发展动向，积极参与“一带一路”等大市场建设，全方位加快现代化、市场化、国际化步伐，以更好的科技创新、管理创新、商业模式创新去满足这些大市场的需要，在稳定全球市场、带动世界发展中加快自身发展。

第三章

用好五类企业制度

企业由投资而产生，投资以积累来形成。没有积累的狩猎时代没有企业，积累较少用于投资而较多用于消费的经济体发展较慢。投资有风险，企业有竞争，投资时需先织网后捕鱼，企业产品未见面，钱却已大把地花出去了。因此，企业要建立恰当的产权制度，设计合理的激励机制，才能鼓励人们愿意冒险投资来形成企业资本，支持企业将本求利运行。

企业是社会生产力的主要载体。企业的本质意义在于通过法人或其他社会组织的形式，用组织管理和科技创新的力量来提高生产力，实现社会资源的优化配置，创造出比外部市场上自由交易更高效的产品和服务，推动社会经济不断向前发展。

生产关系本质上是生产过程中人和人之间的社会关系。根据马克思、恩格斯的政治经济学观点，生产关系包括了三个要素：一是生产资料所有制的形式；二是人们在生产中的地位和相互关系；三是产品分配的形式。其中，生产资料所有制的形式是最基本的、起决定作用的。企业制度特别是其产权制度作为现代社会生产资料所有制形式中最为重要的形式之一，是社会生产关系的集中体现，其本质就是规定企业中人和人之间的责权利关系。

如图 3-1 所示，企业中的生产力和生产关系始终是相互作用的。

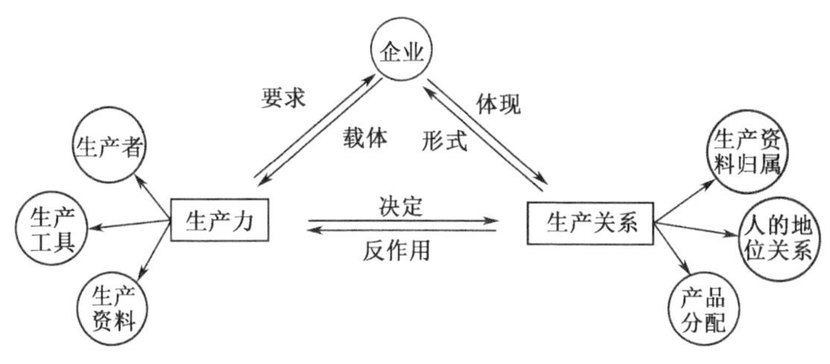

图 3-1 企业生产力和生产关系的相互作用

从社会经济发展整体过程看，是生产力决定生产关系。离开生产力三要素，没有生产者、生产工具和生产资料，企业就不能进行生产。企业制度中反映的社会生产关系总是具有鲜明的生产力发展时代性。不同时代，不同生产力水平对企业制度和生产关系有着大不相同的要求。人们不能随意决定企业组织形式和生产关系，而只能根据生产力发展的水平和市场需求来决定生产关系。狩猎时期不需组织企业，工业革命前不能组织农业大生产，蒸汽机和发电机推动的社会化大生产要求股份制，社会主义初级阶段要求混合所有制，科技创新要求采用有限合伙企业制度。

但是，从企业内部的组织运行看，则是生产关系反过来决定生产力。不形成一定的生产关系，就理不顺劳动者、劳动对象、劳动资料的关联，企业生产就无从开展。和谐恰当的生产关系促进企业生产力成长，不合时宜的企业制度束缚企业生产力发展。这种现象在马克思的著作里称为生产关系反作用于生产力。

因此，以法律形式确认的企业制度必须适应社会生产力特别是先进生产力发展的要求，而市场中各个企业选用的具体产权制度形式则应能有效引领促进本企业生产力各种要素获得更有效的组合与应用。规模巨大的跨国公司则需要针对处在不同国家、不同地区、不同领域、不同行业中的不同企业，分别设计不同的企业制度。为了适应和引领生产力发展，企业的生产关系需要不断进行调整。企业应正确认识社会生产力发展趋势，主动适应生产力发展的时代要求，科学把握生产力和生产关系的相互作用，以恰当的企业制度引领企业成长，并促进社会生产力发展。这个“认识—适应—把握—引领”四合一的过程，就是生产关系反作用于生产力的过程，正确运用好这种反作用，是企业健康发展的前提。这也正是我们说国企改革永远在路上的根本理由。

为此，我们需要对企业制度随着社会生产力发展而演变的过程进行深入研究探讨，以便正确地认识、组合与利用好各种企业制度。

本书认为，企业发展需要资本和人两方面的合力，人合与资合的机制设计是企业制度的灵魂。在生产力发展的不同时代，人合与资合有着不同的价值，导致不同时代的企业制度对人合与资合会有不同偏重。如图 3-2 所示，世界各国先后出现了五种常见的企业制度。最初，在农业社会出现的企业当然是独资企业，各家举一人一户之资力创业发展。之后，为增强生产能力加快企业发展，出现朋友相邀入伙共同经营，产生了纯粹人合的无限合伙企业。当工业革命来临，企业生产经营规模迅速扩大，需要大资本从事大生产并化解大风险时，上市面向公众筹资的纯粹资合的股份公司便被一个个创设出来。当社会资本大量集中于机构投资者而非散户手中之后，向少量机构投资者私募融资就能满足企业资本形成需要，股东较少的以资合兼顾人合的有限责任公司便如雨后春笋般产生出来。到了后工业时期，创新引领发展，人本价值大幅提升，以人合为主兼顾资合的有限合伙企业便加快发展起来。从图 3-2 的内在逻辑出发，我们不难判断，面向未来，科技文化产业引领社会发展，双合力量强大的混合所有制必将成为社会上的主导企业制度。

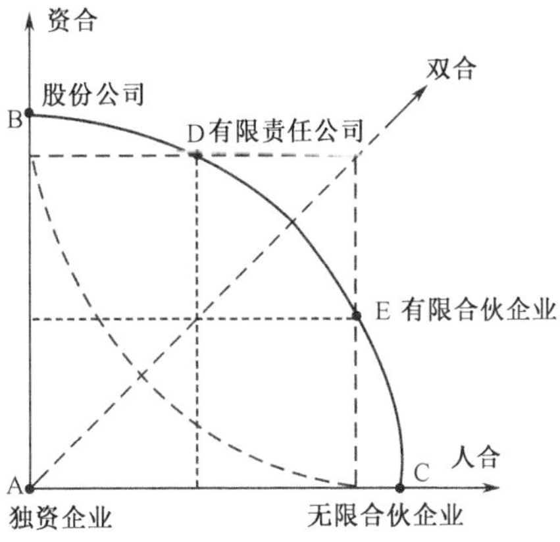

图 3-2　五种企业制度的演变逻辑

01»

独资企业

独资企业既是古老的，又是现代的，其历史悠久，其活力仍在。在机器大生产特别是第二次工业革命后的工业社会中，独资企业制度处于次要地位。但在前工业时代和后工业时代中分别以人的体力或脑力作为最主要的社会生产力时，独资企业都是重要的企业制度。

独资企业是指单一出资人投资的企业。这个单一出资人可能是个人，也可能是法人或政府。按独行快、众行远的社会活动规律，独资企业的优点是行动迅速，因而可以充分发挥创客和企业家作用。“企业家”一词来源于法语，其原意是指“冒险事业的经营者或组织者”。由此可见，从词源上来讲，“企业家”就已经充分地强调了创业者个人的胆识和能力。人们耳熟能详的企业和品牌的崛起，往往是由于优秀企业家的创新、奋斗和引领，如福特、卡内基、奔驰、西门子、如松下、丰田、褚橙、华为、娃哈哈、老干妈等，不胜枚举。

独资企业的形式，可以较好地保障企业家个人能力的发挥，为有决断的企业家创新技术、开拓市场提供一个高效的舞台。然而，独资企业的劣势也同样显著。其缺点主要是企业运作受个人行为影响较大，较难实现优秀企业的大规模可持续发展。更有一些企业，成也萧何、败也萧何，由于企业家的独断专行或决策者个人眼光和能力的局限性，造成了企业经营失败。

独资企业肇始于农业时代，有着漫长的发展历史。当社会生产力主要体现为个人劳动力与个人技能时，与之相适应，社会上的主导企业制度是个人独资企业制度。经过第一次工业革命和第二次工业革命，大量手工劳动被机器大生产替代，生产力水平的提高需要越来越雄厚的资本支持，个人出资、个人管理的独资企业显然不能适应大规模工业生产的需要。与之相适应，社会上的主导企业制度由个人独资企业转向需要巨大资本的投资主体多元化的股份公司。在信息和智能时代，后工业社会到来，人脑和计算机网络成为最主要的生产力。与之相适应，社会上的主导企业形式是一个个规模巨大、诚信可靠的基础网络平台+无数创新创业小微企业。平台无边无际，小微铺天盖地。作为社会经济基础设施的金融、能源、交通、通信、市政、生态等网络平台规模越来越大，形成对经济与民生的全面支撑与服务，而广大民众都可以基于这些平台方便地创设小微企业从事创新创业、参与市场运作。平台搭建由实力雄厚的大企业完成，而丰富多样的小微企业自主入住这些平台，在遵守平台运作规则达成节点共识的前提下，借助平台来进行各具特色的创新创业。无边无际的平台和千千万万的小微企业，将形成信息智能时代新的企业生态。显然，这些小微企业一开始多为独资企业。因此可以说，独资企业将在后工业时代重新成为社会上重要的企业制度。在中国，一个立足于各种巨大基础网络平台之上充满创新创业力量的小微企业时代已经在向我们快步走来！

需要强调的是，国家独资企业是独资企业中的一种特殊情况，独资企业的优缺点当然也会反映在国有独资企业身上。在宪法精神上，国家独资企业是全民所有的，在工商登记上则是独资企业，由政府代表全体人民履行出资人职责。考虑到政企分开、政资分开的要求和国有企业的整体规模，国家需要设立专职的出资人代表机构来具体履行适应市场运营需要的出资人职责。国家独资企业的优点是能发挥举国体制优势，迅速建成企业，办好国家需办的大事，为社会持续提供那些与千家万户居民生活及成千上万家企业生产同时不可或缺的产品和服务，并有效增强国家经济的国际竞争力。其不足则主要是国家难以大面积地持续给予国企资本金支持，企业也较难适时遇到一批又一批既有国家情怀又有市场经营能力的国有企业家。因此，国家需要把握好国企的功能定位，建立国企资本形成与运营机制，加强国企企业家队伍建设，推动国企以恰当方式向混合化、市场化、国际化、现代化发展。

02»

无限合伙企业

在前工业时代，为了提高生产力水平，突破个人体力和生产能力的局限，人们开始尝试在家庭企业之外展开合作，建立基于人本的无限合伙关系。这种合伙关系由合伙契约明确规定，强调有福同享，有难同担，合伙人之间既相互信任又相互监督，形成一致意见后展开经营，产生问题后共同承担全部责任。继承独资企业的无限责任制度，合伙企业承担企业经营的全部债务责任，由全体合伙人共同分担，即合伙人都要对企业债务承担无限责任。企业对外是债务责任闭合的，因此称为无限合伙企业。无限合伙企业不是法人，而是基于合伙人之间的相互信任与监督，根据合伙协议产生的契约性非法人企业，合伙人也可以资产出资，但是以劳务出资为主。因此，无限合伙企业是纯粹的人合企业制度。合伙企业中的合作基础是合伙人之间在相互信任和相互监督基础上的个体能力加成，不强调对资本融通的需求。合伙人共同经营、共享收益、共担风险，并对合伙企业债务承担无限连带责任。

这种企业制度的主要优势在于合伙人的经营诚信，企业债务责任是闭合的，合伙人在执业活动中非因故意或者重大过失造成的合伙企业债务以及合伙企业的其他债务，要由全体合伙人承担无限连带责任，从而在制度上保障了全体合伙人诚实守信、相互监督、共担责任、共享发展。然而，也正是由于这种债务责任闭合的无限合伙关系，造成了这种企业资本融通能力很差，资本累积一般只能靠合伙人投入和企业积累逐渐实现。因此，这种企业制度没有资本融通能力，基本不适用于重资产规模化经营的工商企业。其发展结局是，这种优缺点极其鲜明的合伙企业制度，在十分强调企业诚信责任的社会中介领域中非常适用，而在工商实体企业中基本上被抛弃。20 世纪 80 年代，港剧慢慢开始进入越来越多的中国内地观众的电视收看清单，在擅长职业剧的香港电视剧中，大量的内地观众听到了诸如“刘王氏”“邓与李律师行”“刘与郑会计师事务所”等的企业名称，感觉非常新鲜。实际上，这些企业大多就是在西方已经存在相当长时间的、直接以合伙人姓名冠名的无限合伙制企业。在今天工业化和全球化不断推进的背景下，国际上一大批律师、会计师、评估师、精算师事务所仍然保留着无限合伙制的企业制度，并跟随其用户实现了国际化发展。近些年来，为了鼓励这些中介服务企业发展，一些国家在法律上允许合伙企业放松无限连带责任的追究范围，推行特殊责任合伙制，只对确实有过错的合伙人追究无限责任，其他无过错合伙人只需承担有限责任，这是合伙制企业制度在新的发展阶段演化出的新的制度探索。

从上述对独资企业和无限合伙企业制度优缺点的分析可以看出，在企业制度中，并没有绝对先进或绝对落后的制度，只有适用或不适用的制度。看似古老的无限合伙企业制度，尽管不能适应工商企业的发展要求，但却在提供社会诚信产品和服务的细分市场中具有独特的应用价值，仍然焕发出顽强的生命力。作为生产关系集中代表的企业制度，只要既能适应特定企业生产力发展的需要，又能规范和引领这类企业的运营发展，就会拥有独特的市场地位。

需要指出的一个问题是，现实中，我国中介企业的发展远远落后于工商企业的发展，在走出去开展国际化经营方面特别如此。按照全球 GDP 统计，自 2010 年起，中国的名义 GDP 水平超过日本，排名世界第二，仅次于美国[1]。从经济总量上而言，中国已经成为世界第二大经济体，随着竞争水平和资本积累的提高，中国工商企业和金融企业正在加快走出去、大规模开展国际化经营的步伐。然而，我国的中介咨询服务类企业的国际化经营明显落后于其他类型企业，走出去还处在刚刚起步阶段。我国的各类中介企业应该意识到，“一带一路”倡议正在推动全球互联互通和经济发展，迫切需要我们加快培育更大更强的中介咨询服务类企业，与金融和工商企

1 根据世界银行数据，2010 年，美国 GDP：14.96 万亿美元，中国 GDP：6.1 万亿美元，日本 GDP：5.7 万亿美元。

业一道走出去开展国际化经营，不断提高跨国服务能力和品牌影响力，尽快改变中国企业的国际化项目多数由外国机构提供中介服务的落后局面。

03»

股份公司

股份公司是“股份有限公司”或“股份有限责任公司”的简称，是指公司资本由划分为等额的标准化股份所组成，股东以其认购的股份为限对公司债务承担有限责任的企业法人。由于所有股份公司均须是股东承担有限责任的有限公司，所以现在通常称为“股份有限公司”。

世界各国的股份有限公司概念中，有三个基本的共同点。首先，“股份”表征公司资本被细分为等额股份，公司向股东发放标准化的股票，股东不得抽回股本，但可以自由买卖股票。因此，股份公司要求有股票市场相伴随，在一级市场形成资本，在二级市场流转股权。公司认钱不认人，股东多多益善，谁持有公司股票，谁就是公司股东。其次，“有限”表征股东有限责任，股东以其出资拥有的股份为限对公司承担有限责任。通俗地说，若是企业经营不善，那么股东们将股本赔光了事，不再与公司或其他股东有任何别的连带责任。再次，“公司”表征企业是公司法人，作为独立于股东的市场主体，具有民事行为能力，受股东委托管理运营企业，并以企业全部财产对公司债务承担责任。

与合伙制企业的纯粹人合完全相反，股份公司是纯粹的资合公司。这样做最根本的目的是为了迅捷地筹集资本，以便于开展规模经营并分散经营风险。实际上，在前工业时代向工业时代转化的过程中，随着企业生产经营规模的不断扩大，人们对资本的渴望呈现指数级的增长。股份制因此萌芽，并首先在商贸领域发展起来。

15 ~ 17 世纪的地理大发现，大大拓展了人类的视域和市场边界，推动了跨洋贸易的发展。这种大规模远距离的海上贸易，促进了东西方市场互补，使海上冒险家们攫取了丰厚的利润。但即使以当时最好的帆船和船员来进行运输，也无法完全抵抗海上莫测的风暴和横行大洋的海盗的抢掠。个人、家庭或合伙企业的资本规模、经营能力和债务无限责任机制都越来越不足以支持企业开展规模猛增的贸易和经营活动。于是，股份制应运而生。由政府、商会或大财阀牵头组织，广泛吸收社会闲散资本出资入股，成功后按股分利，失败了投资者最多也只是损失所投资股本，不需承担其他连带责任。股份公司制度通过有限责任机制分散了投资风险，鼓励了资本形成；通过开放股权、细化股份融通了社会大中小额各种资本；通过规模经营、化解风险、降低成本、扩大利润，形成了一整套有利于社会化大生产的企业市场化运作机制。当蒸汽时代特别是电力时代到来，第一、二次工业革命大规模发展起来的时候，股份制便大放光芒，极大地促进了各国工业化进程，推动了社会生产力大发展，创造出巨大的社会财富，成为人类在工业时代最伟大的企业制度。

然而，成也萧何败也萧何，成绩总是与问题紧密相随，股份制的高收益始终伴随着高风险。

其一，股份公司被捆绑在股票市场上，既形成资本，也毁灭资本。股份制是须有股票市场支持才能发展的企业制度。没有专业化运作的股票市场，股份公司的股权就不能上市发行和流转，股份公司就难以形成和发展。因此，股份公司和股票市场是一对孪生兄弟，没有彼此就都会成为瘸腿，难以健康运行。而中心化的股票市场具有强烈的投机性，吸引了从机构投资人到普通个人投资者的各种类型市场主体的广泛参与，存在着不断花样翻新的信息泄露、同业竞争、关联交易等问题。在市场经济发育不够成熟，金融体系配套制度不够完善的时候，股市极易受到国内外大型投机资本的冲击，存在巨大的系统性风险，给政府和社会带来了市场建设和监管的巨大挑战。实践证明，股票市场是一把双刃剑，既大规模形成资本，也大规模毁灭资本。从全球看，即使是老牌的金融发达国家和地区，如美国、英国、香港，也难逃股灾一次又一次发生的宿命。随着金融体系与实体经济的强力捆绑，造成了灾难从股票市场向整个经济体系的迅猛蔓延。远有 1929 年美国因股灾引发的经济大萧条，中有 1998 年起于股市汇市风波的东南亚金融危机，近有 2008 年美国引发的金融危机，都对地区乃至全球经济系统造成了极其严重的冲击。图 3-3 是 20 世纪全球股票市场一些有代表性的股灾情况[2]。从中可以看出，股市可以在很短的时间段内大规模毁灭资本。1929 年美国股灾使其股市市值损失 89%，1989 年日本股灾使其股市市值损失 80%，2008 年，受美国金融危机影响，中国的股市市值损失也高达 67%。

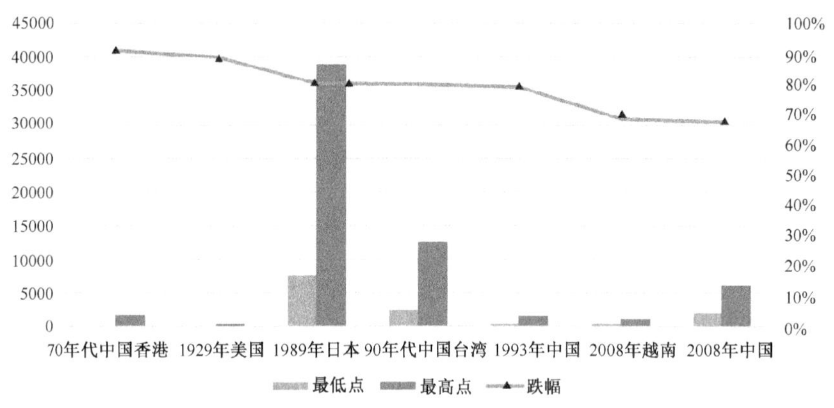

图 3-3　全球著名股灾造成资本毁灭情况

其二，股份公司的委托代理风险贯穿始终。众多持股人和企业实际经营者之间所形成的委托代理关系，要求在股份公司内部建立公司治理结构，处理好股东大会、董事会和经理层的相互制衡关系。而实践证明，这种制衡关系不是难以实现，就是成本很高。股东泛化情况下上市公司权责不对称、信息不对称、激励约束不对称问题很难化解，公司治理困境花样翻新，提高了市场交易成本，降低了

2 由全球著名股灾公开数据整理而成。

资源配置效率。公司制的债务责任敞口机制使经理层加快公司股权泛化，使三权鼎立的法人治理结构具有自发走向股东会垮塌、董事会变傻、经理层独大的特征。关于这一点，马克思在《资本论》中早就已经明确指出，股份制最大的制度漏洞在于：它可能使一部分人获得了支配他人或社会资产的权利却又可以逃避责任[3]。事实证明，公众公司是一个好人可以拿来做好事的制度，但也是一个坏人可以用来做坏事的制度。对于面向黑箱的股东而言，公众公司就像一个赌局。碰上了好的经理层，公众公司制度确实可以运作得和谐而有效率。但若碰上坏的经理人，他却完全可以利用公众公司制度的缺陷来做尽坏事而不能被事前发现和事中干预，出资人只能在坏事败露并各自承担损失后才有赶走这帮坏蛋的机会。这种制度运作的效果，取决于全社会经理层的整体状态。当他们总体上是革命者的时候，全社会都享受经理革命的成果；当这种制度经过长时间运转而产生变形，社会经济环境又有利于经理层们谋私的时候，全社会就得承担经理们制造的泡沫所带来的风险和危害。

其三，大型上市公司的债务敞口机制随时可能引发系统性金融风险，导致社会经济危机。企业经营中，高收益伴随高风险是市场客观规律。债务闭合的企业会自觉关注收益与风险的平衡，只做力所能及之事。与之不同，公司制的有限责任机制导致公司的债务敞口，股东出资以外的公司债务无人负责。股东不用负责，董事不用负责，造成经营失败的经理层也不用负责。公司破产时企业的敞口债务，要由为企业放债的债权人自己承担，债权人承担不了的交由

3 参阅《马克思全集》第 25 卷第 496～497 页。

政府承担，实质上变成全社会纳税人承担！那些借由股市快速发展至大到不能倒的上市公司一旦出事，就会引发全国乃至全球股市危机、经济危机[4]。在工业化后的金融资本主义时代，尤其如此。2008年，美国次贷危机蔓延，绑架了美国整个实体经济的两房公司（房地美和房利美）陷入困境，危急关头，美国政府宣布接管房地美和房利美这两家有政府支持的抵押贷款机构。两房国有化虽然能够暂时地缓和人们对次贷危机短期内扩大的担忧，重树市场对金融市场的信心，但与此同时美国财政的压力也随之猛增，相当于全体纳税人共同扛下了巨大的债务压力。

这就是以资为本的股份制！在工业革命过程中，它在总体上是推进生产力发展的好制度。但在工业化之后的金融资本时代，它更可能是引起两极分化、引发社会风险、导致各种混乱的坏制度。

在中国，股份公司和股票市场在过去近三十年中较好地推动了工业化发展，为我国的市场经济改革提供了更为灵活和丰富的资本融通手段，有效推进了国有企业和私有企业的混合发展。但与此同时，我们也要清醒地认识到，上市公司治理和股票市场监管仍然任重道远。发展有其自身规律，为了认识、学习和适应这种规律，我们的企业、政府和社会公众都已经付出了相当高昂的学费。

在制度组合上，一个比较具有讽刺意味的制度组合现象是，伟大的股份制要时刻依赖渺小的无限合伙制才能存在和运行。没有投行牵头服务，没有律师、评估师、会计师、税务师、精算师报告说

4 参见邓志雄著《2008年世界经济危机的企业制度成因》。

话，上市公司就无法建立，股票市场就不能运转。而身负无限责任的中介机构，一定会做出种种使其既能执业赚钱又能成功免责的一般人看不明白的报告。这样一来，为股市担责任的最终只能是股民、政府、纳税人，也就不足为奇了。

因此，当工业化进程接近完成，当产业升级的螺旋上升趋势使得服务业特别是科技文化产业成为社会主导产业，当“平台+小微企业”成为创新时代的新型企业形态，当企业中人本因素的作用大于资本因素的作用，当社会上用于投资的钱主要来自机构投资人而非普罗大众的时候，社会生产关系和企业制度就应该及时进行改变。对纯粹资合而忽视人合的股份公司制度和具有强烈投机性的股票市场，我们要做出深入分析和调整，使之只在恰当的领域发挥积极的作用。现在，人们要靠文化与信仰的力量来选择和使用好股份公司的经理人。也许，股份制的下一个发展高潮，要在大数据和区块链技术发展到能对股份公司及其治理主体成员的行为进行有效的信任识别之后。

04»

有限责任公司

合伙企业制度和股份公司都充满野性，优缺点非常鲜明：用之得当则事半功倍，法力无边；用之不当不仅事倍功半，更有可能招来灭顶之灾。综合起来看，股份公司尤其是上市企业资本形成能力很强，但委托代理中的资本运营责任不明确不落实；合伙制企业人合程度高，运营责任很明确，但合伙人资产的无限连带责任导致其资本形成能力很弱。这两种企业制度此长彼短的优劣对比，很容易让人们考虑，如果将股份公司和合伙企业制度嫁接为一体效果会如何？会不会扬长避短、互为补充，从而产生出新的既能保证人合优势，又可以提高资合水平，形成兼顾资本形成能力和资本运营责任的两合企业制度呢？

答案是肯定的！通过现代企业制度的变革实践，人们探索出了两条实现两合的路径：一种是改进为以资合为主兼顾人合的有限责任公司，一种是改进为以人合为主兼顾资合的有限合伙企业。

受国内企业改制上市过程中产生的政策、舆论及事件的影响，很多人不知道有限责任公司是比股份有限公司更年轻的企业制度。有限责任公司是为了缓解股份有限公司的纯资合问题，在公司运作中引入一定的人合因素，以适应股东相对较少的非上市企业的高效运作需要而设计产生的企业制度。有限责任公司扬弃了股份公司将企业资本划分为标准化“等额股份”的股东泛化制度安排，维持了股份公司的“公司法人”和“股东有限责任”两大机制，坚持了资本确定、资本维持、资本不变的资本稳定原则，坚持了股东投资的财产权和公司的法人财产权两权分离的原则，坚持了股东只以投资额为限对公司承担责任的有限责任原则。因此，有限责任公司的设立程序比较简单，不必发布公告，也不必向社会公布公司章程和账目，尤其是公司的资产负债表一般不予公开，公司内部机构设置也灵活自主。尽管有限责任公司不能公开发行股票，筹集资金范围相对较小，但在今天社会资本主要掌握在机构投资人手中的背景下，有限责任公司同样可以较好地保证公司的资本形成能力。几个大的机构投资人已经拥有比成千上万小股民更大的出资能力，使得有限责任公司不必通过公开发行股票，却仍然能拥有与股份公司几近相同的融资能力，且融资效率更高、融资成本更低。

另一方面，有限责任公司制度发扬了合伙企业的一些人合特性，主要是坚持股东数量受控、股东信息互通和老股东股权受让优先原则，公司章程由股东商量决定，无须政府和社会机构评判或批准。这些对巩固公司资本、集中股东智慧、完善公司治理、提高公司效率、降低公司管理成本都大有好处。

资本和人本是公司资源力量之两极。股份公司与合伙企业各偏一隅，将资本和人本隔离或对立起来，虽然在特定时期，特定阶段及特定领域内都各有用武之地，但在企业系统的资源配置上都显得偏激生硬、不够成熟。有限责任公司则执两用中，既充分发挥人本资本两极优势，更注重在两极之间采取各种切合实际的灵活安排提高资源配置效率，缓解公司内外矛盾，促进公司在更广大的范围内健康发展。纵观国内股市，中国用改革开放三十余年时间才培育出不到 4000 家上市公司[5]，而现在每天都有 1.8 万家有限责任公司登记注册[6]。在适应科技创新需要方面，有限责任公司也比上市公司表现得更有潜力，呈现出铺天盖地、蓬勃发展的新局面。

当然，有限责任公司和上市公司并不是对立的。一旦企业发展确有需要，有限公司可以改制上市成为公众公司。可以是整体上市，也可以是分拆上市；可以是新设上市，也可以是借壳上市。值得指出的是，由于国企改革过程中总是由国企或有限责任公司改成股份公司然后择机上市，给人们造成了上市公司是更新的企业制度的印

---

5 截至 2019 年 2 月 22 日，上海证券交易所上市公司 1462 家，深圳证券交易所上市公司 2181 家，两市合计 3643 家上市公司。

6 根据国家工商总局 2018 年 12 月发布数据显示，2018 年前 11 个月我国日均新设企业 1.81 万户，详见 http://www.samr.gov.cn/zt/scjghy/mtjj/201812/t20181227_289953.html。

象。如前所述，事实上是先有股份公司，后有有限责任公司。企业上市的目的，站在企业角度看是谋求发展，站在投资人角度看却更多是为了利用股市的流动性实现所投资本的退出，以便兑现其投资收益。“上市”是为了“退出”，需要炒股者理解，需要投资人警惕！

05»

有限合伙企业

将股份公司和合伙企业结合起来，充分发挥人合与资合的双重优势，除了建立有限责任公司之外，另一条路径是建立有限合伙企业。相较于股份有限公司，如果说有限责任公司的优化方式是通过控制股东数量增进股东互动，将纯粹资合制度改变为以资合为主兼顾人合的制度，那么，有限合伙企业的改进方式则是通过大力强化经营者对于企业债务的责任，实现以人合为主兼顾资合的企业运作机制。

在创新取代规模成为企业发展主驱动力的新时期，有限合伙企业如雨后春笋般迅速发展起来。有限合伙制度的影响正在全球各个市场中不断扩大。实践中的这一重大变化大大超出了很多传统企业家和学者们的认知常识和思维定式，却获得了新一代创业者的普遍理解和热烈欢迎。因此，我们有必要加深对这种企业制度来龙去脉的认识与了解，以便于及时加以推广和应用。

为了适度分散原来无限合伙企业中合伙人的无限责任，增强企业的资本形成能力，有限合伙企业将合伙人分为普通合伙人（General Partner，GP）和有限合伙人（Limited Partner，LP）两类，普通合伙人 GP 对合伙企业的债务承担无限连带责任，有限合伙人 LP 则以其认缴的出资额为限对合伙企业债务承担有限责任。如图 3-4 所示，我国《合伙企业法》中规定的普通合伙企业和有限合伙企业中合伙人承担责任有明显的不同。在有限合伙企业中，普通合伙人负责合伙的经营管理，并对合伙企业债务承担无限连带责任；有限合伙人不执行合伙事务，仅以其出资额为限对合伙企业债务承担有限责任，如表 3-1 所示。不同于普通合伙企业，有限合伙企业嫁接公司制的融资机制，允许资本投资者以承担有限责任的方式参加合伙成为有限合伙人，在合伙企业中内置了与公司制企业一样的融资能力，保持了投资者的出资积极性。不同于有限公司制度，有限合伙企业继承合伙企业机制，允许不出资的 GP 全权管理企业并以人为本分取企业利润，同时明确其责任机制，坚持要求 GP 对企业债务承担无限责任。这种资本与人本“双本结合”的机制设计，使有限合伙企业中 LP 的资本与管理者 GP 的能力实现了有机结合，能够更好促进社会资本与人本的扬长避短的互动和协同，对科技创新发展和市场诚信建设具有巨大的推动作用。

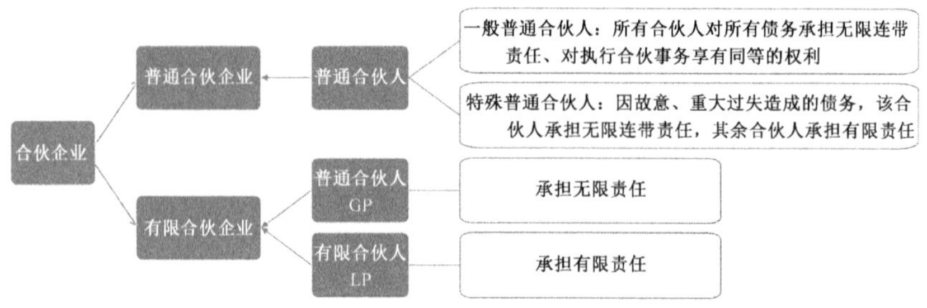

图 3-4　普通合伙企业和有限合伙企业中合伙人承担责任的不同

表 3-1　普通合伙人与有限合伙人的比较

合伙人类型	简称	合伙人定位	模式运用
普通合伙人	GP	对企业经营责任、债务承担无限连带责任；合伙事务管理	合伙企业、有限合伙企业
有限合伙人	LP	以其认缴的出资额为限对合伙企业债务承担责任、不执行合伙事务、不能代表公司、无重大决策权、资本投资者即投资人	有限合伙企业

从发展过程看，有限合伙企业制度的机制设计是问题导向的，是从解决合伙企业和股份公司在适应生产力发展上存在的问题出发的。如前所述，合伙企业责任机制单一死板，不能适应工业化大生产的融资能力要求，只能在以企业诚信为产品和服务的很小范围内有用武之地。股份制企业则存在债务责任敞口和委托代理机制下的权责不对称、信息不对称、激励约束不对称等问题，只注重资本，不尊重人本。实际负责经营运作企业的管理层不需对公司债务承担责任，大小股东作为公司经营的外部人都只能事后知道依法披露的有限的经营结果信息，不分享企业利润的管理层为着自身利益最大

化，会在有限的执业时段中自发地冒险开展高负债高风险经营，引发企业经营风险，导致社会经济泡沫化。为了解决这些问题，结合合伙制与股份制的优点，避开两种制度的问题，有限合伙制度被定制出来。一方面，将股东改造成为只管出钱不管经营的完全两权分离的有限合伙人 LP，在通过有限责任制维持对有限合伙人投资行为激励的同时，完全废除其对企业日常经营的管理权责。有限合伙人 LP 不执行合伙事务，不得对外代表有限合伙企业，但拥有经合伙协议明确的各种知情权和对特定事项的提议权、罢免权、退伙权。另一方面，将有限合伙企业中由 LP 承担的有限责任以外的债务责任全部以无限责任方式集中在普通合伙人 GP 身上，建立起毋庸置疑、十分明确且不可推卸的企业债务责任。与此同时，作为权责对称的制度安排，在允许普通合伙人按管理资本数额的一定比例（通常为 2%）提取管理费的基础上，明确其可分享 20%以上的企业经营利润。GP 以经营管理劳动为本分享企业利润，这是有限合伙制对公司制的本质突破。

从发展方向看，有限合伙企业制度的机制设计是战略导向的，是为了顺应信息智能时代社会生产力发展需要而产生的。在信息智能时代，生产力发展的最显著特点就是社会经济发展具有摩尔定律描述的那种快速翻番速度，创新成为社会发展的根本动力，人的脑力成为最重要的社会生产力，社会经济的发展主要依靠人本，资本必须追逐人本而不是继续靠雇佣人本才能实现更好的保值增值。生产力的这一显著变化必然要求企业生产关系及企业制度相应做出重大调整，有限合伙制在此背景下被创设出来并且表现出鲜活而巨大的生命力。在有限合伙企业中，企业的发起设立权、经营管理权、部分分利权转归人本 GP；资本方 LP 则被两权分离，所有权的分利比例被削减 1/5 以上，企业日常经营管理权则被法定的全部授予 GP。因此可以说，相对于公司中管理者的被雇佣和不得分利制度，有限合伙企业中资本与人本的关系已部分的被颠倒过来，发生了以人为本主导资本的革命性变化，实现了资本和人本的双本结合，形成了崭新的具有自组织发展能力的信任型生产关系。

有限合伙企业通常采取私募股权投资方式对非上市企业进行投资。根据资本融投管退周期循环和现代科技创新小试、中试、入市、扩张过程的时长需要，有限合伙企业的存续期一般是 8 ~ 10 年的中长周期，并根据 LP 与 GP 事先约定的合伙协议按全过程进行整体评价。

这些机制设计使有限合伙的 PE 基金体系比传统企业制度具有众多明显优势。以促进创新发展为例。创新是面向不确定的未来进行攻关，需要大量资本，需要较长时间，需要优秀人才，需要建立强有力的责任机制、容错机制、激励机制。独资企业和公司制企业通常不能很好满足上述四个需要，它们或者债务责任敞口缺乏约束，或者按年按项考核缺乏包容，或者不认人本激励不足。PE 基金体系通过有限合伙机制，以 GP 对企业债务承担无限责任的债务闭合机制，对负责运营的管理层不切实际的高风险投资行为加以内在的约束，建立了明确而强硬的责任机制；以 8 ~ 10 年的中长周期为期限，对合约整体目标进行全周期考核，建立了明确的低噪声的容错机制；以 2%的管理费用锁定了基金的运营成本，用 20%的利润分成明确了 GP 的利润分享水平，建立了明确的强有力的激励机制。这些因素联合作用，使有限合伙的 PE 基金体系具有远超独资企业和公司制企业的科技创新、管理创新和商业模式创新动能。

可以预计，随着科技文化产业的发展，在即将到来的信息智能时代，这种革命性的变化力度还会加大。有限合伙企业中 GP 的分利比例将维持稳定并继续提高，企业中重要的科技和管理人员将有更多机会转化成为 GP，普通职工将在通过联合跟投成为企业小的 LP 的同时，加快学习转化为新的创客和 GP。基于有限合伙制度的一个个“创新平台+千千万万小微企业”将成为信息智能时代的主导企业形态。

未来，有限合伙这种担责分利的以人为本机制，也有可能在独资企业或公司制企业中去加以模拟应用。比如，一个大型建设项目公司，为了增强决策责任、加强项目管理、调动员工积极性、加快项目建设，可以考虑同步设立一只由管理层牵头和职工自愿参与共同出资的专项基金，项目公司通过协议委托该基金负责项目管理，项目成败均按有限合伙担责分利担当和风险防范力量。项目完不成或完成得不好，相关人员直接遭受损失机制模拟担责和分利。这就使建立专项基金的项目多了一种责任：项目完不成或完成得不好，相关人员直接招受损失；项目干得好，则在资本获利的同时还可人本分利。在这方面，保利集团的建设项目跟投机制试点值得关注[7]。

总之，社会生产力的发展要求企业适时调整生产关系，企业生产关系的优化能够提升企业生产力。调整好资本与人本的关系，是优化企业制度的核心。独资企业和无限合伙企业重人本轻资本，股份公司和有限责任公司重资本轻人本，它们都有过因适应某一阶段或某一领域社会生产力发展需要而展现的辉煌，但都不能很好地满足未来社会创新发展的时代要求。现在看，建立了资本与人本共同担责分利机制的有限合伙企业制度，有可能更好地适应未来科技文化产业创新发展和第一、二、三产业转型升级的需要，成为信息智能时代的主导企业制度，并成为产权市场、股票市场等资本市场上新兴的市场主体。我们要深刻认识现代企业制度发展的这一历史新趋势，自觉适应科技文化产业大发展时代的新要求，把握好制度创新的历史机遇，引领企业制度向资本人本结合、人本主导资本的有限合伙企业制度转型发展。

---

7 2017 年 12 月 22 日，保利地产发布公告称，公司董事会审议通过了《关于实施房地产项目跟投的议案》。公告显示，保利地产 2017 年第 12 次临时董事会同意公司实施房地产项目跟投方案，授权经营层制定相应细则并具体实施。单一项目跟投总金额上限不超过项目资金峰值的 10%。跟投人员通过申购专项资管计划或信托计划等合规的投资结构参与跟投，跟投收益、损失及相关风险由跟投个人承担。保利地产董事、监事不参与跟投。

第四章

把握四种市场形态

市场是进行商品交换、实现资本循环的关键要塞和风险关口。市场为技术、资本和企业家提供运作方向，市场演化和科技进步共同推进人类社会发展。马克思在论述资本循环过程时指出，企业的产品要经过市场检验完成“惊险的一跃”，才能从产品变成商品。不同时代的生产力水平产生不同的市场形态和交换机制，不同的市场形态和交换机制对企业治理机制产生不同的要求。社会先进生产力的发展，总是要求新的市场形态和交换机制与之随行，新的市场形态和交换机制不断引领企业制度的更新换代和企业治理的转型升级。在市场规范和约束企业制度与机制方面，企业要经过改制才能上市，也许是国人最熟悉的典型事例。

市场更新对企业的影响是全方位的，本章主要聚焦在不同组织形态的市场对企业制度产生的影响，并深入分析产权市场发展对资本市场的完善所带来的重大影响。

01»

企业制度与市场形态的关联

从组织形态上讲，市场大致可以分为离散化市场、中心化市场、平台化市场和去中心化市场四种。市场形态的区别主要在于市场节点之间的组合或连接方式不同。

如图 4-1 所示，离散化市场是由彼此独立的一些节点市场组成的，市场整体上如一盘散沙，节点市场之间不分主次，没有中心市场，节点市场之间关系平等，相互作用不强，没有建立起常态化的互动机制，各自交易区域性、个性化产品。

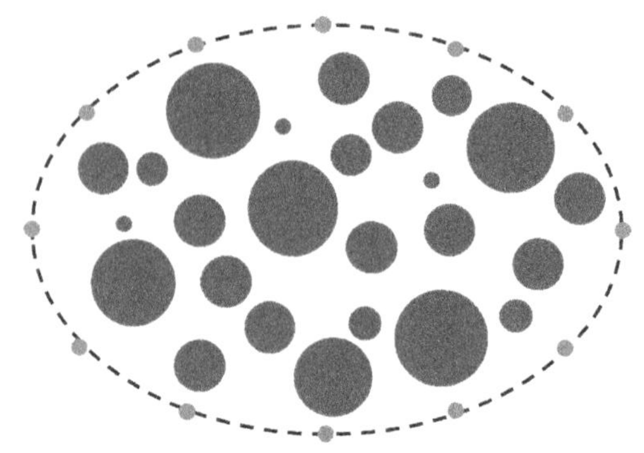

图 4-1　离散化市场

如图 4-2 所示，中心化市场是节点市场之间划分成等级层次的市场，有一个等级最高的中心市场。节点市场之间只有上下关联而无横向互动机制设计，它们以纵向逐级连接起来形成一条条节点市场链，节点市场链与中心市场间建立了“多对一”的市场互动机制，共同交易中心市场的标准化产品。不同市场链上的节点之间没有互动机制。由于对中心市场资源的彼此抢夺，各条市场链之间存在激烈的市场竞争。

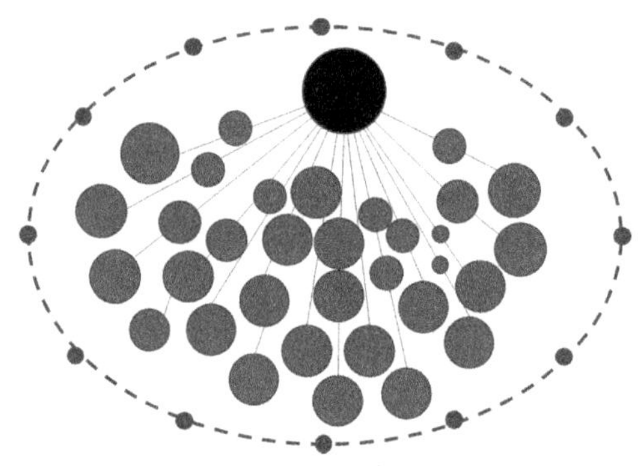

图 4-2　中心化市场

如图 4-3 所示，平台化市场可以理解为中心化市场的扁平化与关联化组合。将中心化市场扁平化为两级结构，即将节点市场链缩短为两级，再让其二级节点市场按照一定的节点共识横向彼此互联起来，就形成了平台化交易网络。因此，平台化市场中的节点市场之间既有多对一的上下互动机制，更有多对多的横向互动机制，共同形成了“多对一+多对多”的市场节点互动机制。中心节点通常是一个，但也可以是若干个。比如现行 IPV4 互联网平台的中心节点为 13 个，大国股票交易的中心市场多为 2 ~ 3 个。

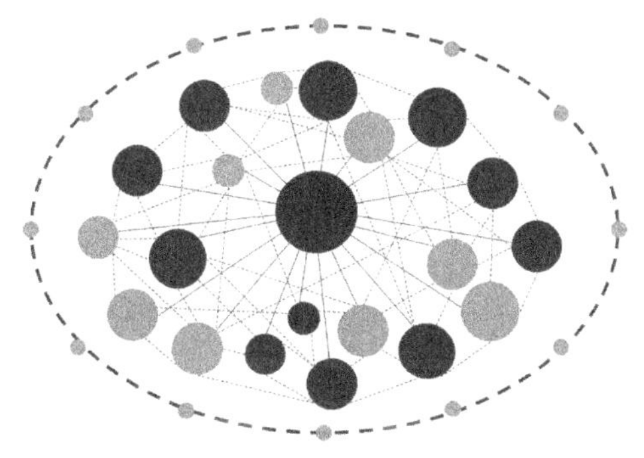

图 4-3　平台化市场

去中心化市场即分布式市场。去掉平台化市场中的中心节点，就得到去中心化市场；将离散化市场按一定的节点共识全部连接起来，也形成分布式市场。如图 4-4 所示，分布式市场是众多节点市场依照共同确认的节点共识彼此平等互连形成的市场网络，市场网络上不再有中心节点，节点之间无上下关联，只有横向互动，形成了“多对多”的节点市场互动机制。任一节点市场的交易产品都可按节点间的共识协议随机进入市场网络。

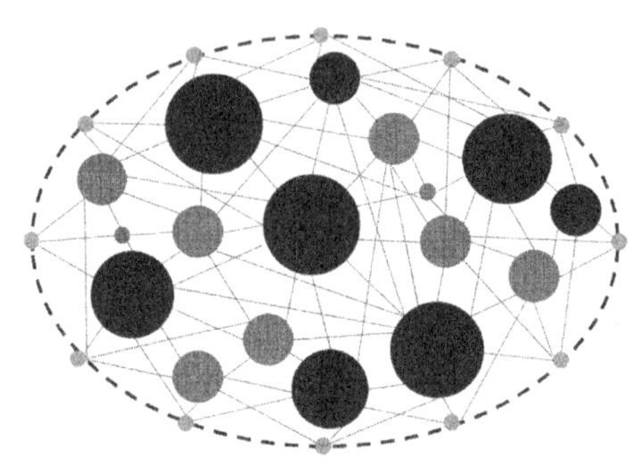

图 4-4　分布式市场

平台化市场与中心化市场的差异在于二级节点之间有无多对多的横向联系与互动。中心化市场上交易产品只能来至中心节点，市场上的二级节点之间只有彼此竞争而没有协同互动；而平台化市场十分强调各个交易节点的普遍联系和有机互动，市场产品也可以从任何一个节点进出。

平台化市场与分布式市场的区别在于是否因出现具有中心功能的节点导致市场节点分化为两级，使二级节点间的所有多对多互动须同时伴随着这些节点与市场中心节点的同步多对一互动，中心节点时刻保障并监督二级节点之间的互动。平台市场上的交易产品也是由节点共识规范的，且不必出自中心节点，但其节点共识是由中心节点强制的，各个节点上的每单交易都要经中心节点认定符合中心节点统一的交易监管要求。统一的交易监管要求也是节点共识的一部分，但只能由市场中心节点来制定、发布、监督和更新。当然，那些中心节点只有监控功能而不参与市场交易的市场，从宽讲可以视为分布式市场，从严讲可理解为平台化市场。全球互联网市场是这种情况，我国的产权市场也是这种情况。

相对于中心化市场因垄断获得的头部市场地位，平台市场属于长尾市场[1]。在交通、通信技术落后、达成节点共识的交易成本很高的时代，长尾市场的作用非常渺小。而一旦技术突破使达成节点共识的交易成本大为降低后，长尾市场便日益显示出巨大的能量，可以形成规模更加巨大的市场，发挥出与比头部市场更大的力量和影响。

各种市场组织形态，都是生产力发展到一定阶段的历史产物。不同时代的生产生活需要不同形态的市场，不同的文化，不同的能源、交通、通信技术水平等支撑不同的市场形态。与此同时，不同的市场形态对活动于其中的市场主体的行为机制提出要求，对企业运作方式做出规定。技术创新或迟或早一定会导致市场形态更新，但是，没有技术升级，市场形态也可以实现转型升级。400 年前荷兰人创设股票市场时就是这种情形，交易所依赖的技术支持能力并无改进，但交易模式实现了更新，从离散化市场走向了中心化市场。

如图 4-5 所示，离散化市场与小农经济时代离散化生产方式紧密联系。那时人的体力是社会的主要生产力，与之相应的市场主体的企业制度以独资企业制度为主导。中心化市场服务工业时代集权化、标准化、规模化大生产的需要，促进机器成为社会主要生产力，与之相应的市场主体的企业制度以科层化金字塔型的股份制为主导。平台化市场在互联网时代大放异彩，此时人的脑力成为社会主要生产力，促进社会以创新驱动发展，使具有高度自组织创新能力

1 参见里夫金著《长尾市场》。

的有限合伙企业制度开始发展成为新兴企业制度，而私募股权投资基金等成为企业资本配置的主要平台，“平台+小微”型企业成为企业制度与市场形态创新的热点。近年来诚通、国新等国有资本运营平台迅速成长，管理资产规模突破 5000 亿元；海尔、微信、中国电信、航天科工等产业创新平台持续发展，都展现了“平台+小微”模式的巨大力量。进入万物互联时代，智能机器将成为主要的生产力，社会生产智能化，市场形态去中心化，必将在推动平台扩大化、全球化的同时，出现更多更灵活的“平台+小微”型企业，加快消费者与生产者、个人与企业边界的消失，有限合伙企业等将信用和责任融为一体的“可信任企业”和“可信任消费者”将成为新的市场主体。区块链等新技术支持形成的市场节点共识将强大到不负责任的企业和信用缺失的消费者根本无从进行交易的程度，“信任”本身也将成为市场交易的主要产品。

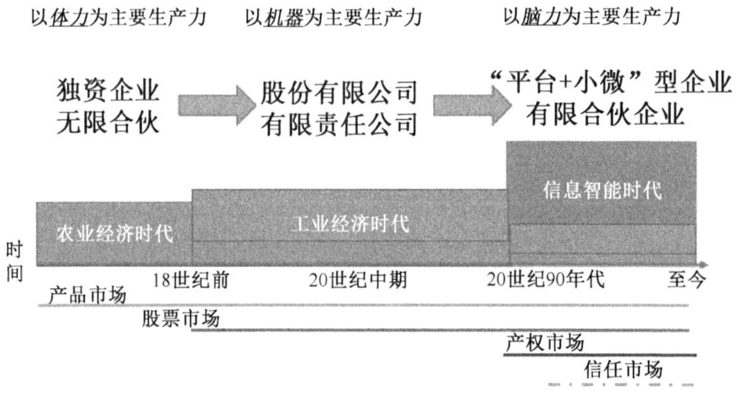

图 4-5　生产力、市场形态与企业制度的关联

注：“平台+小微”型企业在信息、智能时代成为市场形态创新热点，其本身既可以是股份有限公司、有限责任公司，又可以是有限合伙企业。

近十年来，在平台化市场获得巨大发展的同时，分布式市场正日益活跃。区别其间的异同，对企业创新发展很有必要。在加快大企业平台化建设的同时，推动小企业加快对分布式市场的利用已经成为要紧之事。平台化市场和分布式市场是紧密关联的。一些从局部看是分布式市场机制的东西，放在全局去看，可能正是平台化的机制。互联网就是这样，基于互联网的互联网金融等当然也是这样。事实上，考虑到根服务器[2]的存在，互联网本身就是一个双层架构的平台化市场而非人们通常所说的完全分布式市场。也许，考虑到国家主权和市场监管的需要，未来区块链技术在国家数字货币市场上的大规模应用，可能也只能从双层结构的平台化市场形态起步，而不太可能一开始就采用纯粹的分布式市场形态，以确保市场中的各类交易行为能对主权国家的央行透明，使区域性、系统性风险受各国央行监测和控制。与此同时，央行的监管机制应更加完善，并将其例外管理运作机制最大限度透明地融入到市场节点共识之中。

表 4-1 是上述分析的一个简明小结。其中包括这样一个观点：集贸市场的交易基点和市场风险在道德，独资企业是市场主体，一手交钱一手交货是基本的市场共识；股票市场的交易基点和市场风险在信用，上市公司是股票市场主体，其信用由中介机构证明，中

---

2 全球共有 13 台根域名服务器。这 13 台根域名服务器中名字分别为“A”至“M”，其中 10 台设置在美国，另外各有一台设置于英国、瑞典和日本。根服务器主要用来管理互联网的主目录。所有根服务器均由美国政府授权的互联网域名与号码分配机构 ICANN 统一管理，负责全球互联网域名根服务器、域名体系和 IP 地址等的管理。

介机构和上市公司公开披露的信息应是可靠的被视为市场共识；作为企业国有产权交易主平台的产权市场的交易基点和市场风险在责任，国有资本主体有责任保障交易品的基础价值，产权市场有责任在公开、公平、公正的竞争中发现买方、发现价格成为市场共识；未来基于区块链技术的分布式市场的交易基点和市场风险在信任，信任=信用+责任，在交易技术进步的保障下，无须监管的交易主体也能讲求信用并承担责任，或者说不值得信任的交易行为就无法进场完成将成为市场共识。从企业制度去看，由具有资本增值能量又敢于对企业债务承担无限责任的 GP 管理的有限合伙企业，现在因其债务责任闭合机制成为责任企业，未来通过进一步强化激励约束机制，有可能发展成为适应分布式市场需要的信任企业制度。

表 4-1　四种市场形态及其关联企业制度

市场形态	节点机制	典型市场	典型企业制度及形态
离散化市场	无中心、无关联	集贸市场（道德）	独资企业
中心化市场	有中心、多对一	股票市场（信用）	股份公司
平台化市场	多对一、多对多	产权市场（责任）	平台与小微
分布式市场	无中心、多对多	信任市场（信任）	有限合伙

我们的企业和产权交易机构要深刻认识各种形态市场的时代特点和基本规律，积极适应各种市场机制对于企业制度与治理机制的客观要求，努力把握好市场变化与形态更替带来的机遇与风险，引领企业结合自身实际正确运用各种市场形态、恰当嫁接各种企业制度、有效混合各类社会资本，更好地实现资源优化配置，加快企业改革发展。

02»

离散化市场与独资企业

离散化市场是由众多彼此分隔的节点市场组成的，其特点就是节点市场独立运作，市场主体自由交易，节点市场之间没有分工、信息不畅、互动很少，市场交易规模不大、资源配置效率相对低下。

集贸市场和前店后厂作坊是典型的离散化市场情境。据现有文史资料记载，集贸市场最早出现在 3000 多年前的中国。“日中而市”的故事记载了炎帝引导创立交易市场的情形。那时还是体力时代，从事种养业和狩猎业的人们之间产生的产品交换需求逐渐增长。炎帝看出了这种交换的好处及私下交易过程中存在的问题，组织部落首领们反复商议，引导建立了日中而市的集市贸易制度。部落首领组织人们在特定的场所、特定的日子之中进入炎帝家旁的台地市场，公开自主地相互交换其产品。开始时是以物易物，比如一只山羊换一挑谷物。后来有了贝壳、玉石、丝绸、金属特别是金银等作为一般等价物，进一步发展后出现纸币。市场交换催生了商品生产，促进了社会分工。有条件的家庭开始在自身消费需求之外组织从事市场上需要的商品的专业生产，逐渐以家庭为单位形成了产品生产型和市场服务型独资企业，家庭企业生产规模的扩大又进一步促进了社会分工发展和市场繁荣。

这个故事说明了几个重要问题：一是劳动分工、生产进步催生了市场交换；二是市场交换促进了商品生产，生产发展又丰富和做大了市场，生产与交换互动促进社会进步；三是市场一开始就是由政府提供和监管的；四是市场交易应由市场主体在阳光下自主交易；五是一般等价物——货币，其本质是产品价值的信息标志，其形态对市场半径和交易效率有着重大影响，需要不断优化升级。

由于市场节点间互动性不强，企业可选择的市场非常有限，单个市场的规模不大，企业产品进出市场不易，交易成本很高，离散化市场中的企业既在生存上高度依赖市场，也在发展上受到市场的严重束缚。因此，离散化市场以及附着于其上的家庭独资企业都发展得非常缓慢，市场竞争格局也很难改变。

有离散化的市场主体就有离散化市场，古老的离散化市场至今依然存在。尽管今日社会生产的产品和服务已极大丰富，贸易市场的边界已然全球化，电商网络平台的巨大能量对线下离散化市场造成严重冲击，但离散化市场并没有也不会被淘汰，而是仍在便利民生和促进早期创新等方面发挥着重要作用。电商网络平台在早期发展风潮过后，近年来又主动回到线下去与离散化市场相互结合共同发展。嫁接了电商网络的离散化市场融入互联网大世界，大大降低了交易成本，转型升级为具有历史和现实双重优势的平台化新零售市场，在中国农村的精准脱贫、乡村振兴和城市贫困人群帮扶及青年创新创业中发挥出重要作用。

离散化市场所清晰揭示的企业与市场的基本关系也依旧没有改变。企业是市场主体，可以依法自主决定产品生产，但这些产品是否有效益却要由市场说了算。市场经济的价值规律、供求关系决定企业产品的命运，只有那些在市场上确实有人需要且成交价格能高于企业全成本的产品，才可以通过市场实现价值创造利润并有能力维持或扩大再生产。产品全成本低于市场售价，就是企业生产成本相较于市场交易费用具有竞争力。而这正是企业资源配置是否具有效率、该等产品是否应该组织生产乃至该等企业能否持续存在的判断标准。因此，在商品生产过程中，企业只能根据市场上用户的需要和市场竞争情况来决定其产品生产，也就是说，企业的产品生产及资源配置并不能由企业单方面主观决定，更不能由政府替企业计划或决定，而只能由市场决定。因此，企业的商品生产必须在关注围墙之内的生产之前，先去围墙之外的市场上关注消费者需求、关注市场交换、关注竞争态势。企业在产品经营中，既要关注提高企业内部的运转效率，把企业打造成一个稳定高效的有机系统；也要关注提高企业在市场中的运转效率，把企业打造成一个适应市场大系统潮流、能抗击市场变化风险、具有行业创新引领能力的市场子系统。企业的制度建设和机制设计，既要满足生产力发展特别是科技进步的要求，也要满足资本市场、商品市场和人力资源市场的需要。那些不顾市场演变的埋头生产或创新通常只会导致企业失败。

03»

中心化市场与上市公司

中心化市场的特点是市场中有一个或多个等级最高的中心市场，节点市场之间纵向逐级连接成节点市场链而横向没有互动连接机制，形成了节点市场链与中心市场间“多对一”的互动机制和节点市场链之间的相互竞争。中心市场节点具有完整的市场功能，负责市场规则、产品标准、发行审查、信息披露、交易组织、价款结算、过程监管、风险控制、违法追责等各项市场职能，各子节点只负责中心市场的系统窗口业务，接受中心节点的纵向监管，非本链子节点之间不开展横向交易。有限的交易产品在多对一的市场机制作用下引发节点链之间激烈的交易竞争，带来交易过程的投机性和泡沫化，导致中心化市场总是存在很高的系统性或区域性风险。因此，中心化市场都是由政府特批的垄断性市场，其交易行为具有强烈的排他性，其服务对象只能是少数塔尖企业，交易产品要求标准化，市场主体的进入门槛高、退出影响大。节点链之间的竞争要求交易量不断放大，而交易风险控制要求交易品种控制从严，这两方面要求相互作用，导致中心化市场总是只能实行少量标准化产品的拆细连续交易方式。

银行、保险、期货和大宗商品批发市场都是中心化市场。跨国公司[3]的内部运行机制也有些类似于中心化市场机制。股票市场则是最典型的中心化市场。各国股票市场都要由国家批准设立，由其依法垄断经营各类股票，上市公司标准由其制定，市场节点及券商的设立由其批准，公司上市由其审查或注册，股市交易由其监管，区域市场之间、券商之间、投资机构和股民之间都是上下连动而横向竞争的，普遍存在严重的投机行为，对作为市场主体的上市公司产生多方面的深刻影响。

作为一种交易模式，中心化市场建设并不需要特殊的技术作为

---

3 跨国公司（Multinational Firms）是1974年由联合国决定，统一采用“跨国公司”这一名称，用来指代由两个或两个以上国家的经济实体所组成，并从事生产、销售和其他经营活动的国际性大型企业。跨国公司主要是指发达资本主义国家的垄断企业，以本国为基地，通过对外直接投资，在世界各地设立分支机构或子公司，从事国际化生产和经营活动的垄断企业，应具备以下三要素：第一，跨国公司是指一个工商企业，组成这个企业的实体在两个或两个以上的国家内经营业务，而不论其采取何种法律形式经营，也不论其在哪一经济部门经营；第二，这种企业有一个中央决策体系，因而具有共同的政策，此等政策可能反映企业的全球战略目标；第三，这种企业的各个实体分享资源、信息以及分担责任。

基础，因此在 400 多年前早已存在。中心化市场具有很高的区域性风险和系统性风险，因此受到各国严格控制。早在 1602 年，就有一些商人在荷兰的阿姆斯特丹买卖荷属东印度公司的股票，形成了股票交易市场的雏形。1773 年，在伦敦柴思胡同的约那森咖啡馆正式成立了英国第一个证券交易所，以后演变为伦敦证券交易所。1792 年，24 名经纪人在纽约华尔街的一棵梧桐树下订立协定，形成了经纪人联盟，它就是纽约证券交易所的前身。1872 年，在洋务运动驱动下，第一只华商股票在招商局开始交易。1878 年，东京股票交易所正式创立。1891 年，香港成立了香港股票经纪协会，后发展为香港证券交易所。1914 年，中国当时的北洋政府颁布《证券交易所法》，同年上海股票商业公会设立了中国最早的华资股票交易所。1918 年北京证券交易所成立。1920 年，上海证券物品交易所开业。1933 年 5 月，上海证券物品交易所并入上海华商证券交易所。1939 年年初，北京证券交易所歇业。1950 年 1 月，北京证券交易所重新开业，后由于过分投机，许多经纪人出现巨额的呆账，资金周转不灵，人民政府于 1952 年 10 月宣告关闭北京证券交易所。1991 年年底，我国相继批准设立上海、深圳证券交易所，并在 20 年内迅速发展成为世界第二大股票市场。

在上述时间点中，有一个共同的现象值得注意，那就是全球各地股市的设立都早于其工业化的兴起，但股市的大发展要伴随工业革命的推进而推进。

作为股票市场中的市场主体，上市公司深受中心化市场机制的作用和影响。一方面上市公司可以利用垄断性资本市场的市场主体地位方便地筹集资本，获得比非上市公司更好的市场竞争地位，放手展开项目建设和并购，迅速做大做强，并带动一个又一个领域和行业加速发展。另一方面又不可避免地受到市场资本投机运作机制的深刻影响，自发走上脱实向虚的道路，成为金融危机的基因。由于股份公司债务责任敞口机制和利润全归股东制度对管理层的正反刺激作用，上市公司在其运行发展中，会自发朝着股权高度分散的股东泛化方向加快演变。有着公司经营控制权却不需承担企业债务责任的公司管理层，为便于其放手开展高收益高风险的资本运作，会想方设法使公司股权日趋分散，逐渐使股东会功能虚化、董事会作用淡化，导致公司治理结构失衡，走向管理层单极控制。到 2008 年全球金融危机发生前，公众企业的股权分散已经到了十分惊人的程度。2007 年年底，美国银行、花旗银行、摩根大通银行、高盛和摩根士丹利等金融巨头的股权结构都是第一大股东持股不足 5%，前五大股东持股之和不到 20%。作为实体产业代表的通用、福特两大汽车公司前五大股东持股之和也不到 30%。也就是说，即使前五大股东联手，也不具备对公司重大事项的否决权。房地美公司的前五大股东持股之和更是只有 13.71%。就上市公司整体而言，情况亦十分严重。2006 年，时任纽交所董事长告诉我，纽约股票市场上持股时间不足一年的投机类股东占其所有上市公司全体股东的比例高达 87%。中国股市上持股时间少于一年的短期持股人更是高过 95%。

事实证明，股票市场的中心化市场机制和上市公司股东泛化的产权结构是难以保障上市公司治理结构有效和企业债务责任落实的。不改变这一社会资本配置方式，股市泡沫化的金融危机就总是在所难免。而每一次股灾都对社会财富带来了巨大破坏。为此，在信息技术进步支持平台化和分布式市场能够高效运行起来之后，人们便逐步把目光和兴趣转向了平台化市场和去中心化市场，把企业制度的创新重点从股份制转向了有限合伙企业。

04»

平台化市场和双创小微

平台化市场是具有两级节点的市场。二级节点为分布式结构，彼此多对多互动。一级节点监控各节点间的交易行为，可以参与交易，也可只是监控而不参与交易。二级节点与一级节点是多对一关系，二级节点之间是多对多关系，共同形成平台化市场的“多对一+多对多”运行机制。交易产品可以从任何一个节点市场进入交易平台网络。

随着信息技术进步，当无数交易主体能够通过高效的信息网络在一个有统一监管的交易平台上有秩序地自主交易各类产品的时候，平台化市场与平台经济就不可阻挡地发展起来。进入新世纪以来，由于信息技术特别是互联网的有力支持，原来形不成规模的电商市场、产权市场等平台化市场迅速发展，对企业和社会的生产和生活产生了日益扩大的影响。下面以中国产权市场建设发展为例分析平台化市场的建设与影响。

功能完善的资本市场除了为上市公司提供资本形成和流转服务，还要能为广大非上市企业提供资本形成和流转服务。道理很简单，各类企业都需要资本，都要从市场上获得资本和流转产权。我国 30 年只产生了 3600 多家上市公司，而现在每天就产生 1.8 万多家非上市企业。如果资本市场只能为少数上市公司服务而不能为其他企业服务，就会导致企业和社会创新的迟滞和日趋严重的企业与社会两极分化。

如图 4-6 所示，在完整的为各类企业全面服务的资本市场中，可按是否标准化交易、是否连续交易将市场划分为四种情况：处在第一象限的股票市场为上市公司服务，拆细连续交易上市公司标准化的股票。处在第三象限的产权市场则为所有非上市公司服务，交易标的是非标准化的，交易过程是非连续的。第二象限的非标产权连续交易，具有极大的系统性风险，要求交易品充分可信任，现在还是各国政府都严格禁止的交易领域，但随着技术进步推进可信任产品和可信任主体的建设发展，今后却有可能成为区块链市场的营地。第四象限的标准化产品的非连续交易类似于我国的新三板市场和区域股权市场，目前市场活力还不足。对于投资者而言，高风险的标准化交易不如股市来得有吸引力，而标准化产品的非连续交易不如产权市场有效率。在产权交易市场中可以更好地通过从低到高的竞价过程来发现创新型企业股权的市场价值，这种价值发现比新三板做市商的自我做市显得更加实在和可信。未来，也许要经过股票市场和产权市场的互动，在产权市场上发现价格之后再到股市去寻找投资者，第四象限的新三板市场交易才能逐渐活跃起来。事实上，在新三板开通前，中国证券监督管理委员会（简称“证监会”）就与国资委商定，为防止国有资产流失，中央企业持有的新三板企业股权，可以拿到产权市场去转让，以挂牌竞价发现其市场价值。

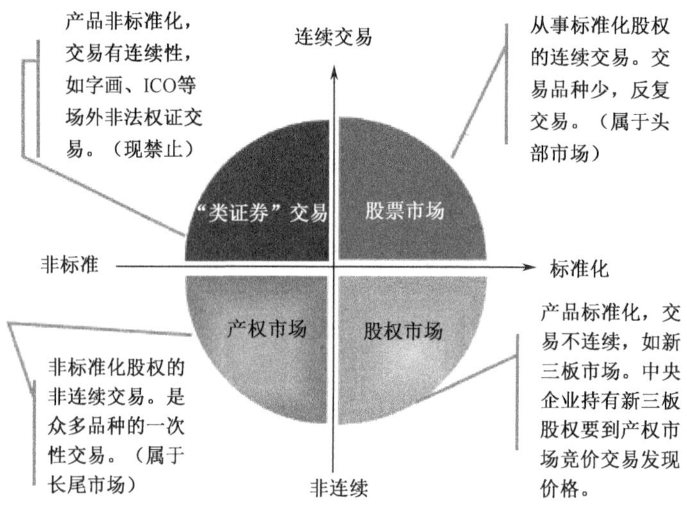

图 4-6　复合资本市场的功能定位与分类

股票市场是典型的中心化市场，产权市场是典型的平台化市场，二者互补形成功能完善的复合资本市场，可以同时为各类企业的资本运作服务。与股票市场强烈的中心化特色不同，产权市场具有很强的去中心化色彩。从市场形态的差异上深刻认识资本市场的功能定位与分类，懂得产权市场是完全不同于股票市场的资本市场，二者之间是平行互补的关系，而不是上下分层关系，对我们的企业在不同发展阶段有区别地利用好不同形态不同功能的资本市场非常重要。2003 年，国务院国资委采用选择若干个地方产权交易所而不是自建一个中央企业产权交易所的方式来实现央企产权转让进场交易，正是因为自建一个交易机构难免中心化市场机制，既不便有效监管，容易产生腐败，也难以在交易中充分引发竞争以有效发现价格，还将严重伤害分布式的地方产权交易市场体系的建设发展。

上市公司只是企业中的极少数，非上市公司才是企业的绝大多数。中国如此，世界各国也如此。历经 400 年起起伏伏的发展，股票市场总体上只使大约万分之几的企业变成了上市公司。

为什么中心化的股票市场不能为广大非上市企业服务？根本原因在于股市的投机性和股票价值的不确定性。股票以其未来收益价值折现来定价，但市场中企业未来收益却总是不确定的。为使股票市场具有为企业融资和流转股权的能力，需要股票市场具有一定的投机性，而这会给投资者带来市场风险。个别人的风险由其自己承担，但一大批遭遇投资损失的投资者特别是中小投资者会找上市公司、中介机构和证券监管部门算账。这就要求上市公司质地要好，信息披露要规范；中介机构说话要准确，对中介结论要担责任；监管机构对内幕交易等非法交易行为打击要有力，对投资者保护要全面及时到位。这些因素综合作用的结果，就是能达到并保持上市地位的公司不多。股票市场总是只能为行业塔尖的极少数企业服务，在股市投资获益的人也始终只是极少数。各国历史证明，股票市场风险巨大很难搞好，它是一个只能为少数人、少数企业服务的资本市场，不能为广大的非上市企业发展服务。股票市场在加快推进工业化发展的同时加剧了企业和社会的两极分化。

作为一个只能为少数企业服务的资本市场，股票市场在工业大生产依靠大资本催生大企业的工业革命时代还能与社会生产力发展要求相互适应，由其作为社会资本配置的主要资本市场还有一定合理性。当社会进入创新发展的信息化智能化时代，这种只能为少数企业服务的高高在上的资本市场已经不能满足社会创新发展的需要。新时代要求建立能服务于各类企业资本运作的复合资本市场。

事实上，像精品百货商场和网络电商是不同形态的产品市场一样，如果将为企业服务的资本市场区分为头部市场和长尾市场，股票市场只是企业所需资本市场的头部市场。在这个资本市场的头部市场上进行的是企业标准化股票的连续交易，交易量很大，交易标的却很少。与垄断性的头部市场完全不同，平台化长尾市场的交易特征是交易节点众多，交易标的数量巨大，各类企业都可进场交易。其交易标的是非标产品，其交易过程是非连续的，多数为一次性交易。中心化头部市场以少数产品的反复交易形成其市场规模，平台化长尾市场以其众多交易标的的一次性交易形成其市场规模。中心化的股票市场很难走出只能为极少数上市公司服务的窘境，在为实体企业提供服务上已难有重大创新。资本市场自身创新发展的战略重点，应是适应信息智能时代创新发展的要求，开创建设好新型平台化资本市场，使资本市场能够为广大非上市企业直接提供资本形成和产权流转服务。

创新就是革命。但革命很难在旧势力强大的地方率先发生。资本市场的革命也是这样。平台化资本市场的开创，没有发生在美国、欧洲、日本，而是发生在中国。信息化时代的到来和国有产权的大规模流转，催生出了平台化的长尾资本市场——产权市场。

信息化时代的到来是产权市场产生的必要条件。股票市场反复交易其数量有限的标准化产品，交易信息因市场交易热度影响而广泛传播，吸引了众多投资者和投机人的参与，市场于是得以形成。缺乏投机性的非标准化产品的一次性交易如何经济有效地吸引投资人呢？这个问题在信息化时代到来之前没有答案。信息时代泛在的互联网彻底改变了人们信息交互的方式，使产权交易信息披露和信息交互的成本接近于零。只要几个毫秒，相关信息就可传遍全球。人们不必集中在一起就可以免费交换语音和图文信息，一个有影响的网站可以经济地每天影响全球不同国家成百上千万的用户和访客。信息的传递速度可以满足任何交易的需要，大量发现交易对象成为可以在线快速完成之事，平台化市场上竞争的激烈程度空前提高，市场发现价格成为万众可以在线同步直观的壮丽景象。

国有产权的大规模流转是中国产权市场产生的充分条件。市场离不开享有诚信的交易标的和交易主体。中国的国有企业改革从放权让利改起，经承包经营改革至经营权，逐渐深化，到抓大放小涉及所有权，触及国有产权变性流转的世界难题。某宗企业国有产权该不该转让、该由谁转让、该转让给谁、该以什么方式转让、该以什么价格转让，从来就是一个会让全社会争论不休的世界难题。不解决好这个问题，改革是否导致了国有资产流失就成为一个说不清的问题，交易是否存在侵吞国有资产的原罪就成为买方理不顺的心绪，公有制经济是否能与市场经济相结合就成为经济政治悬案。世纪交替之际，中国国企改革一度为此进入胶着状态。党的十六大决定在全国设区的市以上各级政府中特设国有资产监督管理机构，统一行使企业国有资产出资人职能。2002 年，中纪委要求各地推行企业国有产权公开透明交易制度。2003 年，在对全国产权市场充分调研的基础上，国务院国资委会同财政部发布国资委 3 号令——《企业国有产权转让暂行办法》，在全国建立起了国有产权转让进场交易制度，规定了企业国有产权转让应一律进入经各级国资委选择确认的产权交易市场，公开公平公正竞争交易。各地依法设立、记录良好的 66 户产权交易所先后被分级确认取得企业国有产权转让交易资质。各地产权交易机构既可以为本地企业服务，也可以为外地企业服务。企业产权转让可以在注册地进行，也可在其他省市产权市场展开。北京、天津、上海、重庆四市的产权交易所获得了中央企业国有产权交易资质，各地产权交易机构也可以通过与京津沪渝产权交易机构合作从事中央企业产权交易。

如图 4-7 所示，通过进场前对标的产权转让方案的可行性研究、资产评估、企业决策、职代会审议、劳动及税务部门审查、国资委监督进场交易等分工负责的十多个环节，全面处置了可能影响交易的一系列风险，提高了标的物的交易诚信度。通过进场公开披露信息 20 个工作日，解决了让国有企业的终极股东——全国人民知情和参与的问题，就该不该卖、该由谁卖和该以什么方式卖的问题统一公开征求意见，有人质疑的停止，无人反对的推进。通过公开挂牌和网上竞价，实现了买方完全由市场公开确定，价格完全由市场竞争形成，有效解决了如何发现买主、如何发现价格问题。对于无人问津的项目，允许降价 10%再次挂牌，建立了在逐步降价中随机引发竞价的挂牌价偏高问题的解决机制。对于产生两个以上买主的项目，组织网上竞价，一律实行价高者得的竞价交易机制。交易过程中，通过交易价款和费用的第三方托管化解了交易支付风险。交易完成后，及时办理产权变动登记和工商变动登记，依法完成交割。整个交易过程历经 70 多个环节，全部在信息化交易网络上不可逆推进，相关监管机构和有关部门随时都可以对交易进行检查和监管。进场交易制度的建立，打造出一批企业产权阳光流转平台，建立起买方、卖方、中介方、监管方和全社会的互动机制，实现了卖方公开规范地卖、买方公平合法地买、国资机构等政府部门和机构公正高效地办，国企产权流动了，企业改革深化了，腐败成本提高了，国有资产增值了，产权市场也发展壮大了。

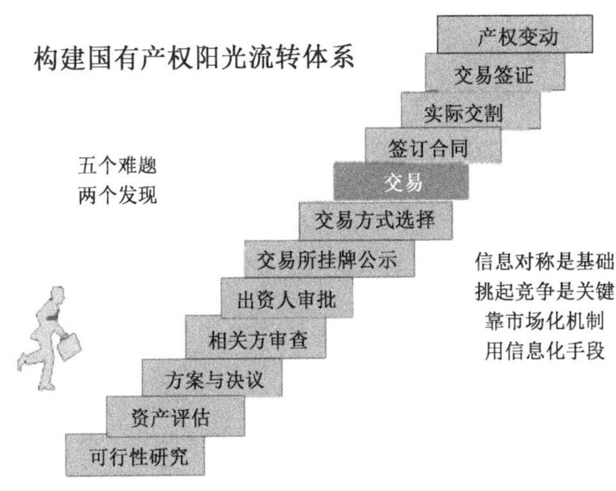

图 4-7 国有产权进场交易流程图

2007 年，透明国际组织腐败指数总负责人约翰.兰斯多夫在考察我国产权市场后致信感叹："我们深刻感受到你们在所献身的反腐败斗争中所取得的成就。政府采购和国有产权转让，在全世界都是滋生腐败的土壤。但在这里，你们用复杂而成熟的技术、透明的程序和明确的指导，把这项工作组织得很好。我们钦佩你们如此迅速地在反腐败斗争中进行了最好的实践，相信其他国家可以从你们的经验中学到很多"。

产权交易市场公开公平公正竞争的资源配置模式，引起联合国的高度关注和认可，并被其引入作为南南技术合作的新模式。在此之前，由哪个国家转让技术、哪个国家接受技术，由谁来决定此事的方向和条件，技术接受国应该做出怎样的努力，等等，都没有标准答案，并常常发生腐败问题，2007 年前后，我们两次组团到联合国交流以产权市场配置国有产权情况，引起联合国关注。2008 年，在对中国产权产易市场进行多次考察之后，联合国做出决定，与上海市合作，在上海联合产权交易所设立南南全球技术产权交易所（简称 SS-GATE）。2010 年 2 月，联合国大会通过 64-222 决议，认定 SS-GATE 作为联合国开展和推动南南合作工作的三大工作平台之一，重点发挥促进发展中国家中小企业融资的非标准化资本市场作用。自成立以来，SS-GATE 以"技术+资金+反腐"的新模式配置国际资源，在推动南南、南北国家之间技术转移与经济合作方面取得了卓越成效，扶持了发展中国家经济增长，得到联合国，南南合作国家政府及发展中国家的高度认可。目前 SS-GATE 已经在 40 多个国家建立了 50 个工作站，覆盖了亚洲、欧洲、非洲、美洲和大洋洲的主要经济体，成为推动南南合作，北南合作的网络化平台。截至 2011 年年底，SS-GATE 交易业务累计项目挂牌 8539 项，信息配对成功 2897 项，成交宗数 1237 项，见证成交金额 83.85 亿美元。

2009 年，国家出台《企业国有资产法》，从立法高度明确肯定了企业国有产权进场交易制度。2012 年，国务院国资委进一步建立了企业国有资产进场交易制度。2016 年，在新一轮全面深化改革过程中，国务院国资委会同财政部出台国资委 32 号令——《企业国有资产交易监督管理办法》，将国有企业增资扩股与产权转让、资产转让一并纳入进场交易范围，从而使产权市场拥有了资本融通和股权流转的两级资本市场功能，国有企业的资本形成、产权流转和资产交易业务全面实现市场化操作。2015 年，中共中央和国务院出台关于深化国有企业改革的指导意见，明确支持企业依法合规通过产权市场、股票市场等资本市场，以市场公允价格处置企业资产，实现国有资本形态转换，变现的国有资本用于更需要的领域和行业。这在世界上第一次明确了产权市场是资本市场，明确了国有企业资本运作要用好股票市场和产权市场两个资本市场。

至此，中国企业中的上市公司和非上市企业都有了可用的资本市场，具有中国特色的由“产权市场+股票市场”构成的复合资本市场体系诞生了！这是一对能够同时为上市公司和非上市企业服务的资本市场，这是一对能够同时为国有企业和非国有企业服务的资本市场，这是一对支持公有经济和私有经济混合发展的资本市场，这是一对促进国有资本与市场经济有效结合的资本市场。如果说，股票市场是大象和独角兽类上市公司的舞台，产权市场则必将成为国有企业赖以发展和广大创业创新、小微企业赖以形成的平台。

据中国国有产权交易机构协会统计，2012—2017 年，中国产权市场共完成各类资产交易 18 万亿元。2017 年，是中国产权市场正式开始为非上市公司资本形成提供服务的元年，全国共挂牌增资扩股项目 322 项，完成 202 项，融入资本 991 亿元。可以预计，未来 10 年内，中国产权市场上的资本形成规模，将远远超过股市。

事实证明，有中国特色的平台化资本市场正在不断壮大，广大非上市企业的融资渠道正在有效拓宽，这必将促进独资企业、有限责任公司和有限合伙企业的健康发展，为创业创新、小微企业的加快发展提供有利条件，从整体上增强中国企业的创新活力和国际竞争力。

05»

去中心化市场与有限合伙

去中心化市场的特点是节点市场之间完全的“多对多”连接机制，各节点相互连接，没有中心节点，组成了众多节点平面化分布式连接网络。市场节点横向联网互动是去中心化市场的基本特性。因此，一个有经济意义的去中心化市场，需要在众多相互连接的节点之间建立起对其连接机制和运行状态的精准刻画，才能让整个市场通过节点连接准确传导经济信息并完成分工、交换和扩网等商业活动。因此，不同节点之间形成统一的点对点的协议即“节点共识”，成为去中心化市场形成和发展的必要条件。

在中心化市场中，中心节点使用中央数据储存库等中心化的结构来支持市场交易流程和计算。中心节点掌握数据库的控制权，管理着对数据库的访问和更新权限，这留下了对中心节点操作主观随意性的质疑，缺乏有效的第三方责任约束，限制了市场的透明程度和可扩展性，也使得非中心节点难以确信系统数据记录没有被操纵或修改。随着信息技术进步，去中心化的跨组织节点的分布式数据库逐渐变得可行，从而使得去中心化市场表现出了足够高的经济效率。

去中心化市场节点共识的意义在于可以构建一个扁平可靠的连接系统，更好地解决价值交换与转移中可能存在的欺诈和寻租现象，使得市场组织变得更加公正、透明、可信任。这在建立多边或全球化市场交易网络平台时具有特殊的意义。节点共识作为一种自组织机制，具备减少内耗降成本的强大能力，能简化流程提升效率，降低不必要的交易成本及制度性成本，使节点间的连接迅速发展。这种能力可以大规模地应用于基于分布式市场和技术的各种能够形成节点共识的商业形态或企业组织之中。基于自组织的“321 节点共识”快速发展起来的私募股权投资基金体系，就是这方面的典型代表。

一定市场中的企业要按照一定的市场规则来运行。因此，不同市场中的企业具有不同的内部结构和运行机制。如前面的分析所述，中心化的股票市场中的上市公司也是中心化机制的，总部核心、结构科层、上下连动、横向竞争。其运行结果，是上市公司治理中会存在信息不对称、权责不对称、激励约束不对称等问题。

近几十年来，作为解决中心化中公募上市公司各种问题的制度探索，去中心化的私募股权投资基金（Private Equity Fund，简称

PE 基金）体系（PE 基金及其受资企业组成的系统）推动有限合伙企业制度快速发展。如表 4-2 所列，在 2008 年金融危机之前，全球市场通过 PE 实现的企业股本融资就已然超过了股市融资。

表 4-2 1995—2007 年全球 PE 基金投资和 IPO 及 SPO 融资规模[4]

年度	PE 企业投资额（十亿美元）	IPO 和 SPO 规模（十亿美元）
2007	1159	902
2006	1028	723
2005	642	591
2004	446	522
2003	266	374
2002	251	262
2001	243	335
2000	416	896
1999	291	754
1998	218	472
1997	150	474
1996	88	438
1995	66	320

1995 年，全球的 PE 企业投资额还仅为 660 亿美元，但从 2005 年起，PE 企业的投资额就超过了股票市场的融资规模，到了 2007 年，全球 PE 企业的投资额为 11594.3 亿美元，远远超过了当年全球股票市场 IPO（Initial Public Offerings）和 SPO（Secondary Public Offerings）总共 9023 亿美元的融资规模。

---

4 数据来源：The World Federation of Exchanges(http://www.world-exchanges.org)、World Economic Forum (http://www.weforum.org) 和 World Economic Forum (2009)。

2008 年之后，如果只观察全球 PE Dry Power（可用于投资金额）和股市 IPO 融资规模，会发现二者差距更加显著。如表 4-3 所列，危机后 PE Dry Power 总体保持逐年增长态势，随着全球经济复苏，PE Dry Power 从 2012 年的 9550 亿美元增长到 2017 年的 16870 亿美元，而全球 IPO 的年融资规模基本稳定在 2000 亿美元水平上，PE 形成资本的规模 8 倍于股市 IPO。这一趋势与我们在 2009 年发表的《2008 年世界经济危机的企业制度成因分析》中做出的预测完全一致！现在，可以再次预计，股市融资与 PE 融资的剪刀差今后还会进一步扩大。

表 4-3　2008—2017 年全球 PE Dry Power 和 IPO 融资规模[5]

年度	PE 企业可用于投资额（十亿美元）	IPO 规模（十亿美元）
2017	1687	205
2016	1509	128
2015	1371	214
2014	1230	246
2013	1241	169
2012	955	128
2011	1001	206
2010	978	347
2009	1047	133
2008	1063	140

PE 基金体系的融资能力为何能以几十年的发展超越拥有 400

5 数据来源：The World Federation of Exchanges（http://www.world-exchanges.org）、Global Private Equity Report 2018（Bain）。

年历史的垄断经营的股票市场？其秘密正在于PE体系中基于有限合伙制度的去中心化市场机制！有限合伙企业是按去中心化市场机制设计出来的企业制度的典型代表。它以自身的“321合约治理结构”作为PE基金体系的节点共识，建立起了完全不同于公司制的企业治理机制。

“321合约治理结构”，是指PE基金体系机制设计中产生的“三个主体、两个协议、一种责任”。“三个主体”是指PE基金体系要由三个主体构成：第一个主体是PE基金的投资者即LP，第二个主体是PE基金的管理者即GP，第三个主体是PE基金的受资企业。在PE基金体系的三个主体之间存在着“两个协议”：一个是LP与GP之间签订的“合伙协议”，一个是GP代表PE基金与受资企业之间签订的投资协议（常称“对赌协议”），这两个协议约定了三个主体间在基金存续期内的责权利关系。“一种责任”是指PE基金按照有限合伙制设立，GP在法律上要对PE基金的债务承担无限责任，PE体系对外是债务责任闭合的。三个主体通过两个协议和一种责任达成的节点共识所形成的合约治理结构，使PE体系具有良好的信息对称、权责对等、激励约束平衡机制，有限合伙企业不必进入中心化的股票市场就有良好的融资能力，不必作为企业法人就能很好承担社会责任，不必反复给予奖金和股权激励就能自发控制成本，提升价值创造能力。实践表明，去中心化的PE基金体系建立了崭新的市场信任机制，具有远比股份公司强大的自组织发展能力。

PE基金体系机制设计的特点主要体现在三个方面：在资本形

成阶段，通过私募的方式将机构投资者手中持有的海量资金集聚起来，然后以资本与人本双本结合的方式分散配置到非上市企业中去；在资本运营阶段，PE 基金作为积极股东以所有权和经营权两权合一方式参与受资企业的运营和监督，和受资企业管理层一起高效率地对企业资产进行集中经营管理；在资本流转阶段，PE 资本通过 5 ~ 8 年的中周期价值提升后，在产权市场或股票市场完成资本退出，然后再及时转入新的融投管退资本循环过程之中去。

对比起来看，在人类从工业时代走进信息化时代后，科技文化产业成为社会发展新动能，工业的规模增长让位于科技的创新发展。与此对应，采用适于中心化市场机制的公众公司已在企业治理的很多方面逊色于采用去中心化市场机制组织起来的 PE 基金体系。经理革命中产生的中心化的公众公司是以管理者信用为基础的企业资本制度，偏重近期收益激励而缺少长远责任约束；去中心化的 PE 基金体系是以管理者责任为基础的企业资本与人本双本结合的企业制度，强调风险责任并明确利润分享。公众公司依赖建立在管理者信用基础上的责任，采取两权分离、委托代理的法人治理结构管理企业；因为信用，所以委托，但需制衡，代理风险较大，运营效率相对低下。PE 基金体系则选择建立在管理者责任基础上的信用，采用双本结合、权责相当、契约管理的“321 合约治理结构”，使风控内化、效率提高。PE 基金体系的信任企业机制设计形成了相对于公司委托代理机制的一系列竞争力优势。PE 基金体系的资本制度通过三个主体之间的两个协议，强调了对于企业债务的权责相当原则，强化了管理者责任。PE 基金体系解决了公众公司中资本形成的高成本高门槛问题，高效地形成了货币资本和人力资本，使机构投资人的资本能便捷有效地投向广大非上市企业。PE 基金体系化解了公众公司资本运营中的权责不对等、信息不对称、收益与风险不平衡等多种内在缺陷，形成了权责相当、双本结合、两权合一的新的生产关系，构建了企业内生平衡的激励约束机制，极大地提高了企业价值创造能力。PE 基金体系解决了公众公司资本流转过程中的短流程高泡沫问题，创造了中周期资本循环方式，推动资本市场为各类实体企业的资本形成和产权流转服务，降低了整个社会的交易成本和市场风险。

从以上分析可见，去中心化市场存在的必要条件——节点共识，其本质不仅仅是先进的跨节点的分布式数据库和相应的计算技术与处置能力，更在于它可以通过一系列明确的点对点的共识协议，设计出既先进又适用的企业运行机制，形成强大的体系自组织能力。PE 基金投资项目可同时利用股票市场和产权市场，借助于与泛在的互联网的形态与机制同构而畅行于世界。这就是全球 PE 基金体系融资能力超越股市的内在原因。

进入互联网时代，股市仍然保持着中心化市场机制矗立在那里，茕茕孑立，日益成为一个贵族企业的市场。活跃在产权市场平台上的 PE 基金体系，则正携手广大创新创业的小微企业，演绎出日新月异的价值创造活剧来！

06»

资本市场的综合利用

建设市场重要，用好市场更重要。在企业发展过程中，应该如何综合利用好功能完整的资本市场来加快发展呢？企业什么时候应该上市，什么时候应该退市？作为企业集团的特大型企业，应如何采用恰当的企业形态，用好股票市场和产权市场，有效嫁接各种资本，及时优化资源配置，不断提高企业效益？

为回答好这个问题，需要引入产品寿命周期概念。如图 4-8 所示，企业的每个产品或项目，都有自己发展的生命周期。成功的产品或项目的发展轨迹像一条后仰的 J 型曲线。这条 J 型曲线可大致分为四个阶段。第一个阶段是产品或项目的诱导期，这是一个烧钱的阶段，企业会有亏损。第二个阶段是成长期。度过诱导期后，产品或项目逐渐得到市场认可，生产规模逐渐扩大，企业进入快速增长阶段，盈利不断增长，同时引发出大量竞争者。这是一个需要不断补充资本、扩张市场的阶段。第三阶段是成熟期。这时产品技术趋于成熟，产品的市场供应接近饱和，企业的盈利进入最大化但增长速度逐年下降。在此之后是第四阶段——衰退期。随着用户需求的变化，社会科技文化的发展，新的产品或项目变得更有竞争力，原有的产品或项目就逐渐被淘汰甚至很快被颠覆。企业盈利减少，亏损扩大，最后被迫进入重整或退出状态。

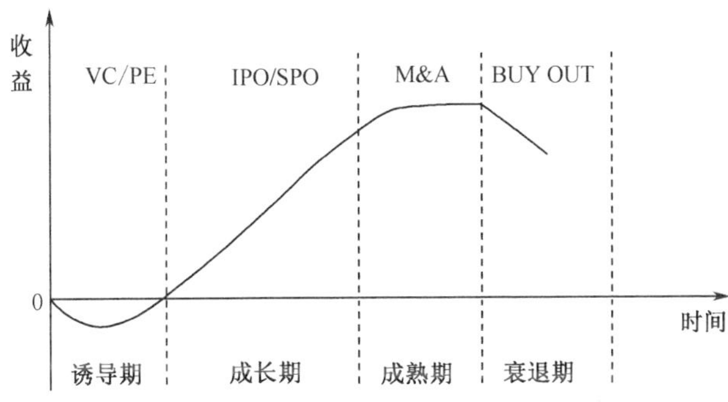

图 4-8　J 型曲线不同阶段的投资方式

在企业发展过程中，作为头部市场的股票市场只能提供阶段性服务。利用股票市场进行资本运作求发展只能在企业的成长期或成熟期。在成长期上市的企业多为追求企业发展，在成熟期上市的则多为追求变现投资收益。那些发展进入成长期，原有股东资本满足不了企业发展需要，如不及时扩大生产规模、占有市场，就会很快被竞争者超越的企业，应争取通过上市募集资本，加快发展，巩固市场领先地位。这种上市是由企业发展需要所驱动的。在成熟期的上市则主要为企业股东投资变现所驱动。享受了成长期的好收益，讲出了一个所投企业的好故事，收获了一个投资的好案例，面对企业下一步的发展瓶颈和贫困增长，深知后来者的竞争压力，为保证投资收益偿还到期融资，企业的大大小小投资者们会积极推进所投企业上市，以便利用股市流动性，变现收回投资，兑现投资收益，转入下一个发展阶段。显然，作为股市投资人，赶上前一种上市，有可能获得较好收益；若赶上后一种上市，则多半可能变成了接盘侠。IPO 如此，资产重组更是如此。

作为长尾市场，产权市场可以为企业发展提供全寿命周期的资本市场服务。在诱导期，产权市场可以为企业披露融资信息，寻求资本支持和人才资源。在成长期，产权市场可以一轮又一轮地为企业提供增资扩股服务，不断壮大企业资本力量，满足企业发展的资本需求。在成熟期，产权市场可以快速实施产权转让，推进产权流转，变现转投新的更好项目，不断优化资源配置。在衰退期，产权市场既可帮助企业流转产权，也可帮助企业实施重组，通过资产变现筹集退出成本，做好职工安置等事项；通过引入民间资本和员工持股，更新企业机制，重启企业发展活力，提高企业经营效率。产权市场的规模越大，信息披露能力越强，会员中介推广能力越好，产权交易机构之间的协同越深，产权市场为企业资本形成、资本运营、资本流转服务的功能就越强大。

对出资人机构而言，把握好股票市场和产权市场的不同优势，指导所属企业在发展过程中灵活运用两个市场，两条腿走路，就可以让企业获得各个发展阶段恰当的资本市场服务，促进各类企业平稳健康发展。对国有企业集团而言，则可有选择地区别对待不同发展阶段的资产，将进入成长期的产品和项目资产打包推向股票市场或轮番进入产权市场，将诱导期、成熟期、衰退期的产品和项目资产推进产权市场，将企业发展各阶段资源全面与资本市场结合起来加以有效配置。中央企业改革重组的实践证明，如图 4-9 所示，大型国有企业同时利用两个市场进行资本运作，可以考虑建立“三主体模式”，即集团公司、集团控股上市公司、集团参与 PE 基金及其投资的非上市企业，三方协同互动来开展资本运作。

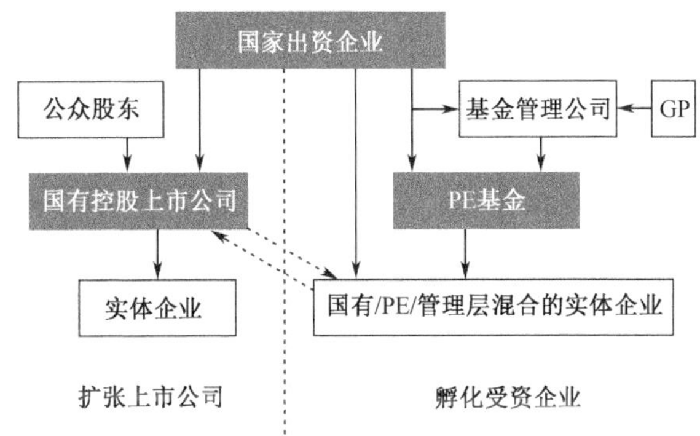

图 4-9 大型企业资本运作的三主体模式

首先，集团公司通过产权市场为旗下非上市企业引入私募股权投资基金，将其改造成为由股权投资基金管理公司管理运营的有限责任公司，建立企业市场化运营机制。其次，建立上市公司和非上市企业的合作关系。双方订立协议，由上市公司将未来三五年中需要而其自身目前不便运作的资产或项目委托给 PE 基金体系去实施，并承诺到时对达到协议要求的项目资产进行收购。第三，培育提升。非上市企业利用集团或基金的资本人才资源与机制将其自有或收购的项目资产按照上述协议要求进行改造，提质增效，使其产权清晰、权属完善、收益提升，使之在各个方面达到上市公司收购要求。第四，产权转让。由集团公司将非上市企业产权以协议价格为基准推进产权市场公开挂牌转让。若市场竞价结果因引发竞争显著高于基准价，上市公司可买可不买，集团公司和 PE 基金可通过转让实现高价退出；如产权市场无人参与竞价，则上市公司照挂牌基准价收购。这样的三主体互动模式可以一轮一轮持续循环推进，结果导致集团公司下属非上市资产逐步改制孵化上市，所控股上市公司则因不断开展的资产并购获得持续发展，整个集团的科技创新能力和资产价值也因持续不断的市场操作而不断提升。

“三主体模式”组合利用了两个资本市场，嫁接了国有企业、有限合伙、有限公司三种企业制度，对接了国有资本、私人资本、机构资本三类资本，创新和提升了企业资本运作水平，帮助企业同时解决了资本、人才和机制问题，有力推进了企业改革发展。当然，在拥有运作经验之后，“三主体模式”中的下面两个主体是否一定要是集团所属或控股企业，可以另当别论。过去没有产权市场，不是非上市企业无钱改造，就是上市公司总是临时高价并购，市场配置资源的作用发挥得不够充分。针对这一问题曾经大力探索过的企业整体上市模式，也因上市公司整体资产质量降低、上市后公司缺乏成长故事、大股东没有后续发展支持能力和抗风险能力而未能大面积应用和推广。华润集团、中国黄金等企业的发展实践证明，通过三主体运作方式，可以很好地解决上述问题，促进企业持续健康快速发展。

资本运作要组合利用各类资本市场,科技创新和产品营销等其他方面当然也应综合利用好各种形态的市场。在创新发展的新时代,了解和利用好去中心化的网络市场、平台市场等创新型市场,是各企业不可忽视的大事,需要企业家们结合各自企业实际去研究和把握。

需要强调指出的是,产权市场对中国和世界都还是新生事物,还有很多需要不断完善和发展之处。比如,作为资本市场,产权市场的发展也具有规模效应。相对而言,经济发达地区的大型产权市场交易量更大,经历更丰富,人才更多,服务能力更强,品牌影响力也更大。15 年来,京津沪渝交易所为中央企业的国有资本形成和产权流转做出了很大贡献,也推进了自身发展。近几年来,通过区域整合,山东、湖北、广东等地的产权交易所有了较大的发展。浙江、重庆等省区市将产权市场运作模式复制到政府采购、土地批租和工程项目建设等公共资源配置平台,成功放大了产权市场功能。下一步,为更好地服务于国家的区域发展战略和“一带一路”建设,京津冀地区、长江流域、粤港澳大湾区的产权交易机构要进一步携手做强做大;中部地区、东北地区、西部地区的产权交易机构要与东部发达地区的产权交易机构建立更加广泛的联系,共同发挥好中国产权市场大平台的整体优势,推动中国“股市+产市”的复合资本市场健康发展,为企业改革发展和国际化经营做出更大贡献。

07»

关于市场的两点讨论

改革开放的历程，让中国逐步认识了市场的作用，并逐步融入了世界市场。从纯粹的计划经济到计划经济为主、市场调节为辅，到计划和市场都是经济发展的手段，到建立社会主义市场经济体制、发挥市场在资源配置中的基础作用，再到加入 WTO，市场对中国经济社会发展的作用越来越强，中国对世界经济的影响也越来越大。党的十八届三中全会进一步指出，要发挥市场在资源配置中的决定性作用，更好发挥政府作用。这表明，我们党和国家对市场的认识在一步步深化，对发挥好市场和政府在经济发展中的协同作用在一步步放大。中国需要这样，世界也需要这样。在这方面需要讨论的话题很多。其中，东方国家的政府和企业特别需要理清生产、消费与市场的相互关系，西方国家的政府与企业特别需要认明政府和市场的相互关系。

到底是生产决定消费，还是消费决定生产，市场如何影响生产和消费两端？透过从离散化市场到平台市场的发展历史，我们应该肯定，这个问题的答案取决于产品市场供求矛盾运动的主要方面。在从事商品生产的历史上，早期产能不足、商品短缺，供给不足是矛盾的主要方面。此时生产和消费的关系是生产决定消费，生产什么消费什么。中期供求平衡时代矛盾的主要方面是产销不对路。此时渠道为王，市场平台企业（百货市场、交易会、超市、大卖场、电商平台）决定供需两端的命运。在现今产能过剩的网络化时代，社会进入消费者主权时代，矛盾的主要方面是旧的产能多了。此时自然是消费者的选择决定生产企业的命运，是消费决定生产，而不再是生产决定消费。进入这一阶段，企业必须适应消费升级需要，通过创新拿出市场短缺的高质量产品，才能获得消费者的认可。表现在全社会，就是要大力推进供给侧结构性改革，使社会生产实现从有到好、从好到优的高质量发展和高水平循环。同时，要针对世界经济发展不平衡情况，支持企业加快走出去开展国际化经营，不断扩大市场空间。科技创新是企业生产发展的根本力量，科技和市场是社会前进的两个轮子。产能不足时期，科技更紧要；产能过剩时期，市场更宝贵。人类社会发展正是在科技与市场的动态平衡中，经由一波波产能不足、产能平衡、产能过剩、产能升级的周期性运动而曲折前进的。因此，要由企业作为市场主体来根据市场变化灵活组织产品和服务的生产，发挥市场在资源配置中的决定作用，同时更好地发挥政府作用，不断提升科技和扩大市场，这一常识我们始终不应忘记。这也正是我国必须彻底告别计划经济、毫不动摇地走向社会主义市场经济体制的根本理由。那种认为信息技术的进一步发展可以提高国家计划的科学性和实时性，并最终导致计划经济重新有效的认识，违背了交易是市场中的生产者和消费者随机自主决策行为的结果这一根本事实。

正确认识政府在经济发展中的作用，也许是西方人应该好好补上的重要一课。西方经济学在人是理性的经济人、市场是机制健全竞争充分的市场等前提下研究讨论解释各种经济现象和经济规律时，形成了严密的学术体系，取得了众多研究成果，评出了很多大牌经济学家。但是在根本上，西方经济学却常常缺乏好的解释能力。西方经济学家既解释不了 1929 年和 2008 年美国的两次大危机，也解释不了南美国家和苏东国家的长时间停滞不前，更不能解释新中国持续取得的巨大发展。按理说，西方经济学是精巧的，注重数理逻辑的，只要前提不错，借助于科学的推理，就应得到合理的结论。不幸的是，西方经济学的根本问题恰恰出在假设前提的简单和片面性上。众所周知，由于马斯洛等人的工作，理性经济人假设已经被证明是过于简单和狭隘的。人们在低等级需求得不到满足时的恐惧心理和在高等级需求作用下的忘我情怀，根本不能用经济理性来做出解释。将经济科学的大厦建立在这样的基础上显然是不科学的。林毅夫教授则指明，市场并非天然存在且机制健全的，市场是要由政府来提供并不断加以完善的一种重要公共产品，没有有为政府，难有有效市场。这从另一方面指明了西方经济学假设前提的根本问题。

自炎帝组织起“日中而市”的集市贸易以来，市场总是由政府创造和维护的，或用国家法律、产业政策、监管制度，或用领土扩张、殖民主义、帝国主义手段，或用协商、合作、互联互通、共同体建设契约。两次世界大战的本质都是为扩张市场而战，第二次世界大战后美国建立布雷顿森林体系、推行马歇尔计划、推行石油交易和金融衍生品交易以美元结算，等等，更是赤裸裸的长期垄断世界市场的行为。西方经济界对此十分明白，却始终不去说清楚。西方经济学把市场说成是天然的、自由的、公平的、诚信的、均衡的、充分竞争的、效率最优的，是上帝给予的看不见的手，是唯一合理的资源配置力量，市场与政府无关，政府不应干预市场。显然，这是将理论大厦建立在一个虚假的基础之上！苏联及东欧、南美等国家和地区的工业化按华盛顿药方治病之所以无效，原因就在这些地方根本没有美国的市场需求和政府能力，货币不是美元，市场也不像美国那样有强大的政治、军事、文化力量来支撑。中国在历朝历代巨大成本投入下，维持了一个世界上最大的统一的国家大市场。改革开放以来，不断扩大市场在资源配置上的作用，同时始终强调更好发挥政府作用，坚持建设全国统一的大市场，促进经济实现了持续快速的发展，在短时间内推动中国实现了工业化。政府要尽可能多地为社会提供公共产品。而市场，包括国际市场和国内市场，包括产品市场、服务市场、金融市场、资本市场、技术市场、人才市场，等等，都是需要政府从制度、机构、场所、监管、调节、处置等很多方面大力作为，才能形成市场、建立信用、防范风险、有效运行并不断转型升级的最重要的公共产品。按共建共治共享原则搞好国际市场建设，推进全球化进一步发展，也是各国政府的神圣职责。一个个国家为加入 WTO 而与先入者进行为期数年乃至数十年的艰苦谈判，并相应对国内法规政策做出一次又一次的大面积调整，充分显示了各国政府为大市场建设花费的巨大代价。中国如期完成了加入 WTO 谈判时做出的各种承诺，历时 15 年后，一些欧美国家竟然翻脸不认中国的市场经济国家地位。欧盟从分散的国家市场集结成一个统一的欧洲市场，经历了无数艰难困苦，付出了巨大的市场建设与维护成本，取得了巨大成效，改变了世界市场格局。而英国的脱欧，则对英欧双方市场都造成根本性冲击，如何分手并继续合作，成为考验欧洲领导人的新难题。因此，要想国家经济长期稳定的发展，必须有稳定的政局、有为的政府来建设、维护、监管和发展好国内外市场体系。特朗普退协议、修围墙、加关税、打贸易战、产业战、能源战、技术战、货币战、混合战，破坏了全球的市场预期，提高了世界的交易成本，为追求市场剧烈波动中的金融资本利益，不惜牺牲各国利益和美国发展的后劲。

近十几年在各国兴起的 PPP 项目也能说明有为政府促进社会发展问题。PPP 项目多为公共基础设施建设项目，事关城镇功能和市场效率，这些基础设施有没有、早或晚、好与差都和政府的态度和作为息息相关。在政府资金不足的情况下，创造条件引入社会资本一起建设，正是各国政府都在朝着市场建设者的有为政府方向发展的一种世界共同趋势。美国麦肯锡全球研究所在近期提出的一份题为《数字时代的中国：打造具有全球竞争力的新经济》的报告，就十分明确地建议中国政府“为 5G、机器人以及人工智能等前沿技术建立市场”，并“维护健康有序的市场竞争”。

搞好市场经济，要讲三主体论，而不能只讲单主体论。市场是资源配置主体，企业是市场交易主体，政府是市场建设、维护和监管主体，我们应以这种全面的联系的互动的眼光来审视经济学的基础，来理解“发挥市场配置资源的决定性作用，更好发挥政府作用”的科学内涵，来处理好离散性市场、中心化市场、分布式市场的关系，来把握好加快建设新时代智能化市场网络平台的力度。

第五章

积极推进混合发展

企业因其资本构成性质的不同而被区分为不同所有制性质的企业。在没有正式定义混合所有制企业之前，私有企业是指由私人资本独资、全资、控股或实际控制的企业；国资企业是指由国家资本独资、全资、控股或实际控制的企业。这里所说的独资企业即单一出资人企业，如国家独资企业、个人独资企业、家族独资企业。全资企业指单一性质的多个出资人共同出资 100%资本的企业，如国家全资企业就是由两个及两个以上国资股东共同出资持有企业全部股权的企业，私有全资企业是指两个及两个以上私人股东共同出资持有企业全部股权的企业。控股企业是指大股东持股超过 50%的企业。例如，私有控股企业是指企业股权中私人大股东持股超过50%的企业，国资控股企业是指国资股东持股超过 50%的企业。实际控制企业是指虽然第一大股东持股不足 50%，但与其同性质的股东持股之和超过 50%，且公司章程明确其在决策、人事、财务等方面具有实际控制权的企业。例如，国资实际控制企业通常是指第一大股东是国资股东，国资股东持股之和超过 50%，且公司章程明确由国资大股东派出董事长或总经理、总会计师等重要职务，并由第一大股东合并报表，等等。

这样，如表 5-1 所列，在国家出资企业序列中，就有国家独资企业、国家全资企业、国资控股企业、国资实际控制企业和国资参股企业五种出资形式。从管理需求看，为了既方便企业运作又有利于股东监管，对应需要五种不同的资本管理制度和管理方式。但在过去的国有企业改革过程中，为了用国有企业和国有控股企业的相关合计数来体现国有经济实力，多数情况下并没划分这么清楚，而是笼统地以“国有和国有控股企业”来指代，结果造成国企产权多元化改革未能取得预期的机制转换效果。比如，由于没有专门的混合所有制企业产权监管制度，国有企业引进非公资本改制为国有控股企业后仍没有改按混合所有制企业对待，而依然按国有企业管人管事管资产，形成企业产权虽已多元化、混合化但运行机制却依然不变的局面。按国有资产分布看，国企改制多数是改成了国有控股企业，而改制之后方方面面都仍将国有控股企业作为国有企业看待和监管，大大抵消了国企改革转机建制的成效。

表 5-1 国家出资企业分类序列

企业类型	股权结构特征
国家独资企业	（一）国家政府部门、机构、事业单位单独出资设立的企业
国家全资企业	（二）两个及两个以上政府部门、机构、事业单位、国家独资企业共同出资持有全部股权的企业
国资控股企业	（三）第（一）、（二）款所列单位、企业单独或共同出资，合计持股比例超过 50%，且其中之一为最大股东的企业；本条第（一）、（二）款所列企业对外出资，拥有股权比例超过 50%的各级子企业
国资实际控制企业	（四）政府部门、机构、事业单位、单一国资及国资控股企业直接或间接持股比例未超过 50%，但为第一大股东，并且通过股东协议、公司章程、董事会决议或者其他协议安排能够对其实际支配的企业
国资参股企业	（五）企业具有部分国家资本金，但不属于上述（一）、（二）、（三）、（四）的情况

党的十八届三中全会决定提出要积极发展国有资本、集体资本、非公有资本等交叉持股、相互融合的混合所有制经济，明确混合所有制是我国基本经济制度的重要实现形式。有了混合所有制企业这一分类概念后，企业按所有制分类就应该只有公有企业、私有企业、混合所有制企业三大类。由于只要有公有资本和私人资本等共同出资的企业都是混合所有制企业，因此，国有控股或实际控制企业和私有控股或实际控制企业都属于混合所有制企业。这样的分类改变对我国全面深化改革是一件十分重要而紧迫的大事。我们要深刻认识发展混合所有制经济的意义，厘清发展混合所有制的思路和路径，加快建立混合所有制经济制度，大力推进国有企业的混合所有制改革，使混合所有制真正发展成为我国社会主义初级阶段基本经济制度的重要实现形式。

01»

国企三种名称与改革三段历程

资源配置效益最大化需要各种各样的企业扬长避短、融合发展。中国有句老话，叫“独行快、众行远”。非洲也有类似的谚语，叫“要想走得快，请趁早赶路；要想走得远，请结伴同行”。企业运作也是这样，私有企业决策效率高，国有企业抗风险能力强。因此，在现实社会经济生活中，既需要私有企业，又需要国有企业。当今世界的任何国家，都是既有国有企业，又有私有企业。

1776 年，亚当·斯密发表《国富论》，在批判重农主义和重商主义传统观点的基础上，提出了劳动分工提升价值理论。他认为市场是只“无形的手”，可以自发实现资源有效配置。他反对政府干涉商业事务，赞成低关税和自由贸易，指出虽然人们在市场中“只想得到自己的利益”，但是又好像“被一只无形的手牵着去实现一种他根本无意要实现的目的，……他们促进社会的利益，其效果往往比他们真正想要实现的还要好。”[1]。这种思想适应了工业发展的需要，推动了英国和全球资本主义的发展，被作为自由经济合理性的圣经。但是，《国富论》毕竟是在美国尚未独立、瓦特的蒸汽机改良和发明尚未完成、工业时代尚未到来、别针和铅笔还是社会先进产品、市场也还是以离散化的个人店铺为主要形态的时代。直到1852年世界上才出现了第一家百货公司（见图5-1）[2]，由亚当·斯密一个人参照牛顿的机械论思维逻辑用不到一年时间写成的手工作坊时代的经济学，不可避免具有其时代的局限性，更不可能对其后的世界经济真实运行过程具有操作上的指导性。

图5-1　诞生于1852年位于法国巴黎左岸的乐蓬马歇百货公司[3]

1 《国富论》：第四卷第二章。

2 1852年，巴黎左岸建立了世界上第一个百货公司，最初的名字叫做Le magasin Au Bon Marché，直到1989年改为现名——乐蓬马歇（Le Bon Marché），Le Bon Marché是Le Bon Marché Rive Gauche的简称，意为“好买卖、物美价廉”。

3 图片来源 http://www.sohu.com/a/216305063_612942

90 年后的 1867 年，马克思发表《资本论》，用唯物史观深刻分析了第一次工业革命后资本主义社会中生产资料的私有制与社会化大生产的基本矛盾，指出企业利润按资分配使资本家剥削了工人劳动创造的剩余价值，号召全世界无产者联合起来，消灭私有制，建设以生产资料公有制、计划经济和按劳分配为特征的社会主义社会。马克思的理论学说揭示了资本主义制度的本质，对世界产生了两个方面的巨大影响：一方面，推动苏联、东欧诸国、中国、越南、朝鲜、古巴等国家建立无产阶级专政的国家，形成社会主义阵营，推进科学社会主义发展；另一方面，推动传统资本主义阵营特别是北欧国家正视工人劳动创造对于企业和社会发展的贡献，逐步建立高工资、高福利、高保障的现代福利国家。第二次世界大战后，欧美各国在公众公司中推行企业所有权与经营权分离的经理革命，既调动了社会精英管理企业的积极性，也在一定程度上改善了工人阶级生活状态，有效缓解了国内阶级矛盾。

《国富论》和《资本论》都重视劳动价值，但二者相差百年，用意大不相同。《国富论》对封建主义具有革命性，催生了资本主义发展。《资本论》对资本主义具有革命性，催生了社会主义发展。具体到社会主义初级阶段的中国如何在半封建半殖民地基础上逐步实现现代化，则要由中国共产党带领全国人民来探索和回答。

1949 年，中国共产党领导全国人民建立了中华人民共和国。到 1956 年，完成了对资本主义工商业的社会主义改造，全国的土地资源和绝大多数企业产权成为公有，国营企业成为国家经济绝对支柱。到 1970 年代，两弹一星研制成功，标志着中国基本建立起了独立自主的工业体系和国防体系，为此后改革开放高速发展奠定了重要基础。但是，由于是在社会生产力还很不发达的情况下关起门来搞计划经济，世界发展和科技进步不够了解，政企不分导致相当程度的资源配置错位，企业运行机制僵化，广大人民群众的积极性未能充分调动起来，社会生产力发展不足，经济效率不高。

1978 年，党的第十一届三中全会决定以经济建设为中心，坚持四项基本原则，实行改革开放。从此，国企进入改革发展新时代。

回顾 40 年国企改革历史，展望深化国资国企改革趋势，本书认为，中国国有企业改革可以依其称谓分为三个大的阶段：第一个阶段是开展国营企业改革阶段，第二个阶段是推进国有企业改革阶段，第三个阶段是深化国资企业改革阶段。

国营企业是计划经济下形成的概念，已被写入 1982 年版《中华人民共和国宪法》（简称“《宪法》”）。1982 年版《宪法》第十六条明确指出：“国营企业在服从国家的统一领导和全面完成国家计划的前提下，在法律规定的范围内，有经营管理的自主权”。国营企业由国家独资，国有国营，政企不分，企业管理是政府管理的一部分，企业的资本、干部、人事、生产、供应、销售、税收、工资、福利都由政府计划管理，政府对企业债务承担无限责任。国营企业在执行计划方面效率很高，但对计划中存在的问题无能为力，在计划外更没有行为能力，信息不畅，不知道市场情况，不能自主适应市场需要，干部职工的聪明才智难以全面有效发挥，企业家经营好坏也没有评价标准。一个企业只知道生产了多少产品交给了国家，却不知道这些产品卖给了谁，卖了什么价，赚了多少钱或亏了多少本。

国营企业的改革旨在改变企业封闭僵化的运行模式，调动企业和职工的积极性，不断增强企业活力。国营企业改革先后经历了放权让利[4]、拨改贷[5] 、双轨制[6]、承包经营[7]、四自发展[8]等多个

---

4 1978 年，党的十一届三中全会确立了以扩大企业自主权为主要形式，调整国家与企业之间利益关系的国营企业改革方针，在企业内部建立各种形式的经济责任制，在企业领导体制上实行厂长（经理）负责制。自此至 1984 年左右这一阶段的改革试图在计划经济体制的基本框架内，通过逐步向企业放权让利来增强企业的活力。

5 “拨改贷”即国家对基本建设投资拨款改为贷款的简称，是固定资产投资管理体制的一项重大改革。在 1979 年之前，我国长期实行基本建设投资由国家预算无偿拨款，缺乏经济效益，为加强建设单位的经济责任，提高投资收益，国家推行了“拨改贷”，将国家预算内基本建设投资由拨款改为贷款，该政策从 1979 年开始试行，1985 年全面推广。由于拨改贷严重影响企业资本形成能力，违背企业将本求利运作规律，导致国营企业大面积亏损。1995 年，国务院批转国家计委、财政部、国家经贸委《关于将部分企业“拨改贷”资金本息余额转为国家资本金意见的通知》（国发〔1995〕20 号）发布，拨改贷政策停用。

6 “双轨制”指计划经济体制和市场经济体制并行。它是计划经济体制向市场经济体制过渡的时期特有的现象，是 20 世纪 80 年代中后期的国家经济政策，到 1992 年并轨发展市场经济。“双轨制”是由计划经济向市场经济过渡期的操作手段，是对深化市场经济改革的过渡方式。

7 1984 年，党的十二大明确提出，经济体制改革的中心环节是搞活国营大中型企业。随后，在所有权与经营权分离的条件下，出现了承包经营、租赁经营等多种试点，探索搞活国营企业的多种经营方式。

阶段，大致包含从党的十一届三中全会到党的十四大的十五六年时间。这个阶段改革的最大成就，是解放思想，转变观念，形成共识，渐进地推进以国企为中心的改革实践。社会主义生产是有计划的商品生产，国民经济应以计划调节为主、市场调节为辅，企业应该是独立的市场主体，干好干坏应该不一样，经营好的企业涨工资，干不好的企业会破产，国企工作岗位不是铁饭碗，国企要成为自主经营、自负盈亏、自我发展、自我约束的商品生产者和经营单位，成为独立享有民事权利和承担民事义务的企业法人，等等，逐步成为十多亿国民的共同认识。

国有企业是一个写入 1993 年版宪法的概念。笔者认为，国有企业改革可以从邓小平视察南方算起，大致以 2017 年中央企业全部完成公司制改革作为结束。此前，在 1986 年年底，国务院颁布了《关于深化企业改革增强企业活力的若干规定》，要求在推进国企承包经营的同时，在少数国企开展股份制试点。但当时的试点企业多数只是采取了吸收内部职工持有一定股权的方式，没有形成产权制度层面的统一安排。1992年1月19日，邓小平视察南方，考察了深圳股市运行情况并发表讲话，要求股份制和股票市场要大胆地试，大胆地闯。国企的公司制改革由此开始大举发力。1992 年 10 月，党的十四大正式提出国家要建立社会主义市场经济体制，国企要建立现代企业制度。1993 年，党的十四届三中全会做出《中共

8“四自发展”是为适应市场经济的要求，提出企业是依法自主经营、自负盈亏、自我发展、自我约束的商品生产经营者，是独立享有民事权利和承担民事义务的法人。

中央关于建立社会主义市场经济体制若干问题的决定》，明确要求在国有企业建立“产权清晰、权责明确、政企分开、管理科学”的现代企业制度。中国的国有企业改革由此进入涉及产权改革的深水区，开始了建立公司制股份制的新阶段。

由于国家持有股权的公司制企业是政企分开的法人主体，政府只以其出资为限对公司债务承担有限责任，全体股东对公司经营层实行委托代理经营，因此不能再称为国营企业。为此，1993 年八届全国人大一次会议通过宪法修正案，明确将“国营经济”改称为“国有经济”，并对应地将“国营企业”改称为“国有企业”。

1994 年，国务院出台了《关于选择一批国有大中型企业进行现代企业制度试点的方案》，明确了授权试点企业作为国有资产投资主体（国家授权投资机构）、建立企业法人制度和机制、改革企业劳动人事制度、健全企业财务会计制度等改革重点，同时明确了推进转换政府职能、优化资产配置、规范发展中介机构、建立社会保障制度等方面的社会配套改革要求。

到 2016 年，全国 90%以上的国有企业已经改制为公司制企业，中央企业中 60%以上的资产已经进入上市公司。2017 年，按国务院要求，中央企业全部完成公司制改造，并基本建立起了由外部董事占多数的规范的董事会制度。

国资企业是一个在本世纪初就已提出，在党的十六大上明确了企业的国家出资人概念，经《企业国有资产法》明确为国家出资企业，但却至今尚未被全社会统一使用的重要概念。

2002 年，作者在国家经贸委综合司工作期间，发表了《国企再定义——国资企业》的论文。该文指出继续使用“国有企业”称谓存在的五个问题，分析使用“国资企业”称谓的四大好处，强调了混合所有制是国企改革的发展方向。文章指出，为了监管好国有资产，使用国有企业概念时不能不包含或顺带上国有控股企业，而将“国有和国有控股企业”合起来称谓并仍按国有独资企业来进行监管，又会造成改前改后出资人监管政策和企业运行机制一个样，失去企业改制的意义，不利于国有控股企业转换机制，妨碍其深化改革。因此建议像 1993 年将国营企业及时改称为国有企业一样，再次按深化改革要求，及时将国有企业改称为国资企业。

党的十六大指出：国家要制定法律法规，建立中央政府和地方政府分别代表国家履行出资人职责，享有所有者权益，权利、义务和责任相统一，管资产和管人、管事相结合的国有资产管理体制。关系国民经济命脉和国家安全的大型国有企业、基础设施和重要自然资源等，由中央政府代表国家履行出资人职责。其他国有资产由地方政府代表国家履行出资人职责。中央政府和省、市（地）两级地方政府设立国有资产管理机构。

2003 年 10 月，党的十六届三中全会通过《中共中央关于完善社会主义市场经济体制的决定》，明确国有资产管理机构对授权监管的国有资本依法履行出资人职责，维护所有者权益，维护企业作为市场主体依法享有的各项权利，督促企业实现国有资本保值增值，防止国有资产流失。

2007 年，在参与《企业国有资产法》起草工作时，作者再次向国务院法制办主持该法起草工作的负责同志提出关于改称国资企业的建议，经反复讨论达成共识。2008 年出台的《企业国有资产法》正式使用了“国家出资企业”的概念，并对应明确了“代表国家履行出资人职责的机构”。该法第四条明确规定：“国务院和地方人民政府依照法律、行政法规的规定，分别代表国家对国家出资企业履行出资人职责，享有出资人权益。国务院确定的关系国民经济命脉和国家安全的大型国家出资企业，重要基础设施和重要自然资源等领域的国家出资企业，由国务院代表国家履行出资人职责。其他的国家出资企业，由地方人民政府代表国家履行出资人职责。”第五条明确：“本法所称国家出资企业，是指国家出资的国有独资企业、国有独资公司，以及国有资本控股公司、国有资本参股公司”。令人遗憾的是，国资法的这种科学调整没有得到应有的推广普及，在党的十八大之前，“国有和国有控股企业”的概念仍普遍存在于各种政策文件中。后来几年的国企改革发展实践果然证明，保留“国有和国有控股企业”的概念既不利于企业产权多元化和混合所有制改革发展，也使履行出资人职责的机构职责定位不够清晰，仍在继续对已经混改的企业进行独资企业式的管理，其自身也未能更加自觉地以管资本为主加强国资监管。

党的十八大以来开启的全面深化改革，明确国资监管机构的职能定位是以管资本为主加强国有资产管理，要求在国企改革中加快改组和组建国有资本投资公司和国有资本运营公司，积极稳妥地推进混合所有制，使混合所有制成为社会主义基本经济制度的重要实现形式。并且，按照公有企业、混合所有制企业、非公有企业的新的企业分类逻辑，在党的十八大、十八届三中全会及党的十九大报告关于全面深化改革的决定中，都没有再采用“国有和国有控股企业”的并列表述。因此，作者认为，可以将 2018 年起的国企改革新阶段称为国资企业改革阶段。建议按照党的十八大和党的十九大报告的做法，全面停止使用“国有及国有控股企业”概念，统一改用国资企业称谓。“国家独资企业”统一由国资委代表国家履行出资人职责，基本沿用现有产权管理制度；“国资控股企业”和“国资参股企业”作为混合所有制企业，应由对其出资的国家独资企业履行国家资本出资人职责，按照与各类股东共同商定的企业章程进行治理。履行国家资本出资人职责的机构和企业，应以管资本为主加强国资监管，将混合所有制经济作为社会主义初级阶段基本经济制度的重要实现形式，重点关注国家资本配置的必要性、安全性、流动性和有效性，不断做强做优做大国家资本，确保人民共同财产的保值增值。

国资企业包括国家独资企业、国家全资企业、国资控股企业、国资实际控制企业、国资参股企业五种类型。其中，国资控股企业、国资实际控制企业和国资参股企业都是混合所有制企业，应该按混合所有制企业管理法规制度监管。在企业监管制度上，建议分四类情形实施监管：国家资本投资公司和国家资本运营公司等中央企业作为一级企业，是其下属企业的国家资本出资人，原则上应采取国家独资或全资形式；中央企业中的公益类子企业[9]和商业二类子企

---

9 国务院国资委、财政部、国家发展和改革委《关于国有企业功能界定与分类的指导意见》（国资发研究〔2015〕170 号），根据主营业务和核心业务范围，

业，原则上采取国资控股形式；商业一类子企业，可以根据市场竞争需要，灵活采取国资参股、国资实际控制或国资控股形式。在产权管理上，现有产权管理制度基本适用于国家独资或全资企业，国资控股企业、国资实际控制企业和国资参股企业等混合所有制企业的产权管理制度需另行研究制定，并融入各企业章程之中。

中央企业一级应保留国家独资或全资，是实行政企分开原则的必然要求。在这个问题上目前仍有不少人没有把个中的产权逻辑关系搞明白，还试图在保持央企一级企业地位的同时对其进行混改。事实上，在中央企业 A 引入非公资本混改为国资控股企业 B 时，势必在 B 的出资人中出现一个大的国家独资大股东 C。按照政企分开的改革原则，这个大股东 C 应是市场主体而不能是政府部门或机构，因此 C 只能是一个国家独资企业或国家全资企业。在这个过程中，A 改成了 B，C 控股了 B。若 C 就是 A，则混合所有制的 B 只能是原央企 A 的子公司，即混改平台是设在央企子公司层面，

将国有企业界定为商业类和公益类。商业类国有企业以增强国有经济活力、放大国有资本功能、实现国有资产保值增值为主要目标，按照市场化要求实行商业化运作，依法独立自主开展生产经营活动，实现优胜劣汰、有序进退。其中，主业处于完全竞争行业的企业属于商业一类；主业处于关系国家安全、国民经济命脉的重要行业和关键领域、主要承担重大专项任务的商业类国有企业，属于商业二类，要以保障国家安全和国民经济运行为目标，重点发展前瞻性战略性产业，实现经济效益、社会效益与安全效益的有机统一。公益类国有企业以保障民生、服务社会、提供公共产品和服务为主要目标，必要的产品或服务价格可以由政府调控；要积极引入市场机制，不断提高公共服务效率和能力。

如图 5-2（a）所示；如 C 不是 A，则 B 就变成了另一央企 C 的子公司，B 还是不能成为一级央企，如图 5-2（b）所示。

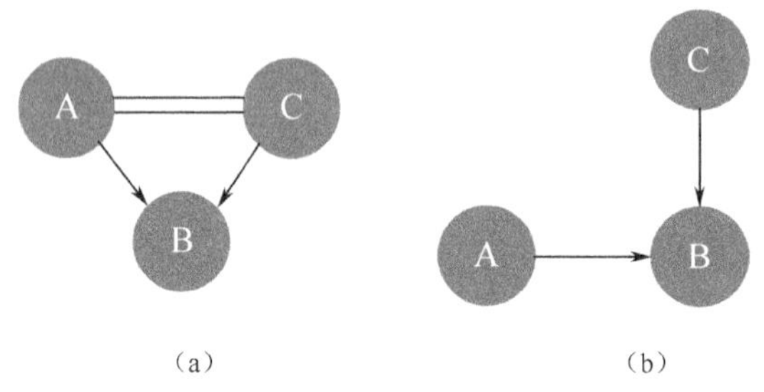

图 5-2　混改产权变化示例

事实上，被社会媒体广泛解读为央企集团混改案例的联通混改，就只是在联通集团控股的上市公司层面来展开的。联通集团在为上市公司引入民营战略股东后，还将集团公司产权改成了国有全资形态。

也许有人会问，由 A 集团引入一定非公资本改成 A 公司不就能实现央企一级的混改了么？这里的问题在于，A 集团和 A 公司是两个不同的市场主体，A 集团若保留，A 公司就只能是其二级企业；A 集团如消失了的话，就得新给定一个中央企业来持有 A 公司的国家资本，A 公司仍是这个新企业的子企业。因此，在产权逻辑上不存在实施了混改的一级中央企业。对中央文件中关于推进中央企业集团混合所有制改革的任务，我们不应理解为所有央企集团都要这样做，而应理解为像印刷集团进入国新集团、恒天集团进入国机集团、轻工和工艺集团进入保利集团那样，是要着力推进一部分现有一级央企混改为其他央企的控股子企业。毫无疑问，在混改推进中，国有资本运营公司、国有资本投资公司和军工、能源、交通、通信等一些重要的实体产业集团仍将坚持国家独资或国家全资。如图 5-3 所示。

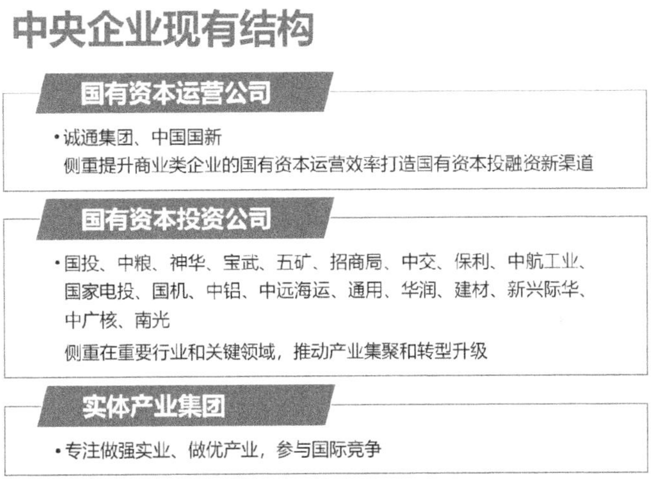

中央企业现有结构

国有资本运营公司

- 诚通集团、中国国新
  侧重提升商业类企业的国有资本运营效率打造国有资本投融资新渠道

国有资本投资公司

- 国投、中粮、神华、宝武、五矿、招商局、中交、保利、中航工业、国家电投、国机、中铝、中远海运、通用、华润、建材、新兴际华、中广核、南光
  侧重在重要行业和关键领域，推动产业集聚和转型升级

实体产业集团

- 专注做强实业、做优产业，参与国际竞争

图 5-3　中央企业本级结构

显然，这样的混改可以进一步减少中央企业集团的数量，增强混改企业的活力，做大做强两类公司，并促进国资委更好实现以管资本为主加强国资监管。例如，为调动科技型中央企业一级领导骨干的积极性，可以将多户科技型央企的国有股权集中划入一家新设

的中央产业研究院，同时推进现有科技型企业本级的混改，并允许现有管理层投资持股。在这个过程中，新设的中央产业研究院是国资委履行出资人职责的企业，原有的科技型企业改变为混合所有制的二级企业。由武汉邮科院和大唐电信合并新设为中国信息通信科技集团就是朝着这个方向迈出的可喜一步。

也许有人会说，可以考虑让国资委甚至财政部直接持有上述B的国资大股权。但如果真的这样做，就又完全回到了政企不分的老路上去了。企业经营时刻面对多种市场不确定性，充满机遇和风险，需要遵循“法无禁止即可为”的市场主体行为规则，而政府部门或机构只能严格实行“法无授权不可为”的行为原则。不管哪个政府部门或机构作为央企股东，它都会在这两种法律主体完全不同的行为原则面前变得无所适从！因此，国企的大股东必须是市场主体，才能更好地保持企业市场化运作的活力。这是中国国企改革的根本经验，我们决不能放弃。党的十四大后之所以要对改制上市的中央企业实行“国家授权投资的机构”政策，党的十八届三中全会之所以要提出组建国有资本投资公司和运营公司[10]，国资委之所以要推

10 党的十八届三中全会《决定》提出，完善国有资产管理体制，以管资本为主加强国有资产监管，改革国有资本授权经营体制，组建若干国有资本运营公司，支持有条件的国有企业改组为国有资本投资公司。党的十八届三中全会首次提出了国有资本投资、运营公司的概念，这为今后国有企业改革指明了方向，国有资本投资、运营公司的建立将促使国有资产管理体制由原来的国资委管人、管事、管企业转为以管资本为主，原来的“国资委-国有企业”的两层结构也将转为“国资委-国有资本投资、运营公司-混合所有制企业”三层结构。国资委是国

动建立以外部董事占多数的董事会建设，其主要原因之一就是为了坚持实行政企分开的改革原则，大力推进混合所有制经济发展。对此不应怀疑，更不能倒退。

有资产监管机构，国有资本投资、运营公司是国有股权的持股人，混合所有制企业则从事生产经营活动。2014 年起，国务院国资委先后选择了国投、中粮等央企开展国有资本投资公司试点，并选择诚通、国新两家央企开展国有资本运营公司试点。

02»

发展混合所有制经济的重要意义

党的十八届三中全会把混合所有制作为社会主义初级阶段我国基本经济制度的重要实现形式，表明中国共产党对现阶段社会基本经济制度的认识已经进入一个崭新的阶段。积极稳妥发展混合所有制经济，可以更好发展社会主义生产力，不断增加社会财富；可以更好优化我国的社会财富结构，不断增强社会稳定性；同时也更有利于我国企业走出去开展国际化经营，在国际市场竞争中求得更大发展。因此，党的十九大报告在讲到国企改革时十分集中而简明的强调："深化国有企业改革，发展混合所有制经济，培育具有全球竞争力的世界一流企业"。值得注意的是，在这一句话中，深化国有企业改革是要求，培育具有全球竞争力的世界一流企业是目标，只有"发展混合所有制经济"是单点出来加以强调的改革事项。由此可见中央对推进混合所有制改革的特别重视。

我国和其他社会主义国家的发展历程证明，在现有生产力水平下，只要公有制，不要私有制和混合所有制，会导致经济社会发展不足。这是各个社会主义国家的发展事实已证明的结论。在经济全球化时代，一国经济只有融入世界市场才能发挥出比较优势，而融入世界市场与各国私有企业打交道的不能只是清一色的公有企业。各种生产力水平的企业都有其细分的市场，大众创业万众创新需要不同的资本形成方式，要求生产关系和企业制度以多种多样的方式与之适应。国资企业适合于在为成千上万家企业生产和千家万户居民生活提供产品和服务的基础设施和安全保障网络等领域存在和发展，非公有资本适合在其他领域发挥灵活性创造性。举国企业只许公有制不许私有制，难以调动全社会各方面积极性，会导致经济发展缺乏活力和效率。

西方国家的发展和苏东地区改革的历程证明，在现有生产力水平下，只要私有制，不要公有制，会出现严重的经济社会发展不当。整个社会纯粹资合而忽视人合，完全按资分配，资本运营的马太效应一步步不断放大按资分配造成的贫富差异，其结果自然是普遍造成严重的社会两极分化，在各国国内和国际上将社会彻底撕裂成贫富差异巨大的两个利益群体，10%的富人占有 90%以上的财富，引发越来越严重的社会不公和危机风险。这是一条改旗易帜的邪路！中国幅员辽阔、人口众多、社会二元结构、区域发展不平衡，必须保持社会的基本平衡，因此决不能走这条极易引发社会动荡不安的邪路。已经走在这条路上的国家也必须加快改变，尽快改革这种由纯私有制导致的发展不当局面。

我国近十几年产权制度改革调整的历史证明，毫不动摇地巩固和发展公有经济，毫不动摇地支持、鼓励和引导私有经济的发展，坚持了党在社会主义初级阶段的基本路线，调动了全社会的积极性，有力地促进了生产力发展，提高了全国人民的物质和文化生活水平。但是，在私有经济和公有经济比肩做大的过程中，受多种因素影响，双方的合作与互动却不够多，不够宽，不够好。大家各玩各的，混合所有制经济没有及时发展起来，导致社会经济结构向着哑铃型变化，两级变大，中间连接部位相对脆弱，社会上公有和私有经济出现比较严重的两相分离，“国进民退”还是“国退民进”争吵不休，出现了发展不稳的新问题。党的十八大高度重视这种新情况，明确要求积极发展混合所有制经济，目的就是要执两用中，拓宽改革发展新空间，进一步调动各方积极性，做大做强公私经济结合部，增强社会稳定性，稳中求进谋发展，推动中国社会经济和财富结构朝橄榄型发展。

发展混合所有制可以有效拓宽经济发展空间。如图 5-4 所示，国有经济和私有经济是两端，混合所有制经济在中间。几何学告诉我们，线段两端只是两个点，而其中间则有无数的点。现实中的企业生产力各不相同，对企业制度和产权结构要求各异。要在“四化”并行发展的时代发展社会生产力，就得支持企业根据社会需要，以灵活的方式配置企业产权。市场经济中，国有企业和私有企业各有长短，各有其相对擅长和力不能及之处。将国有资本和私人资本融合起来，可以同时发挥国有企业和私有企业的优势，也可能会集中出现两者的问题。长期执政的有为政府有可能因势利导，鼓励推动国有资本和私人资本交叉持股、相互融合，扬长避短，共同发展。短期执政的无为政府则只好对看不见的手放任自流，任由私有资本随性运作，仅把国企当作防止市场失灵和解救经济危机的工具。中国持续几十年成功地让国有经济和私有经济同时都有好的发展，已经创造了大国经济快速崛起的奇迹。进一步促进国有经济和私有经济融合互动，必将大大拓宽中国经济发展空间，使中国继续走在世界经济发展的前面，引领全球发展。这当然需要前提条件，那就是执政党清醒、政权稳定、市场统一、信息对称、规划科学、群众拥护。

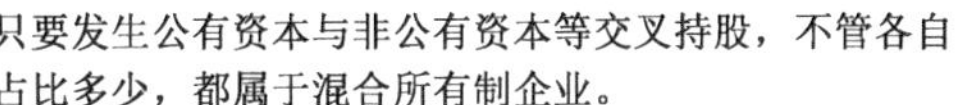

图 5-4　混合所有制发展空间巨大

发展混合所有制有利于深化国有企业改革。历时 40 年的艰苦奋斗，中国的国有企业改革取得了举世瞩目的伟大成就。全国 90%以上的国有企业已经产权多元化，中央企业 60%以上的资产已经进入上市公司。但是，企业活力不足、效益不高的问题并没有得到彻底解决。如前所述，其中重要的原因之一就是国有控股企业仍按国有企业管理，没能深刻转换经营机制。用心学习的同志会注意到，在强调积极发展混合所有制经济的同时，从党的十八大公报和十八届三中全会《中共中央关于全面深化改革若干重大问题的决定》再到党的十九大报告中，都没有再沿用“国有和国有控股企业”的惯用提法，也都没再出现“国有控股企业”字样。党的十九大报告还在党的十八大报告中的“做强做优做大国有企业”基础上提出了“做强做优做大国有资本”的新要求。本书以为，其中用意之一就是要区分国有企业和国有控股企业，将后者作为混合企业对待，并不再对其冠以国有帽子，而应规范改称为“国资控股企业”或“国家资本控股公司”。代表国家履行出资人职责的机构在管资本为主的监管政策上，严格区别对待国家独资企业和国资控股企业。在国资控股公司中，国家股东和其他股东平等相处，共同商议产生公司章程并作为各方行为依据，既不再只按国有企业的治理机制办事，也不一味由其他股东说了算，而是依章程按股权表决定事，以市场化的章程规范企业市场化运作，以有效增强企业活力和竞争力。

这种机制设计在国资参与有限合伙企业时更显重要。由于普通合伙人的私人性质，国资参与的有限合伙企业肯定是混合所有制性质的企业。过去由于国有企业不能做普通合伙人[11]，国有控股企业又按国有企业政策监管，导致国有企业和国有控股企业都不能做有限合伙基金的管理人，影响了国企积极利用有限合伙这种有利于创新的新型企业制度改革发展。今后，将国有企业和国有控股企业区别对待，视国资控股企业为混合所有制企业，允许其作为有限合伙基金的普通合伙人，就可以促进国家资本以有限合伙制度来运作，为国家资本运动打开一扇新的大门，以制度创新促进国家资本运营更好实现信息对称、权责对称、激励约束对称，不断提高国家资本运营效率和效益。

发展混合所有制有利于创新驱动发展。企业的创新包括科技创

---

11 《中华人民共和国合伙企业法》第三条规定：国有独资公司、国有企业、上市公司以及公益性的事业单位、社会团体不得成为普通合伙人。

新、管理创新、商业模式创新三个大的方面。其中，科技创新又涉及企业自主创新、社会协同创新、打造平台推进大众创业万众创新三个重点；管理创新包括企业治理扁平化、信息化、平台化和全员全程全面风控等方向；商业模式创新则主要是从工业时代的 B2B、B2C 模式转向信息时代的 C2B、C2F[12]模式，包含纵向整合、横向联合、制服一体、建营结合以及参与 PPP[13]等。创新的目的是激发

---

12 C2F 是 Customer-to-Factory（顾客对工厂）的缩写，是终端消费者对工厂的定制采购模式。“顾客对工厂”是一种以消费者为导向的市场经济发展模式，实现了用户与工厂的直接对接，没有中间加价环节，连接消费者、设计师、制造商，能够为消费者提供高品质、平民价格，个性且专属的商品，由用户需求驱动生产制造，消费者订多少，工厂就生产多少，工厂没有库存成本，工厂的成本降低，消费者购买产品的成本自然也随之下降。以服装行业为例，为了转型，传统服装业搭上了电商快车，但是消费互联网电商平台上假货伪劣、爆款经济、售后服务等方面的危害对制造企业和消费者都苦不堪言，由此诞生了“顾客对工厂”逆向发展消费模式。

13 PPP（Public-Private Partnership），又称 PPP 模式，即政府和社会资本合作，是公共基础设施中的一种项目运作模式。在该模式下，鼓励私营企业、社会资本与政府进行合作，参与公共基础设施的建设。广义的说，PPP 是指政府公共部门与私营部门合作过程中，让非公共部门所掌握的资源参与提供公共产品和服务，从而实现合作各方达到比预期单独行动更为有利的结果。与 BOT 相比，狭义 PPP 的主要特点是，政府对项目中后期建设管理运营过程参与更深，企业对项目前期科研、立项等阶段参与更深。政府和企业都是全程参与，双方合作的时间更长，信息也更对称。PPP 是 Public-Private Partnership 的英文首字母缩写，指在公共服务领域，政府采取竞争性方式选择具有投资、运营管理能力的社会资本，双方按照平等协商原则订立合同，由社会资本提供公共服务，政府依据公共服务

人的积极性，革新技术与经营，提供新的更好的产品和服务。创新的难点是建立创新资本与创新人才的形成方式与互动机制。进入信息化时代后，社会生产力的主要动能日益由机器转向脑力，资本要更多借助于人本才能更好的运动增值，脑力逐渐资本化，人本深度参与企业利润分配。对大众而言，脑力资本始终是个人的。因此，公有资本与之结合就得采取混合所有制经济形式。这就需要调整企业内部结构，打破资源配置的围墙，改变企业运行的方式，撤除人才流动的篱笆，建立外部资本和人才进入的通道，建设企业内部职工和全球创客互动的机制与平台。在创新驱动发展过程中，企业组织形式将由科层制转向平台型，甚至社会基本结构也将由“公司+员工”形式转向“平台+创客”形式。跨界、混合、互动成为创新时代的基本要求。在这个转变过程中，企业产权制度的多元化、多样化、混合化成为必备条件。

发展混合所有制有利于我国企业走出去开展国际化经营。混合所有制经济是资源在不同所有制之间的优化配置，企业国际化是资源在不同国别之间的优化配置，二者均是资源的优化配置，具有异曲同工之处。从经济学理论和国有企业改革发展的实践看，企业国际化+混合所有制，有利于国有企业统筹利用两个市场、两种资源，充分融合中西方各类主体的管理经验、技术优势、资源禀赋，实现资源在更大范围、更广领域的优化配置。以混合所有制企业形式走出去，特别是与当地资本和国际知名投资机构的资本互相融合，有

绩效评价结果向社会资本支付对价。PPP 是以市场竞争的方式提供服务，主要集中在纯公共领域、准公共领域。PPP 不仅是一种融资手段，而且是一次体制机制变革，涉及行政体制改革、财政体制改革、投融资体制改革。

利于增加项目的市场化色彩，减少进入各国各类市场的阻力。有利于形成体量更大的资本，开展更多领域的国际化经营。有利于吸引更多国际化经营人才，不断提高资本运营效率。有利于从更多角度掌握项目信息，并借助项目本地和国际投资机构的风控能力，准确把握融资、投资、管理、退出的时点和方式，更好防范项目风险。过去那种独资运作、单打独斗、残酷竞争、吃干榨尽，一味追求己方利益最大化的做法已然不合时宜，相互合作、混合经营、共享利益、共担风险正在成为新的国际化经营时尚。事实上，国际化经营中，由看不见的手驱使的理性经济人早已屈从于善于妥协合作的现实明白人。

发展混合所有制合乎中国现实国情和传统文化。中国传统文化是以儒家文化为主流、儒释道共同存在和发展的文化。儒家文化强调中庸之道，要求为人处世要执两用中，不偏不倚。发展混合所有制正符合这一要求。如图 5-5 所示，党的十八届三中全会关于混合所有制的定义，简明而清晰地展示出了社会主义初级阶段基本经济制度的产权架构：中国社会主义初级阶段基本经济制度的实现形式=公有制+混合所有制+非公有制。

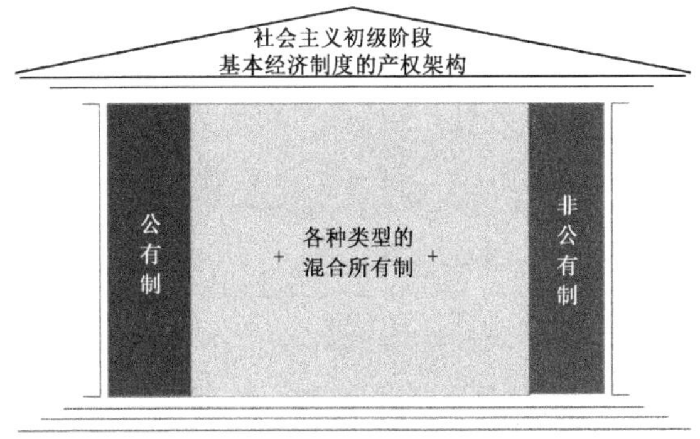

图 5-5 社会主义基本经济制度的所有制结构

基本经济制度是国家以法律规定的社会财产所有权制度。为了坚持以公有制为主体、多种所有制经济共同发展的基本经济制度，我们既要毫不动摇地巩固和发展公有制经济，毫不动摇地鼓励、支持、引导非公有制经济发展，当然也要大力发展处于两者之间的混合所有制经济。坚持公有制，鼓励私有制，但不大力推进公有和非公有资本交叉持股、相互融合的混合所有制，经济社会就会进入彼此孤立、相互排斥、缺少合作、丧失和谐的不良状态。因此，社会主义初级阶段的产权制度，不但要坚持和保护好位于两端的公有产权和非公有产权，更要积极推进位于两端之间的各种形式的混合所有制的广泛发展。努力把中间做大做强，反过来不断支持两端做好做优，形成稳定的橄榄型社会财产权结构，保障稳中求进的高质量发展。

混合所有制经济思想符合中国传统文化理念，如图 5-6 所示。坚持两端不变，加快中间发展，反哺两端优强，彼此和谐发展。这既是我国儒家哲学中庸之道的基本理念，也符合佛家善待众生、因果循环的核心思想。同样，我们也可对发展混合所有制经济做出一种道家哲学观念的解读。道家认为：道生一，一生二，二生三，三生万物。中国现阶段的社会经济发展客观规律（此为道）要求我们坚持以公有制为主体、多种所有制经济共同发展的社会主义基本经济制度（此为一）；坚持基本经济制度必须平等保护好公有产权和私有产权，坚持两个毫不动摇（此为二）；要使公私产权和谐发展，必须处理好公私产权关系，积极发展公有制经济和非公有制经济交叉持股、相互融合的混合所有制经济（此为三）；混合经济适应各种生产力发展水平的企业需要，包容多种多样气象万千的产权组织形式（此为万物），将极大激发和调动全社会各方面的积极性，有效推动经济社会的蓬勃发展。

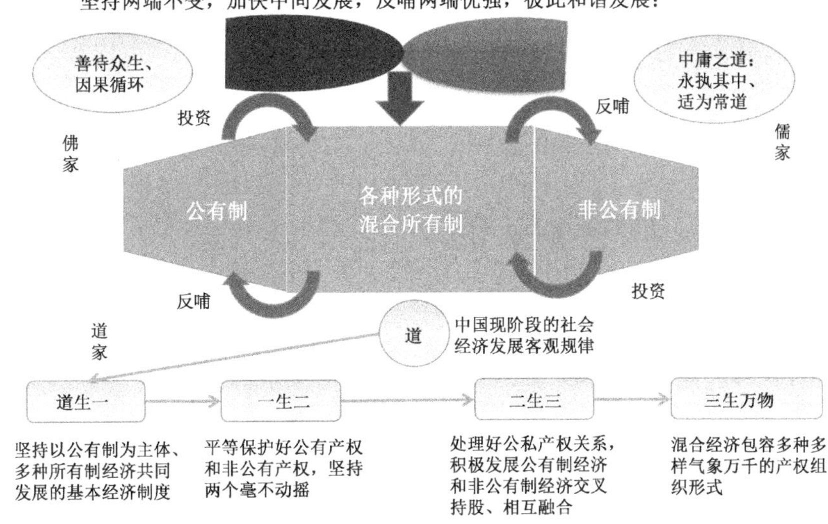

图 5-6 混合所有制经济符合中国传统文化理念

历史告诉我们，只有合乎客观规律、合乎大众民心、合乎民族文化的制度才具有强大的生命力。作者认为，混合所有制正是这样一种民族的科学的大众的财产所有权制度。发展混合所有制经济将充分调动社会各方面的积极性，推动中国进入市场有效、政府有为的和谐发展新局面。我们要在这种意义上，深刻理解混合所有制是社会主义基本经济制度的重要实现形式，深刻理解发展混合所有制经济的重大意义。

03»

混合发展的路径与方法

在混合所有制经济中，混合是资本的混合，是不同性质资本在同一企业中的融合，是企业产权资源的优化配置，是企业生产关系根据生产力发展的实际所做出的深刻调整与优化。混合的难题在于如何处理好国家资本参与混合中的一系列问题：该不该混，该由谁混，该与谁混，该以什么方式混，该以什么价格混？解题的关键是确保混改过程市场化阳光化，公开透明操作，严防腐败和不作为，防止国有资产流失。

公开透明市场化的资本混合应该在资本市场上公平竞争的开展。各个国家都积极利用股票市场通过上市实现公司的资本混合，中国除利用股票市场推进国有企业改制上市之外，还创造性地利用产权市场推动了非上市企业的资本混合。实践表明，产权市场具有很好的发现交易对象、发现交易价格的能力，可以充分发挥规范化和市场化功能，促成资本混合，推进资本融合，为发展混合所有制经济提供全方位服务。利用股票市场服务于上市公司的资本形成与流转，利用产权市场实现广大非上市企业的资本混合与流转，中国通过建立“产权市场+股票市场”的复合资本市场体系，全面实现了国有产权的市场化运作，使公有制和市场经济有机结合在一起，开辟了有中国特色的社会主义市场经济的崭新发展道路。

现实中，常见的资本混合的具体操作方式主要有改制上市、产权转让、增资扩股、合资新设、PPP、资产处置、并购投资等形式与途径，如图 5-7 所示。在比较复杂的资本运作中，会同时出现上述混合方式的不同组合。

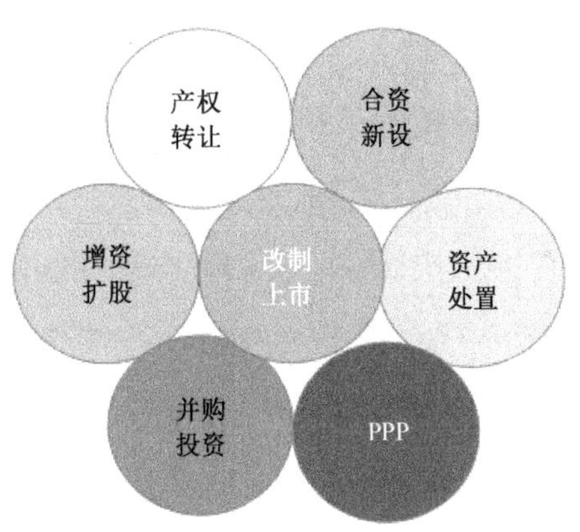

图 5-7　常见的资本混合操作方式

改制上市是世界通行的混合企业发展方式，但只能适用于满足上市要求的企业，为此多数国企需要先进行资产剥离与重组。经资产重组后符合条件的企业，设立股份公司，建立公司治理结构，经上市保荐人推荐，中介机构审计评估论证，获得相关政府部门、国资监管机构、证券监管机构和股票交易所批准同意后，发布上市招股说明书，向社会公开发行股票募集股本，实现国有资本与社会资本的混合。改制上市过程虽然复杂，但交易规模巨大，程序公开规范，加之国企诚信较好，因而得到了全社会的认可和支持，成为了混合发展的主要方式。2017 年，中央企业上市公司总资产、净资产、净利润相对于中央企业的占比已经分别达到 60%、70%和 80%。

产权转让是实现企业股权多元化和混合发展的主要形式之一。国资企业通过转让部分产权给非公企业，就在转让标的企业形成了混合所有制。一项国有产权该不该卖、该由谁卖、该卖给谁、该以什么方式卖、该以什么价格卖？这一系列难题已经通过进场交易制度有效攻克（参见第四章）。现在，国有产权交易已经成为产权市场的传统业务，在法律和政策层面上已得到充分保障。在通过产权转让实现混改的过程中，我们只要坚持公开、公平、公正、竞争的规范操作，就可使产权市场成为发展混合所有制的主要平台。需要强调的是，在这方面，企业除了继续利用产权市场做好企业产权转让操作，还要注重学会利用产权市场做好科技成果知识产权的转让交易，以此大力推进企业的创新驱动发展。产权交易市场则要在继续为国有产权交易规范服务的同时，不断提高为非公产权交易服务的能力。

并购投资是产权转让的反向操作，是国有资本通过有选择地购买非公企业的部分产权而实现混合。非公企业进入资本市场公开转让的产权，国有企业可以根据企业发展战略需要按程序公开参与购买。对于国有资本运营公司在场外开展的并购，则要按六看原则严格而科学的决策运作：一看空间，并购标的以处在市场广大风险可控的国家和地区为好；二看时间，并购标的所在国家和地区未来最好处于一段较长的黄金增长期；三看行业，并购标的所在行业应前途光明、市场潜力巨大；四看企业，并购标的应在区域市场乃至全球市场上具有进入行业前三的潜质；五看团队，并购标的企业的经营团队和科研力量应在并购经营期中保持稳定；六看股权，并购标的股权结构应符合我方运作需要，结构合理，价格合适。做好六看作业，需要长期广泛专业的开展研究。为此，国有资本运营公司应建立起强大的信息系统，及时掌握全球并购市场的大数据，并携手产权市场和股票市场，向全球市场披露我们的并购意向和标的期望，建立起全球市场意向卖方能方便联系我方的平台、渠道、机构和专家团队，通过高效合规的股权并购市场运作，建设发展好国有资本运营公司。国有资本投资公司和实体企业的并购，也要坚持上述六看的原则，只是在看行业时要更加集中精力去看清与自身主业紧密相关的行业，以坚持好投资公司的产业使命。

国有企业增资扩股业务已经国务院国资委“32 号令”指定进入产权市场规范进行[14]。与存量股权转让价高者得的做法有所不同的是，增资扩股中新的投资方的战略协同等非价格因素也是达成交易的重点关注对象。引入战略投资人和策略投资人应区别对待，对

---

14 2017 年 6 月 24 日，国务院国资委、财政部联合发布了《企业国有资产交易监督管理办法》（国资委 32 号令），明确将增资扩股纳入企业国有资产交易监管范围，并要求在依法设立的产权交易机构公开进行。

策略投资人实行价格优先，价高者优先进入；对战略投资人实行综合评价，要将其经营协同价值也估算到对价之中去。考虑到服务国企和创新小微企业增资扩股的双重需要，产权市场应完善平台机制，激励产权经纪人将各类增资扩股项目带进场内。产权市场务必增强专业会员的中介服务能力，在交易所公开征集意向投资人的基础上，由专业会员重点做好对主要投资意向方的定向信息推送，创新价值揭示和交易撮合方式，形成有效的市场询价机制，完善融资服务能力。

在混改中，要积极利用市场解决好国有企业管理层和员工入股方面的有关问题。要将员工持股与股权激励区别开来。员工持股是交易，股权激励是奖励。交易性的员工持股要由市场统一定价，不打折扣。持股职工作为代表个人的股东与企业建立起新的产权与业务合作关系，不宜再保留原有体制内工作人员身份，这既有利于转换机制增强活力，也便于满足国资监管政策要求。股权激励则不必要求相关人员转换身份，只要激励行为符合公司章程和有关监管规定即可[15]。

---

15 在A股表现抢眼的海康威视，是国内安防产业的龙头企业，其快速健康发展在一定程度上归功于公司的员工持股和股权激励政策。海康威视目前的控股股东为“中电海康集团有限公司”，是中央企业——中国电子科技集团公司（简称：中国电科）的全资子公司，即海康威视的实际控制人是中国电科。2001年，海康威视成立，注册资本500万元，当时中国电科52所成立的浙江海康信息技术股份有限公司（该公司现已注销）通过房屋建筑物、土地使用权、从事主营业务必须的机器设备、专有技术、软件著作权等方式出资，占股51%；个人股东龚

合资新设就是不同所有制性质的投资主体共同出资组建新的混合所有制企业。此类企业中公有资本与非公资本同时存在，企业章程制定过程中可以较好地兼顾不同资本的机制优势，使企业活力和竞争力更强。国资企业有大量存量资产需要盘活，在合资新设中经常需要以非货币出资，因此需要对相关非货币资产进行资产评估。由于合资新设现还不属于必须进场公开交易事项，资产评估值将直接成为定价依据。这给评估方、委托方和备案方都带来是否造成国有资产流失的巨大压力，减慢了国企存量资产的混合化进程。解决这一问题的办法有二：一是明确要求企业按资本运作年度计划办事，减少临时决策的转让行为，评估过程中严格按国资委有关资产评估规则办事，使用长期合作的库内评估机构，必要时选择多个评估机构分别进行评估来寻找资产定价区间。二是将合资新设变更为增资扩股。由企业主动安排进场交易，通过产权市场广泛发布信息寻找初始合作股东，通过综合比选确定合作方范围，通过市场竞价确定资产价格和合资比例，通过市场的产权登记见证与股权托管服务来增强公司设立过程的透明度和规范性，并为日后资本运营中的增资扩股和并购重组打下良好的信用基础。还要强调的一点是，

虹嘉出资 245 万元，占股 49%。2007 年，龚虹嘉将其持有的公司 15%的股权以 75 万元的价格转让给海康威视创始团队成立的有限合伙企业，目的就是激励经营层。在股权激励下，海康威视内部核心团队稳定，一直保持快速发展，2010 年实现 A 股上市。在上市后，公司仍然重视股权激励，2014 年，公司又对中层管理人员、核心技术和骨干员工共 633 人，授予 471 万限制性股票激励。发展至今，海康威视一直保持持续增长，2016 年海康威视的营业收入已达到 320 亿元。（摘自网络）

面对信息时代的创新发展，为更好实现资本与人本的有机结合，合资新设的创新型企业可更多采取有限合伙制度。

PPP 是合资新设的重要形式。2015 年 5 月国务院办公厅转发财政部、发展改革委、人民银行《关于在公共服务领域推广政府和社会资本合作模式指导意见的通知》指出，要依托各类产权、股权交易市场，为社会资本提供多元化、规范化、市场化的退出渠道。实际上，从 PPP 项目识别阶段的“物有所值评价”“财政承受能力论证”到项目采购、执行阶段的投资方选择、融资方案实施，以及退出环节的渠道与平台支持等，产权市场都可以提供全流程、全方位的服务。参与 PPP 项目企业要加强与产权交易机构合作，做好 PPP 项目市场融资方式及社会资本退出方式研究，设计对接产品，创新服务手段，以更好地引入社会资本参与，使财政资金和社会资本平等合作、共担风险、共享利益，形成政府性投资领域参与主体多元化、公共产品与公共服务供给市场化的格局。

资产处置或资产管理业务中大量涉及产权混合问题。产权市场既可交易非上市、非标准化的产权或股权等企业资本品，也可以交易上市公司子公司的产权和股权，还能交易形态各异的物权、债权和知识产权，还可交易其他各类资产，是典型的法无禁止即可交易的要素交换平台。混改企业可通过各种方式在产权市场进行融资和流转，从而为企业搞好资本运作、加快资源整合提供更多选择。比如债转股业务，不论是传统的以股抵债，还是近斯的发股还债，都可通过产权市场批露信息、促进交易。企业既可通过产权市场寻找自身发展壮大需要的资源，也可通过资产转让流转变现再投资，推进企业结构调整，实现资源优化配置。在信息技术支持下，企业的产权、股权、债权、知识产权乃至资产租赁权、未来收益权等不涉及所有权流转的产权束的流动，都可成为产权市场交易业务创新的标的。

第六章

规范发展产业金融

随着企业规模的扩大，企业内部的金融资产存量规模日益扩大，企业需要向外融入的金融资源也日益增加。组织利用好企业的各种金融资源，在满足生产经营的同时，减少资金占用，提高资金效率，做强做优做大企业资本，都需要企业做好产融结合工作。但是，相对于企业这条小船，金融的世界就是大海。相对于实体经济而言，金融资产运作流转过程周期短、规模大、速度快、风险小，其平均收益整体上明显高于实体产业。这使实体企业很容易滑向生产经营金融化的轨道。加上公众公司管理层事实上不需对公司债务承担法律责任，会自发利用高杠杆进行高风险经营，因而更容易引发社会经济泡沫，造成区域或系统性风险，甚至引发金融和经济危机。因此，认识经济金融化发展趋势，深入分析金融危机机理，探索风险可控的产融结合路径和方式就成为企业发展过程中必须关注和解决好的一个重大问题。

01»

美国的金融化

经济金融化是当今时代多数发达国家的共同趋势，其根源在于美国经济金融化给美国带来了巨大的利益。如图 6-1 所示，第二次世界大战结束后，美国分三步走实施了经济金融化和全球化，逐步实现和巩固了强势美元的利益最大化。

图 6-1　美国经济的金融化过程

第一步，建立美元与黄金和各国货币的双挂钩机制。货币体系和金融秩序是世界经济的核心。谁掌握它们，谁就掌控世界。布雷顿森林体系就是美国在第二次世界大战胜利后强推给世界的一个全球货币体系和金融秩序。

在 20 世纪 40 年代以前的几百年间，全球的货币制度以金本位制为主，自然界中采出的黄金是世界金融之锚。各国央行依据其持有的黄金数量来分别发行货币，各国央行之间按其货币与黄金兑换的比例来决定彼此间的货币汇率。实行金本位制几百年的一个重要成果，就是保证了各国货币总量与其经济总量之间的基本均衡。在 20 世纪的上半叶，即使发生两次世界大战，全球金融总量与经济总量仍保持了基本相等的数量关系。但是，金本位约束了各国经济发展的步伐，也导致世界各国对于黄金的激烈争夺，技术的、贸易的乃至军事的竞争手段无所不用其极，直至引发瓜分世界的战争，破坏了世界和平和经济发展。

1945 年，第二次世界大战结束时，美国成为世界上最强大的国家，其 GDP 占到世界的 50%，黄金持有量占到世界的 70%以上。在全球结束战争恢复重建的关键时刻，作为世界老大的美国提出建立布雷顿森林体系，得到“44 国集团”的一致拥护，由此确立了一套以美元为核心的双挂钩机制。一方面，美元与黄金挂钩，美联储发行的美元以 35 美元兑一盎司黄金的价格与美国政府所持有的黄金量挂钩；另一方面，取消其他国家货币与其所持有金银挂钩的安排，统一改成各国货币与美元挂钩。显然，在由金本位转向美元本位的过程中，美元与黄金挂钩是实现美元与各国货币挂钩的前提。这种双挂钩机制彻底巩固了美元的强势地位，使美元一跃超过英镑成为世界上最主要的结算货币和储备货币。和同时期设计的公众公司制度相信精英管理层一定代表社会先进力量一样，布雷顿森林体系天然假设美国一定能代表世界金融的诚信，可以作为全球金融稳定之锚。这类单极独大的制度设计在应用上简单高效的同时存在可怕的内在缺陷。半个多世纪的实践证明，作为世界老大的美国，在任何地方都会强调其独特的美国利益。这种美国利益有与他国利益一致的时候，更有与他国利益不一致的时候。在利益一致的时候，美国按正常的汇率通过贸易和金融服务安排以印制的美元轻松换取他国的产品和劳务，消费世界，消费未来。当利益不一致的时候，美国就会干涉他国货币汇率，或干脆不顾黄金对美元的挂钩约束，而根据其解决内部矛盾或进行对外战争的需要直接开动印钞机，根本不管由此造成的他国货币贬值造成的严重问题和巨大影响。这方面的例证可以说是举不胜举的。2001 年，经历 IT 泡沫破灭和“9・11”恐怖袭击之后，美联储单方面长期实行低利率政策。2008 年金融危机期间，美联储单方面宣布择机增发一万亿美元来收购美国金融机构的债务，金融危机之后又持续实行四轮量化宽松政策（QE）[1]，就是本世纪以来赤裸裸的典型例证。

---

1 量化宽松政策(Quantitative Easing Policy)，指一国货币当局通过大量印钞，购买国债或企业债券等方式，向市场注入超额资金，旨在降低市场利率，刺激经济增长。该政策通常是过往常规货币政策对经济刺激无效的情况下才被货币当局采用，即存在流动性陷阱的情况下实施的非常规的货币政策，是一种人为的信贷扩张政策。2008 金融危机后，美国分别于 2008 年 11 月、2010 年 11 月、2012 年 9 月和 2012 年 12 月推出了四次量化宽松政策。

布雷德森林体系建立了美元的全球强势货币地位，但也使美元发行量受到美国所持黄金数量的约束，并造成各国面对黄金上的主权不平等，因而遭到了很多国家的强烈抵制和抗争。经过 20 世纪 50 年代韩战和 60 年代越战的巨大消耗和拖累，加上苏联、法国等国激烈的黄金储备竞争，20 世纪 70 年代初，美国黄金储备急速下降，继续实行美元与黄金挂钩会大大抑制美国经济的发展。1971 年，尼克松总统单方宣布终止美元与黄金挂钩的制度，彻底斩断了美元货币发行与实物生产的关联，让美国在货币发行上获得了绝对的自由度，使美元成为无锚的国家信用货币，让布雷顿森林体系只留下美元与他国货币挂钩这条强制的尾巴！

第二步，建立美元现钞与石油交易和金融期货交易双挂钩机制。如何发挥强势的无锚货币优势，实现和巩固美国利益最大化？为此，美国先后推出了美元与两种大宗交易挂钩的强制举措。

首先是开启金融衍生品交易。1972 年，美国财政部批准芝加哥货币期货交易所推出了美元与英镑、马克、日元等七种货币外汇合约的远期金融产品交易业务，正式开启了世界金融衍生品交易的大门。由于浮动汇率下的外汇市场总是不停波动的，这种针对汇率市场波动凭空设计的虚拟资产交易几乎是规模无限的，而其交易结算使用的货币却与在实业交易结算中使用的美元现钞完全一样，这就既为美元的运用打开了巨大的天窗，也为美国经济金融化敞开了大门。通过这种方式积累起来的资本，性质上属于虚拟资本，使用上却和从实体产业中积累得来的实业资本毫无差异！这样一来，劳动创造价值的生产过程被公然改变成了“金融设计+资产交易”创造价值的金融游戏，资本不再需要通过生产环节就可直接通过市场交易实现获利增殖。由此，美国逐步进入金融资本主义时代。

其次是签订石油美元协议。1973 年，面对第一次石油危机，美国抓住机会，通过施压与沙特等石油生产国签订了以美元作为石油贸易结算货币的“石油美元协议”，锁定这些国家与世界各国的石油交易只能以美元结算。这一方面极大扩张了全球对美元的需求，另一方面使美国获得了印钞换油的特权，保障了美国能源供应。石油是全球每日不可或缺的基础商品，印钞换油施行后，经过市场交互，印钞换世界上其他任何商品成为自然而然之事。美国于是进入印钞吃全球时代，全面走向以金融资本主宰经济社会发展的道路。

第三步，通过不断造成波动和强力干预形成软硬兼施的吸食全球利益机制。造成波动的主要方式是实行浮动汇率和掌握市场话语权。强力干预则是对那些战略上不利于巩固美元地位和利益的国家和势力采取强力制裁和打击。

汇率是两国货币的相对价格。浮动汇率指一国货币同他国货币的兑换比率随外汇市场的供求关系上下自由浮动形成的汇率。在浮动汇率制下，各国不再规定汇率上下波动的幅度，中央银行也不再承担维持波动上下限的义务，各国货币汇率是根据外汇市场中的外汇供求状况，自行浮动调整的结果。1971 年，美国在取消金本位的同时，就同步取消了美元的固定汇率制，实行了美元汇率的自由浮动。到 1973 年，全球固定汇率制全盘瓦解，西方各国都被动接受了浮动汇率制。浮动汇率制度为全球金融衍生品的大发展提供了基础。金融衍生品交易获利的前提就是外汇价格波动，有了浮动汇率，就有了无穷无尽的价格波动，就有了近于无限的交易获利机会，就在做多或做空中无中生有的创造出日益增多的国际货币。

市场信息和未来预期对市场交易具有重大影响，对交易价格形成具有决定性作用。经济统计数字发布、经济体信用评级分析、政治军事事件解析、新的国际货币政策安排、各种各样的社会谣言、美联储的表态、财政部部长的讲话乃至美国总统的推特，等等，都会对汇率变动产生重大影响。美国对此认识深刻、手段老辣、平台和工具众多，始终注重使尽浑身解数抢占市场话语权，使市场变化朝向有利于美国金融资本利益的方向发展。特朗普执政一年，美国的实业劳动生产率并无提升[2]，但美国股市指数却从 18000 点大涨 8000 点升到了 26000 点，创造了 12 万亿美元的虚拟资产价值。个中原因，就在于特朗普在上台后制造了一连串的市场波动，破坏了其他经济体的发展预期，让美元回流到了美国。对拉美是这样，对俄罗斯是这样，对欧洲也是这样。对中国，则更是打压不断。通过制造台湾问题、南海问题、中印问题、中日问题、朝鲜问题、蒙古问题、中俄问题，全方位给中国找麻烦、使绊子，仍不见效，就直接撕破脸开打贸易战、科技战、金融战。

金融本质上是货币的资本化运动。货币资本化运动需要日益扩张的市场规模和恰到好处的市场波动。不断拓宽美元的市场范围，

2 新华社：特朗普执政一年美国经济温和增长趋势未变. http://xinwen.eastday.com/a/180127113400170. html

让各个经济体接受美国的金融资本规则，让市场信息按照美国股市逻辑展开，是保持美元强势、巩固美国地位的战略大计。只有这样，美国通过印钞产生的美元和通过金融衍生品创造的美元才能有地方去花，才能通过在全世界实现金融资本与实体产业的最终平衡，从而消解美国的金融泡沫，将虚拟资本转变为实业资本，实现长期保值增值。为了金融资本的流转和利益，美国等产品消费国必须使用从谈判、交易、战乱等各种强力手段来扫清各种各样的障碍，包括要求改变资源生产和产品制造国家的经济政策、金融法律、企业治理乃至国家主权。由此，经济全球化不断变化，经济金融化日益加深，巨大无比的金融危机也一次次濒临。

02»

金融危机的企业制度成因

经济金融化是美国金融危机的宏观原因。那么，什么是金融危机的微观成因呢？

20 世纪 70 年代两次石油危机的爆发和布雷顿森林体系的解体，加快了发达国家特别是美国经济的金融化步伐。此后，实体企业的利润水平显著低于金融机构，货币、地产、股票和金融衍生品等金融产品体量迅速扩大，金融业加快混业经营，实体企业加快产融结合，经济活动的重心从产业部门转向金融部门，金融业在国民经济中的占比不断提高。

导致金融产品体量膨胀的原因是三高：央行高发行，商行高杠杆，投行高衍生。三高的根源在于央行的货币高发行，风险则聚集在规模无限的金融衍生品交易上。原本作为实体经济血液的金融由于宏观和微观双重制度设计的负面因素的交织作用，恶性膨胀到了不可收拾的地步，事实上成为严重压迫实体经济的巨大血管瘤，造成社会资本流转的短路和社会资源的错配，最终在血管破灭中形成金融和经济危机。

导致实体企业利润显著低于金融机构的原因是美国为借助世界老大地位利用资本流动获利而长期实行支持金融资本扩张的政策。

如图 6-2 所示，金融资本循环周期短、流转快、风险小。金融业中资本循环过程采取短流程：G—G’，而实体产业中资本循环过程采取长流程：G—W—G’。这里，G 是货币，W 是产品，G’ 是通过交易换得的货币。马克思在资本论中指出，资本在 G—W—G’ 的运动过程中，从 W—G’ 是 W 从产品变成商品的“惊险的一跳”，蕴含着产品是否及时足价得到客户认可并付款的多方面风险，通常要历经质检、入库、交易、出厂、运输、通关、验货、安装、培训、服务、收款等众多环节，占用大量时间，面临多重风险。而金融资本循环的 G—G’ 短流程中没有产品变现的风险，交易所需时间很短，交易确定性很高，交易频率很快，尽管单次交易利润率不高，但多次循环后总的收益相对于实体产业却是显著的高企且稳定超出的。相对而言，美国等以金融服务业为主的国家社会资本循环特征是以金融资本的短流程运动为主，而中国等以实体产业为主的国家的社会资本循环的特征仍以实业资本的长流程运动为主。

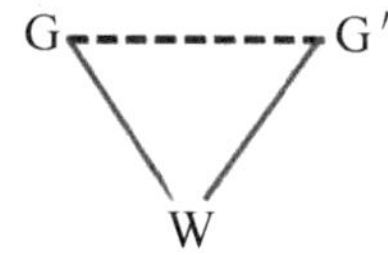

实体产业资本循环是长流程：G—W—G′

金融产业资本循环是短流程：G—G′

图 6-2　金融与实业资本循环流程对比图

一般而言，通过市场机制的选择导向，一个经济体中的这两条资本循环路径会自发走向均衡，实现实体产业和金融产业相对稳定的关联，使金融产业作为实体产业的血液促进实体产业良性发展。如果社会资本过度涌向金融短流程，货币在金融业体内短路循环，金融业就会不断膨胀，形成日益扩大的金融泡沫。在这种情况下，一般国家会因发展失衡进入危机状态，要通过危机消除泡沫，重新求得金融和实业的平衡。但美国可以不同！作为世界储备货币生产国，美国理所当然会想方设法借助全球化来转移其体内泡沫，用世界范围内长短流程的均衡来消化过多的美元，化解美国资本短流程的流动性风险，避免或消除可能的经济危机，从而尽享金融化高收益而规避其高风险。在德日战后重建、苏联解体转型和中国改革开放过程中，这种世界市场范围内的长短流程的均衡达到了最大最深的程度，一个又一个迫切需要金融资本来发展实体经济的新兴经济体，使美国等发达经济体的资本短流程循环在风险分散的同时一次又一次实现了收益最大化。这正是美国经济在 20 世纪 50 年代至 90 年代进入黄金时期的宏观成因。

图 6-3 显示了美国 1940—2016 年经济的长周期增长情况[3]。

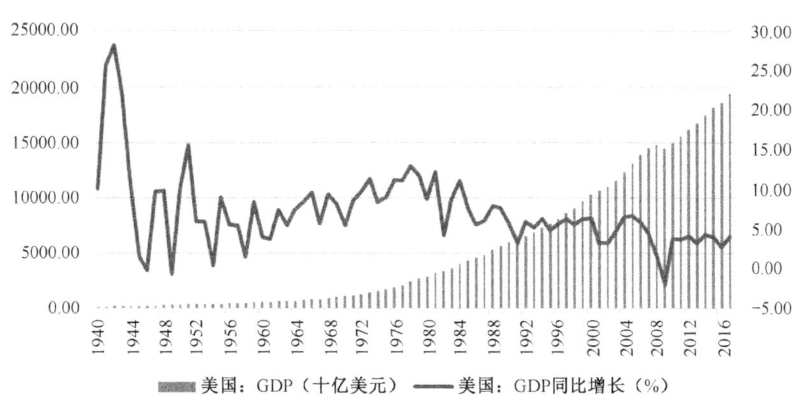

图 6-3　美国 1940—2016 年经济增长情况

导致公众公司管理层不可遏止地群起追求短流程金融运作以致造成金融和经济经济危机的微观成因在于企业制度，在于公众公司制度中的债务责任敞口机制造成的管理层收益与风险不对称。如第四章对股份公司债务责任机制设计漏洞分析中指出的那样，现在通行的各国公司法是第二次世界大战结束后经济恢复时期推行“经理革命”的产物，只强调管理层收入与公司经营业绩紧密挂钩，不规定他们需对企业债务承担任何责任。公司的债务风险首先由股东们按比例承担，股东承担不了的风险则由债权人承担，债权人也承担不了的风险则由政府和全社会承担。借助美元的特别地位，在美国政府承担不了的风险将通过美元的发行和流动转由全球承担。于此一来，就逐渐形成了美国公众公司的管理层根本不顾高风险肆意

3 数据来源于 WIND 数据库。

博取高收益的行为机制！举债经营、金融扩张、资本运作、虚拟交易，等等，都是在这一行为机制下培养形成的。借助于信息不对称，公众公司的管理层在企业危机最终爆发前，始终都会向股东或董事们报告好消息，使之同意公司不断发股或举债，以扩大经营规模、变换经营方式，日益采用短流程下的高杠杆来博取高收益。至于与高收益相伴而行的高风险，能用新的资本或其杠杆来遮盖住的就尽力遮住，实在遮盖不住了就两手一摊，戴着早就由公司批准好了的黄金降落伞落地走人。高负债下收益与风险不对称，促使公众公司的管理层放肆追求短流程的高收益而完全不顾其高风险，这既是美国商业银行的经营层追求高杠杆经营、投资银行的管理层趋向高度复杂的衍生品设计销售的根本原因，也是美国实体企业的管理层会操纵企业不断趋向资本运作、虚拟经营从而使实体产业空心化的根本原因。这也正是造成美国所有顶级智商的人才都涌向华尔街资本市场无忧搏击，日益推动华尔街金融泡沫化的根本原因。

由于美联储只有通过国际化才能有效化解其体内积累的金融泡沫化的风险，而国际化总是要通过银行、投行、企业的运作才能实现，因此，给予公众公司以资本运作自由，特别是给予金融衍生品以交易自由，就成为美联储政策的必然选择。于是，大量社会资本集中进入短流程中自我短路循环，金融业的体量越来越大，并逐渐与实体经济完全失衡。如图 6-4 所示，美国的金融不再是滋养实体产业中的血液，而反过来成为将实体产业包裹于其中的一个巨大血管瘤。2007 年，美国银证期保产品及其衍生品的交易量已是其 GDP 的 60 倍以上。

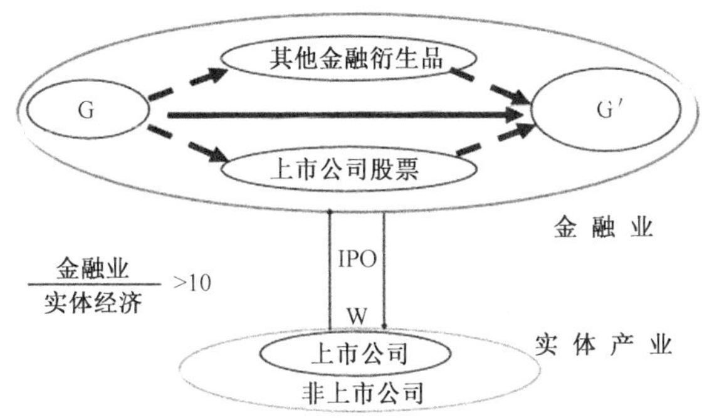

图 6-4 美国失衡的产业结构示意图

负债终究要还！当美国经济内部在较长时段中没有新的实体产业能在科技创新中形成新的大规模实业生产以自我消化金融泡沫，当全球化因苏联解体和中国发展等原因迅速达到最大化后不再出现新的巨大市场空间以帮助消化美国的金融泡沫，当次贷支持下的一大批本来买不起房的美国人轻易拿到合同买下房子后却无法按期支付房贷的时候，华尔街巨大的金融泡沫就不可避免地破灭了。由于美元的独特地位，由于华尔街的巨大影响，由于跨国公众公司的广泛关联，这场金融海啸理所当然的演化成了涤荡世界危害全球的经济危机！

显然，如果把这场危机比作社会经济的一次癌症，那么，作为社会经济细胞的公众公司中的债务责任敞口制度导致的企业管理层收益与风险不对称特性就是其基因中的癌症易感性因素，华尔街短流程泡沫化的金融环境就是使这种易感性因素发生作用的外部因素，而全球化高潮过去、具有接盘作用的新技术实体经济尚未形成是癌症爆发的时间成因，次贷则是癌症危机发生的导火索。有人把此番危机的根源归结于华尔街的贪婪，这当然是对的，但没有回答华尔街一直都有的贪婪为何在此刻才造成了如此重大的危机。有人把此番危机的根源总结为美国人的高消费文化，这也有其道理，但没有注意到正是公众公司的管理层引领和推动了高消费。有人把此番危机的根源解释为美联储放松了对金融业的监管，但没有注意到放松监管恰恰是美国应对和转嫁危机的重要策略和手段。如果不是这种放松，危机早就会在美国爆发了！

现在，2008 年经济危机已过去 10 年，美联储主席也已换了三任，但像样的危机清理竟完全没有开始。美欧的金融资本制度并没有改变，都仍然走在一有需要就对内量化宽松、对外挖坑灌水的老旧行为方式中。央行高发行、商行高杠杆、投行高衍生、企业经营脱实向虚依然是其经济运行的基本模式，制造业空心化问题并未得到真正解决。美国股票市场指数达到危机时市场低点的 4 倍以上，非农劳动生产率年度复合增长率却从 2000—2007 年的年均 2.7%降低到了危机后 2007—2016 年的 1.2%。经历 2009—2017 年的制造业重振计划，美国 GDP 的增长却仍在向第三产业集中，三产对经济增长的贡献率高达 77.4%。华尔街的金融资本不会自动选择改变，短期执政的政府无力完成改变，美国民众要求改变的诉求还没有被有效组织起来形成合力，世界短期内还没有逼迫美国非改不可的巨大力量。也许，还需几十年以上时间，情况才会发生较大变化。

03»

金融化风险的防范

为防范全球金融危机的巨大破坏，要从宏观、微观、体制、制度等多个方面开展探索实现产融均衡的新措施。

首先要探索稳定性更好的全球金融之锚，从宏观上把握好各国货币发行及金融衍生品总量控制。金融是实体经济的血液，是社会信用的载体，是经济资源跨时空配置的工具，决不能淡化泛化。作为贸易支付手段的货币的发行总量应与当期社会产品和服务的产出总量建立起一定的比例关系，用于投资的货币资本应当与社会经济发展速度建立起一定的比例关系。

人类在不同时期，先后采用过铜本位、银本位、金本位等作为金融之锚。这些金融之锚在开始应用阶段，通常都发挥了规范金融秩序、推动市场运作、促进经济发展的作用，之后又都因数量不足和流转不便等原因满足不了生产力的发展需要而被放弃和淘汰。20世纪 70 年代以来的世界以美元纸币作为金融之锚，解决了金属货币不能满足经济增长需要的问题，促进了全球化大发展，但也因美元自身无锚而产生出华尔街巨大的金融泡沫，造成了空前的经济危机，并形成了美国利益优先和美国问题全球转移的严重不公平问题。2008 年，美国及全球经济危机标志着单以美元作为世界金融之锚已经弊大于利，必须加以调整和改变。

2008 年经济危机之后，世界上就新的世界金融之锚做过很多讨论，但目前并没有达成一致意见。其中两种在网上广泛传播的观点值得多加关注。第一个观点是将各国货币主要与美元挂钩调整为与包括美元、欧元、人民币、英镑、日元等多国货币在内的一篮子货币挂钩，即以主要经济大国货币共同作为世界金融之锚。例如，可逐步推进将占全球经济总量 80%的“20 国集团”的货币发行总量与其经济增长速度以一定的方式挂起钩来，作为世界各国汇率设定时参考的一篮子货币。这种方法在全球经济公平与货币稳定上肯定比单与美元挂钩来得科学。事实上，我国自 2005 年 7 月 21 日起将原来实行的紧盯美元汇率制度改为以市场供求为基础、参考一篮子货币进行调节、有管理的浮动汇率制度，取得了保持人民币稳定、促进国内外经济发展的较好效果。

第二个观点是主张转向以区块链技术支持的多国通用的数字货币为锚。据称，瑞银、德银、桑坦德和纽约梅隆银行已经联手开发新的数字货币，希望未来能够通过区块链技术来进行清算交易，并成为全球银行业通用的标准。四家银行还将与英国券商 ICAP 携手共同向各国央行推销该方案，并在 2018 年年初进行首次商业应用。作者认为，随着区块链等信息技术的不断发展，国家数字货币必将获得日益广泛的认可和应用。但是，国家数字货币运行的市场不可能像比特币那样是彻底的去中心化的分布式市场，主权国家的数字货币须由各国央行来监管，其运行的市场形态既不能再是现行的中心化市场，也不能是纯粹的分布式市场，而应是在分布式网络上建有监管中心的平台化市场（参见第三章）。因此，基于平台化互联网运作的比特币所一味强调的去中心化意识在跨国运行逻辑上是说不通的。一币独大的现状必须改变，不要国家政府监管的思路应该放弃。也许，综合上述两种思路，可以探索在基于区块链技术运作但有各国央行监管的国家数字货币基础上，在不同的多边经济共同体中分别设计打造出若干个多国通用的数字货币，再按以一篮子货币为锚的思路，共同组成新的全球金融之锚。

二要改变企业债务责任承担机制，从微观上消除企业管理层金融化经营冲动。路径可能有两条，一是统一改良有限公司制，二是大力发展有限合伙制。改良有限公司制，可在坚持股东以出资额为限对公司债务承担有限责任的同时，在各国公司法中统一增加“公司管理层按照与企业订立的经营合约之约定对公司债务承担责任”的规定。这包含了几层含义，一是管理层要与股东会或董事会签订经营合约后才能上岗；二是合约中要有管理层对企业债务承担责任的条款；三是管理层承担多大责任可以因企业而不同，不同的国家、不同的企业、同一企业的不同阶段可以有不同的责任规定；四是按照权责相当原则，股东会或董事会与管理层可以同时约定债务风险控制目标实现时给予管理层一定奖励或让其分享一定比例利润的具体方式。

大力发展有限合伙制，可以对防范经营金融化问题起到治本的作用。通过合伙协议，有限合伙人 LP 可以约定企业经营方向，对企业负债水平加以事前控制。通过信息对称的运行机制，LP 可以在事中了解和把握经营和负债变动情况。通过普通合伙人对企业债务的无限责任机制和利润分配机制，使企业的利益和责任都与 GP 工作责任与绩效紧密挂钩，可以正确引导 GP 的经营行为，使之不去经营风险不可控项目。

三要协商制定控制金融衍生品规模的监管制度。应争取在 G20 平台上达成协议，对实体企业和金融企业从事金融衍生品交易进行限制。一是坚持分业经营，除了各个国家认定的少量金融控股平台企业外，银证信保租等机构应各行其道，防止短期内各类资金集中炒作某类金融产品带来的风险。二是严控金融企业从事金融衍生品交易的规模，对金融机构从事金融衍生品交易的资金实行严格的配资比例限制，同时对金融衍生品交易利得课以重税。三是在建立金融服务实体产业发展机制的基础上，明确实体企业不得从事高度投机性金融衍生品交易，参与大宗商品期货交易只能做套期保值操作。

04»

发展产业金融

市场上早期的产融结合有两个自发的发展方向，一个是实业企业办金融，一个是金融机构办实业，都有成功和失败的案例，但前者成就的知名企业更多，既有 GE、三星、伊藤忠、招商局、中信、腾讯、阿里等商产融综合企业，也有国网、五矿、中粮、三峡集团、中航工业等行业性集团公司。2008 年金融危机后，产业为本、金融为用、产融结合、共同发展，成为全球企业界新的共识。金融机构因经营渠道的垄断性和产品流转的短流程而成为高收益高风险机构，产融结合宜对金融机构投资办实业加强限制，对实体企业结合产业和企业实际开展产业金融加以支持。进入全球化、信息化时代，各国应积极建设具有国家主权信用评级的商产融综合体，推动产融两方市场主体相互合作，以金融支持实业发展，以实业拓宽金融运作空间，同时优化双方资源配置，提高资产运作效益。

一要提高企业存量资产的流动性。企业要以管资本为主加强管理，以金融之水灌溉好实体产业之苗。从马克思的资本循环公式“G—W—G'”可以看出，企业资本循环就是一个产融结合的过程。在通常情况下，“G—W”和“W—G'”这两端会占用比 W 产品的生产制造过程更长的时间，是生产经营过程中增加资金占用、降低资源利用效率的瓶颈所在。因此，实体企业要在搞好生产制造的同时，想方设法减少两端存量资产占用，尽力提高企业存量资产价值。在信息化时代，要通过实施企业管理信息化，优化企业资源配置。要建立企业财务公司等资金管控平台，实现企业内部的全面预算、集中结算和动态核算。要建立或利用工业互联网，将企业存量资产、资源、能力和合作方式信息充分披露出去，能分包的业务尽量不自己组建生产线，已经建成的生产能力要通过自用和共享使用权使之发挥最大生产能力。要用好诸如中企云信[4]等创新性信息

---

4 中企云信是基于债权债务转让的一种在云链金融平台上流转的企业信用付款承诺;它是由大型企业集团通过云链金融平台提供的，将其优质企业信用转化为可流转、可融资、可灵活配置的电子付款承诺函,将其债务支付运用云信票据生命周期在云链金融平台周转使用的全过程互联网服务，是一种便捷的创新型金融服务产品。中企云信由中国中车联手中国铁建、中国国机、北京首钢等大型国有企业组建的中企云链（北京）金融信息服务股份有限公司运营，为产业链上广大企业提供了全新的应收应付清算工具，大大提高结算效率，也为中小企业提供了一种便捷、低成本融资的新通道。云信作为一种“可拆分、流转、融资的电子付款承诺函”,于 2015 年 9 月 1 日正式上线。根据平台业务分析，云信充分体现了

化工具，大力减少采购资金和产成品资金占用，提高信任融资能力。要通过自营或合作的企业银行、证券公司、保险公司、租赁公司、期货公司等金融机构的规范运作，加快企业资本流转，实现企业资产运营效益最大化、成本最小化。要综合运用好产权市场和股票市场，做好发债、增资、上市、减持、转让等资本运作，使企业产权形态、资产价值、资产负债率水平始终保持在适当的状态之中。

二要搞好企业增量资产的融、投、管、退。要明确企业发展战略，厘清企业主营业务范围，强化主营业务之间的战略协同关系，加强投资监管体系建设，健全监管制度，建立监管系统，优化监管机制，明晰企业集团总部与各主营业务板块及其具体运营企业之间的责权利关系，规范增量资产投资决策权限，明确投资项目负面清单，划定企业投资行为红线，做好投资项目融资、投资、管理、退出的全程管理，全面加强投资决策、执行、运营过程中的资源协同和监管协作，切实加强投资行为的风险防控。

将金融运作的重心摆在服务实体产业发展壮大之上，注重用金融资本运作的思维审视实体产业的投资经营行为，使金融运作和实业投资协同互动，不断提升企业资源优化配置成效，是产融结合成功企业的重要经验。比如，进入新市场更多使用并购投资而非绿地

互联网产品小额高频的特性，平台云信融资金额极度碎片化。根据平台融资金额区间分析，100 万元以下融资金额占比 86%，50 万元以下融资金额占比 71%，30 万元以下融资金额占比 54%，并且具有向更加碎片化发展的趋势，这种灵活、碎片化的融资方式是传统金融行业完全无法实现的。

投资[5]，淘汰老资产更多利用产权市场竞价而不是一对一谈判。项目资金采取在全球市场上多样化的股权和债权资金组合融资而不是只依赖国内银行贷款，项目产权结构注重吸收项目驻在国资本、国际金融资本、国际行业资本、国内混合资本共同参与而不是一味追求以自有资本独资或绝对控股，项目资本运作充分利用全球资本市场而不局限于本国资本市场，项目选择注重在全球范围多国别多行业多时段比选而不是只从一国一业一项目一时的情况出发，风险防控从全球政治、经济、军事、社会、文化多角度考虑而不是只看企业自身经营实力或行业周期波动风险，等等。

三要加快建设产业创新发展投融资平台。在全球化发展过程中，很多国家的发展经验证明，建设若干产业创新发展投融资平台企业是十分必要而又比较成功的做法。历史上荷兰、英国、法国的东印度公司是这样，现实中美国的华尔街和硅谷经济体是这样，日本的三菱、伊藤忠等一群大企业是这样，韩国的三星、现代是这样，新加坡的淡马锡、阿联酋的阿布扎比投资控股公司也是这样。在我国，不管是国家电网、中国石油、中航工业、国投公司、招商局、中信、五矿等国企还是阿里、腾讯、百度、京东等民营企业，成功的大企业也都有产融结合的投融资平台。这些平台型企业集中了一大批具有战略眼光的优秀企业家，拥有一个或多个行业的领军人才

---

5 绿地投资：本书绿地投资指广义上的非并购投资，而非狭义上理解的仅指跨国企业在东道国的投资形式。

和科技力量，形成了巨大的用户群体和强大的品牌影响力，具有坚实的产业和金融资源配置能力，对全球化发展和国家政策有更深入的了解和领会，在市场中具有良好的纵向整合与横向协同能力，既在产融结合过程中做大做强自身，也充分发挥国家经济发展平台作用带动了行业内众多企业的发展。在社会经济发展日益国际化、信息化的过程中，这种现象表现得尤为明显。

产融结合的平台型企业大致可以分为两类：一类是资本投资公司，一类是资本运营公司。资本投资公司具有一个或多个行业发展使命，对行业发展承担引领作用。资本运营公司的投资则不限定于某个或某几个行业，其投资以资本自身的高效经营为使命，通过项目的融投管退运作，在支持所投企业的结构调整和业务创新过程中实现资本保值增值。与资本投资公司注重长期的战略性投资不同，资本运营公司专注于中周期的策略性投资。资本投资公司强调建设基业长青的百年老店，投资更多采取控股公司制；资本运营公司专注阶段性投资循环，投资更多采用有限合伙制参与。

显然，这两类平台型公司中，资本投资公司会是多数。对中央企业而言，国家如果分行业建设 30 ~ 40 个国有资本投资公司，则资本运营公司有 3 ~ 4 家即可。作为国有资本投资公司的央企，要成为国民经济关键行业和重要领域的领头羊，要成为所在行业走出去开展国际化经营的主力军。作为国有资本运营公司的央企，要打造成新央企或新央企业务的孵化平台，以混合社会资本的股权投资基金，共同投向需要带动众多企业一起协同创新的战略性新兴产业，积极支持中央企业之间的战略性结构调整，以资本运作和机制创新帮助受资企业解决好各种发展瓶颈问题，并将提质增效后的相关投资项目资产及时重组到中央企业的上市公司之中去，综合利用各类资本市场不断打造具有全球竞争力的世界一流企业。

第七章

有序推进跨国经营

经济全球化，有益于促进国家和人民交往，破除区域和组织的封闭僵化，扩大市场发展空间，加快商品、服务和要素流动，优化全球资源配置，推动科技和文化进步，是时代发展的必然趋势，为各国经济社会发展提供了强劲动能。国际化经营，就是企业顺应经济全球化趋势，在国际市场上实现资源优化配置的行为。走出去开展国际化经营，是企业统筹利用两个市场、两种资源，培育具有创新能力和国际竞争力的跨国公司的重要途径，也是以开放带动国内改革的重要手段。中国企业的国际化经营先后经历跨国贸易、跨国工程建设、跨国投资并购和建设跨国经营平台等不同的发展阶段，并共融于“一带一路”倡议行动大潮之中，正引领新一轮经济全球化的创新发展。

01»

跨国贸易

跨国贸易就是在双边或多边市场上开展产品和服务的进出口交易。外贸即通商，大致可分为四种情况，如图 7-1 所示。

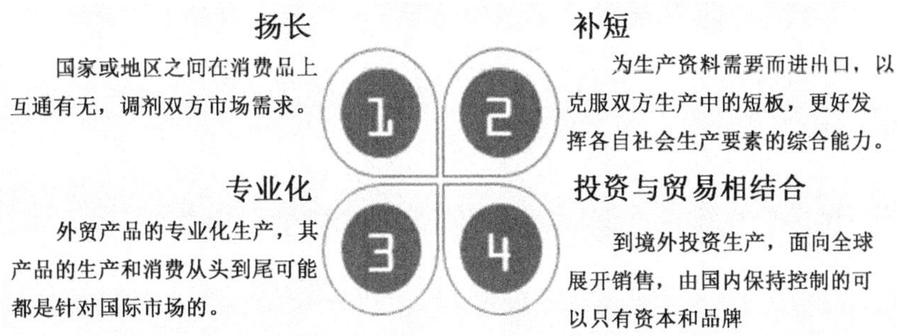

图 7-1 外贸通商的四个阶段

起始于扬长，即国家或地区之间在消费品上的互通有无，用以调剂双方市场需求；比如农产品、食品、医药和瓷器的进出口。

继之以补短，即为生产资料需要而进出口，以克服双方生产中的短板，更好发挥各自社会生产要素的综合能力；比如原料、材料、设备和技术的引进或出口。

再次是专业化，即外贸产品的专业化生产，其产品的生产和消费从头到尾可能都是针对国际市场的。产量不大时，企业可将研发、设计、生产、销售的全过程抓在自己手上；产量上规模后，企业可以只将某一两个环节留在国内。比如服装、鞋帽、手机、家电、汽车、飞机，机器人，等等。

最后是投资与贸易相结合，在境外投资生产，面向全球展开销售，由国内保持控制的可以只有资本、品牌；比如苹果、华为、海康威视、中国银行，等等。

这些国际贸易行为有着一个共同的特点，那就是发现了同一产品或服务在两国市场上不同的价格差异，并靠资源禀赋和竞争能力形成了国际贸易的比较优势，互有需求，你情我愿，取长补短，利益共享。

关于比较优势是如何形成的，经济学家们有很多不同的解释。亚当·斯密认为适用于一国内部的不同职业之间、不同工种之间的劳动分工原则，也适用于各国之间。他认为某国如果在某一产品生产上具有比别国更高的劳动生产率，该国在该种产品生产上就具有绝对优势。大卫·李嘉图则认为贸易产生的原因是劳动生产率的相对差别以及由此产生的相对成本不同。整体劣势的国家也可通过国际贸易提升资源配置效率。以赫克歇尔和俄林为代表的生产要素禀赋理论，指出各国在国际分工和国际贸易中应多生产和输出自身丰裕要素密集的商品，输入稀缺要素密集的商品，提出了劳动密集型、资本密集型、技术密集型企业的分类概念。而迈克尔·波特则提出了国家竞争优势理论，认为国家竞争力取决于竞争优势而非比较优势，后者侧重于劳动力、自然资源、金融资本等要素的投入，而前者则取决于生产率的高低。在波特看来，生产效率而非生产要素才是国家财富的源泉。萨缪尔森则认为，在具有比较优势领域内的国际贸易能同时提高双方的福利；但一方若在原本不具有比较优势的领域内突然产生了新的竞争力，相互贸易时就会永久伤害对方的福利[1]。

作者认为，一国的国际竞争优势要从不同产业、不同时代来动态地认识和分析。按照本书第一章描述的社会发展逻辑来看，国与国之间的贸易当然是从农产品和劳动力的交易开始的。

先看农业领域。小农经济时代，农业主要是靠天吃饭，土地、劳力等要素的比较优势是国家竞争力的基础。农业大生产时期，土地、资本、装备、技术、管理的综合实力成为农业竞争力的基础。在未来的生物生态生产中，掌握生物工程和环境工程等科学技术的

1 2004 年夏，萨缪尔森在著名的《经济学展望》杂志上发表了题为《主流经济学家眼中的全球化》的文章。Journal of Economic Perspectives，Volume 18，Number 3，Summer，2004：135-146.

人成为最主要的生产力，资本与人本的有机结合成为国家竞争力的基础。

再看工业领域。工业发展过程中的国家竞争力，在资本原始积累时期主要靠市场和劳动力，在第一次工业革命过程中主要依靠资源和技术，在第二次工业革命中同时依靠资源、资本、技术和管理，在第三次工业革命中主要依靠市场和科技，在第四次工业革命中主要依靠科技创新与网络平台。

三看服务领域。服务业发展过程中的国家竞争力，可按城市化发展水平分段考察。在一国城市化快速发展时期，人们对城市生活的刚性需求尚未满足，城市基础设施建设需求巨大，服务业走出去开展国际化经营的动力不足，国外服务业进入需求则相对强烈。当城市化率达到一定水平后，城市人口增长放缓，对基础设施建设需求减少，服务业产品和要素逐渐转向国际市场寻求资源优化配置。

四看科技文化领域。科学没有国界，技术需要市场，文化交流是各国人民的共同需要。因此，科技文化产业注定是国际化的产业，科技文化产业的竞争注定是对唯此独尊的市场地位的竞争，只有一流科技，才能在科技文化产业拥有领先的市场地位，后来居上者需要有换道超车的颠覆性创新能力才有可能超越既往。在科技文化产业的国际竞争中，市场平台与人才规模成为决定性因素，铺天盖地无边无际的创新网络平台与成千上万活力十足的创客及用户，不断形成良好的市场诚信和空前的贸易规模，促进着社会的创新发展。而这正是中国独具竞争优势的地方！至于中国创新形成科技文化产业竞争力会不会永久伤害美国的利益，答案当然是否定的。因为一方面中国的产品、技术和服务依然只有有利于美国市场的需要才能进入美国；另一方面，中国的进步自然会促进美国抓紧改变，创建起新的比较优势。全球创新和国际化正是这样一波一波向前发展的。萨缪尔森的永久伤害论是在静态结果中引入动态前提时产生的逻辑谬误。

一国经济发展离不开对外贸易，国际贸易发展离不开更多国家的对外开放。水大船大，行稳致远，大市场孕育和推动大发展。国际贸易有效扩大了企业的市场半径，提高了相关国家和地区资源配置的效率。古今中外的历史都一再证明了这一点[2]。中国在盛唐和南宋时期，分别通过陆上丝绸之路和海上丝绸之路实行对外开放，促进了经济的大发展。明朝起实行海禁，闭关锁国几百年，导致综合国力每况愈下，相形见绌，陷于被动挨打的境地。西班牙、葡萄牙注重资源抢夺但不注重在战后建立持续贸易渠道，其强盛只是过眼烟云。英国、美国始终注重抢夺国际市场并大力发展国际贸易，先后成为持续百年引领全球化发展的霸主。德国在 20 世纪两战两败，终因坚持开放贸易融入国际市场而再次崛起。日本亦然，在参与发动世界大战中经济受到重大打击，却在参与全球贸易中恢复走强。

因此，我国应始终坚持对外开放的基本国策，积极维护和推动经济全球化、贸易自由化的发展，通过共商共建共享，加快“一带一路”倡议落地，推进人类命运共同体的建设和发展。我们的企业

---

2 华民《美国贸易额重返世界第一警醒中国》南风窗 2017 年 11 期。

应根据国际贸易的时代特征，结合相关发展理论和企业所在行业实际，研究境外顾客对我国产品和服务的真实需要，分析我方进出口相关产品和服务的长短之处，既研究如何建立相对于全球同行们的竞争优势，又尊重各国企业产品和服务的竞争优势，合力打造国际贸易网络平台，狠抓人才培养和科技创新，使我们的产品和服务全面实现从有到好，加快提质增效转型升级，不断增强我国产品和服务的国际竞争力，不断提高我国企业与各国企业扬长避短协同合作的水平。

02»

跨国工程

通过改革开放，中国实现了持续 40 年的快速发展，城市化水平从 20%以下提高到 54%以上，形成了基于现代科技的强大的基础设施建设综合能力。中国现在不到三年的水泥用量，就超过美国在整个 20 世纪使用的水泥数量之和。图 7-2 是美国 20 世纪的水泥消费量情况，数据来源于美国地质调查局。在 20 世纪的 100 年间，全美水泥消费量为 44 亿吨。而如图 7-3 所示，中国在 2010—2012 年间的水泥消费量约为美国 1900—1999 年总量的 140%[3]。

3 数据、图片来源于 http://www.sohu.com/a/193387174_359717

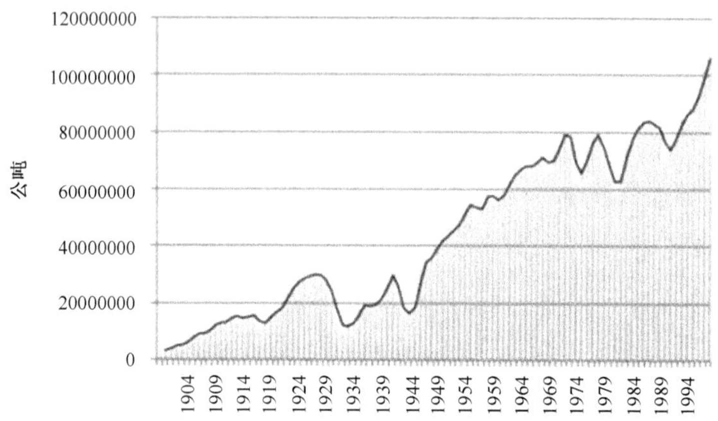

图 7-2　美国 20 世纪水泥消费量

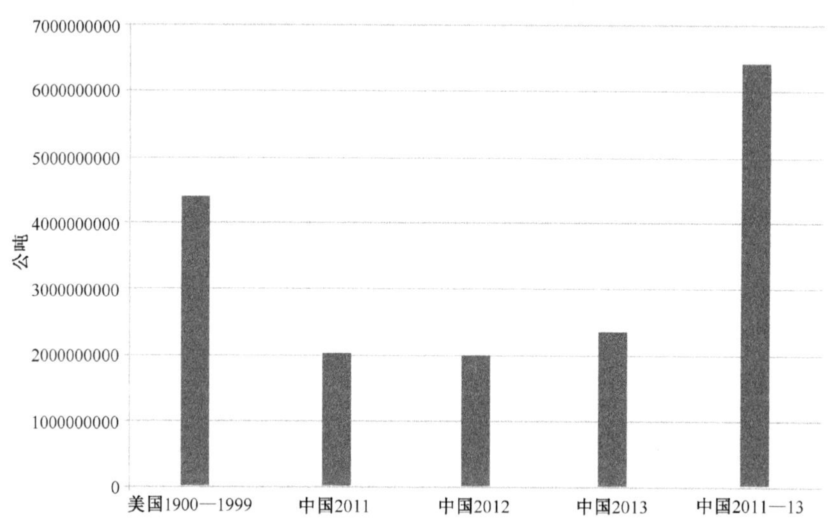

图 7-3　中美水泥消费量对比图

中国的大规模基础设施工程建设能力，现已超越了各发达国家建设能力之和，形成了在全球基础设施建设市场上的强大竞争力，成为推动“一带一路”倡议落地的基石。这是中国在“发挥市场在资源配置中的决定作用，更好发挥政府作用”原则指导下，充分发挥国有企业特别是中央企业的骨干作用，集成全社会人力、技术、管理、文化和配套供应能力所形成的巨大竞争优势。我们应充分用好这一优势，以强大的企业品牌力量、优良的工程质量、较快的建设速度和相对较低的建设工程成本，双向进入发达国家和欠发达国家的基础设施建设市场，大力促进全球能源、交通、通信等基础设施的建设与联通，在促进相关国家发展中引领经济全球化实实在在地向前推进。

国际工程建设，要求施工企业具有知名的品牌、强大的队伍、过硬的技术、健全的管理、优秀的案例、充足的运营资金、良好的公共关系。因此，跨国工程建设企业最好以在国际资本市场上市的公众公司的组织形式出现。2003 年之前，中国的基础设施建设企业多数还比较困难，企业规模和国际影响力也不够大，走出去开展国际化经营处于刚刚起步阶段。2003 年国务院国资委成立之后，重点推进了建筑施工企业的整体上市和能源交通通信企业中的设施建设与服务业务板块资产的上市，取得了良好的改革发展成效。主营业务整体上市的中国建筑、中国铁工、中国铁建、中国交建、中国电建、中国能建等建筑工程企业迅速发展壮大，先后进入世界 500 强，2017 年排位分别上升至第 24、55、58、103、190、312 位。2016 年，中国建筑销售收入达到 1445 亿美元，是世界第一大建筑施工企业，中国铁工、中国铁建销售收入也接近 1000 亿美元。中国交建形成了强大的路桥、港湾和海岛工程建设综合能力，2018 年位列 ENR 国际工程承包商第 3 名。在 2018 年 ENR250 家全球承包商榜单前 10 强中，中央企业占据 6 席[4]。中冶科工、中国化学、中国中材、中工国际、中核建、中通服、中海工程、中海油服、中油工程、中铝国际等一大批企业通过整体上市或分板块上市，加快走出去步伐，成为在各自领域具有良好竞争力的工程建设与服务企业。2016 年，中国交建的振华重工占有全球集装箱码头工程建设 70%的市场份额，中国中材占有全球新型水泥设施工程 50%的市场份额。中通服改制上市后境外经营收入占比从 10%提高到 50%以上。通过改制上市和走出去开展国际化经营，中国建筑工程企业成为在全球市场上具有重大影响力的建筑施工企业群体，成为"一带一路"工程建设的骨干和脊梁。

---

4 ENR 是全球工程建设领域最权威的学术杂志，每年度全球承包商 250 强按照承包商的国内和国际营业额之和对全球承包商企业进行排名，是全球较为权威的工程建设领域企业排行榜。2017 年度全球承包商 250 强（ENR's 2017 Top 250 Global Contractors）榜单，中国企业共 7 家进入前十，其中，中央企业有 6 家，包括：中国建筑、中国中铁、中国铁建、中国交建、中国电建、中冶集团，另外一家进入前十的中国企业是上海建工，体现了中国企业在全球基建市场的强大地位。

表 7-1 2017 年度全球承包商 250 强（ENR's 2017 Top 250 Global Contractors）榜单中的前十强[5]

RANK2017	RANK2016	FIRM
1	1	CHINA STATE CONSTRUCTION ENGINEERING CORP.LTD., Beijing,China
2	2	CHINA RAILWAY GROUP LTD.,Beijing,China
3	3	CHINA RAILWAY CONSTRUCTION CORP.LTD., Beijing, China
4	4	CHINA COMMUNICATIONS CONSTRUCTION GROUP LTD., Beijing,China
5	6	POWER CONSTRUCTION CORP.OF CHINA,Beijing,China
6	5	VINCI,Rueil Malmaison,France
7	7	ACS,ACTIVIDADES DE CONSTRUCCION Y SERVICIOS SA,Madrid,Spain
8	8	CHINA METALLURGICAL GROUP CORP., Beijing,China
9	10	SHANGHAI CONSTRUCTION GROUP,Shanghai,China
10	9	BOUYGUES,Paris,France

中央企业充分发挥在公路、铁路、港口、航空、油气管道、电力、通信网络等基础设施建设方面积累的经验和优势，主动参与相关重点项目和重大工程建设，有力推动了同“一带一路”相关国家的紧密联系和协同发展。在铁路方面，亚吉（埃塞俄比亚至吉布提）铁路已开通运营，蒙内（肯尼亚蒙巴萨至内罗毕）铁路已经通车，中老（中国至老挝）、中泰（中国至泰国）等一批铁路项目已经开工建设或正在加快推进过程中。其中，高铁“走出去”成效显著，雅万（印尼雅加达至万隆）高铁等一批高铁项目成为“一带一路”

5 来源 http://dy.163.com/v2/article/detail/DQ8IJVGN0518EH5L.html

建设的亮丽名片。在公路方面，中巴喀喇昆仑公路等项目明显改善当地交通条件，盘活了当地资源，培育了一批新产业，有力带动了当地居民生产生活条件的改善。在通信网络方面，中央企业在东北亚、中亚、南亚、东南亚等周边区域建设跨境海底光缆、陆地光缆等大容量高速率通信设施，打造了全方位立体结合的通信网络联通体系，以信息化助力“一带一路”建设。

与国际贸易相比，跨国工程建设蕴含更多风险。除来自外方的政治、军事、经济、法律、文化、社会风险外，与我国企业自身相关的风险主要还有三个方面。

一是投资环境不熟悉，尽职调查不充分。不少企业走出去的准备工作不到位，对投资标的所在国市场情况不熟悉、不了解，对当地的法律法规、监管政策尽职调查不够深入。有的习惯于按国内思维考虑问题，只考虑项目的经济性回报，对项目面临的政治、安全、环保、社会等非商业性风险考虑不够，贸然决策投资导致失误。例如，波兰某公路项目，中资公司投标报价为 13 亿兹罗提，还不到波兰国道和高速公路总局预估中标价格 28 亿兹罗提的一半，最终因报价过低很难达标完工导致项目中途终止。而与此问题直接相关的是我国中介机构国际化经营发展滞后，多数机构还不具备走出去的实力，难以为中资企业走出去提供专业咨询服务，无力帮助国内企业正确认识和把握国际市场运作。

二是企业间抱团协调不够，存在无序竞争。在企业走出去过程中，工程承包和境外投资领域较易产生无序恶性竞争。比如在工程承包类项目中，一些企业为了占市场、抢项目，不惜以低于成本的价格投标，或在明知发标方已接受一家中国企业报价的情况下，继续恶意以更低价格参与竞标；有的在竞标中采取不正当手段，恶意诋毁竞争对手；有的明知竞争对手企业已获得中标通知或已同业主签署具有约束力的合同、协议或其他形式的法律文件，仍然违规介入。产生上述情况的原因，主要是由于企业间缺乏战略分工与协作，业务同质化严重，缺乏差异化竞争优势。以高铁产业为例，具备施工能力的就有多家企业，在千军万马分别走出去单打独斗的商业模式下，企业间竞争十分激烈，前方业务人员出于业绩压力，总是会想方设法争抢项目。

三是国际化经营人才不足，管理创新不够。作为企业国际化经营竞争力和执行力的重要体现，国际化人才在大型跨国公司的形成和发展过程中必不可少。与通用的技术、管理人才不同，国际化经营人才既要具有专业技术或运营管理经验与技能，又要熟练掌握多门外语，具有较强的国际交流能力；既要熟悉并善于运用国际规则和多双边贸易规则，又要熟知国内监管规则；既要能遵守和宣传企业管理文化，又要有能力适应不同国家的传统、文化和社会制度。以境外安全管理为例，一个合格的安全管理人才需要具备专业的安全知识，掌握流利的通用外语和项目所在国语言，熟知国际商务规则，又要有跨文化沟通的能力。这样的人才往往凤毛麟角、一将难求。这也是中国企业在境外项目安全风险防控上捉襟见肘的重要原因。人才不足，管理创新、商业模式创新力量不够，对建营结合、PPP 运作、建投一体化、同行业国际协作与整合等重大发展事项无力及时开展研究和组织落实，影响了企业的创新与协同发展。

解决这些问题，需要完善相关制度，及时披露信息，强化相关行业协会的登记与协调，发挥金融机构对企业经营诚信建设的促进作用；需要我们的企业加强国际化经营管理，建立企业间协商合作机制，必要时共建股权多元化项目公司合作开展境外经营；更需要优势企业加快转型升级，引入和培养高端人才，实施建设运营一体化，超越 EPC[6]方式向参与 PPP 发展，以高端引领来化解低端竞争。

---

6 EPC（Engineering Procurement Construction）是指公司受业主委托，按照合同约定对工程建设项目的设计、采购、施工、试运行等实行全过程或若干阶段的承包。通常公司在总价合同条件下，对其所承包工程的质量、安全、费用和进度进行负责。在 EPC 模式中，Engineering 不仅包括具体的设计工作，而且可能包括整个建设工程内容的总体策划以及整个建设工程实施组织管理的策划和具体工作；Procurement 也不是一般意义上的建筑设备材料采购，而更多的是指专业设备、材料的采购；Construction 应译为“建设”，其内容包括施工、安装、试车、技术培训等。

03»

跨国投资

跨国投资是比劳务走出去、产品走出去、工程走出去更为复杂的国际化经营方式，是资本走出去追求跨国优化配置效益的过程。跨国投资可分为绿地投资和并购投资两类。绿地投资是企业到国外购地建厂开展生产经营，并购投资是出资购买外国既有企业股权，可以是接受产权受让，也可以是参与增资扩股；可以是全资收购，也可以是控股或参股。

中国企业走出去历史悠久，但作为国家战略安排则是本世纪之初的事情。2000 年发布的《国民经济和社会发展第十个五年计划》，第一次在国家规划中对企业走出去提出了明确要求。

中央企业是中国企业走出去开展国际化经营的主力军，2015

年前，其投资占比一直超过全国的60%。到2017年年底，中央企业境外法人单位达10791家，分布在全球185个国家和地区，境外资产达7万亿元，海外员工近40万人，其中85%是本地员工，业务涵盖基础设施建设与运营、能源资源合作、园区开发经营等众多领域。“十二五”末期，中央企业境外资产总额、销售收入和实现利润占比分别在12%、16%和9%左右。中国有色集团自1998年进入赞比亚以来，不断加大在赞比亚的投资合作力度，积极推动经贸合作区的发展。截至2015年年底，已经在赞累计投资26亿美元，纳税3.6亿美元，为当地提供就业岗位1.5万个，中赞合作区内已有55家企业入驻，累计实现销售收入110亿美元。

2013年，习近平总书记提出了“一带一路”倡议后，中国企业走出去进入国家战略引领新阶段。表7-2为《经济学人》杂志发布的“中国海外投资指数”，从表中数据可以看出，“一带一路”倡议以来新兴市场国家和地区在中国海外投资中的排名显著上升。其中，新加坡超越美国排名第一。

表7-2　中国海外投资指数国家排名

“一带一路”	国家（地区）	2017年	2015年	2013年	2017较2015年排名变化
★	新加坡	1	2	2	▲
	美国	2	1	1	▼
	中国香港	3	7	3	▲
★	马来西亚	4	20	18	▲
	澳大利亚	5	3	5	▼
	瑞士	6	5	7	▼
	韩国	7	8	28	▲

续表

“一带一路”	国家（地区）	2017年	2015年	2013年	2017较2015年排名变化
	加拿大	8	4	6	▼
	智利	9	29	22	▲
★	俄罗斯	10	24	9	▲
★	以色列	11	17	31	▲
★	哈萨克斯坦	12	51	38	▲
	中国台湾	13	14	12	▲
	日本	14	6	4	▼
	挪威	15	9	8	▼
★	捷克	16	n/a	n/a	＝
	丹麦	17	10	14	▼
★	泰国	18	38	35	▲
★	伊朗	19	52	57	▲
	德国	20	13	10	▼
	芬兰	21	15	16	▼
★	波兰	22	33	36	▲
★	匈牙利	23	n/a	n/a	＝
★	沙特阿拉伯	24	23	15	▼
	爱尔兰	25	n/a	n/a	＝
★	印度尼西亚	26	44	44	▲
	法国	27	16	20	▼
★	菲律宾	28	39	39	▲
	瑞典	29	11	13	▼
★	越南	30	40	41	▲
	荷兰	31	18	21	▼
★	斯里兰卡	32	41	46	▲

（注：“★”表示为“一带一路”国家（地区）；“▲”表示上升；“▼”表示下降，“—”表示不可比）

由于需要长期扎根境外投资运营，对外投资比境外工程承包风险更多。中国企业跨国投资中存在的问题，除了与跨国工程建设面临相同情况外，还有以下几方面突出问题。

一是投资理念和投资方式落后。一些企业不是站在全球市场看问题，而是只按国内认识办事；一些企业不懂全球化风险，片面追求对资源的独资占有；一些企业只算项目自身经济可行的小账，不分析基础设施建设和市场配套能力建设的可能性，等等。我国在境外矿产资源开发方面的投资，就有不少教训。

在跨国投资中，一个很有价值的提问是，中国紧缺的矿产资源世界上也都紧缺吗？中国国新集团周育先副董事长的研究表明，答案应该是否定的！比如钾矿，中国很缺，但全球不少。油气、铁矿、有色金属矿产资源也是这样。对我国是战略性资源的东西对别国却不具有战略性。在这种情况下，本应该按比较优势原理和具体市场行情，在长协贸易、参股投资、控股投资、独资拥有中进行投资方式选择和匹配。而当我们的某个企业下定决心把国际上的这类资源当作战略性资源以志在必得的心理竞相独资买下的时候，就难免会导致接二连三形形色色的投资失误。

二是项目政治风险很大。近年来，“逆全球化”思潮泛滥，民粹主义此起彼伏，“中国威胁论”不时沉渣泛起，部分地区政治局势动荡不安。出于政治和经济利益因素，新政权不承认旧政府与企业签订的经济合同，以各种原因重新审核这些已生效的合同，通过法律和政策手段干预企业经营行为，甚至对外国资本实行国有化，造成我国企业一些海外投资合作项目被迫中止或重新谈判。企业在与投资合作国业主、政府谈判中处于弱势地位，部分正当利益和诉求难以得到有效响应，难以通过自身实力有效化解此类风险，项目经营不确定性增大。而这类投资风险具有高度的不可预测性和不可控制性，所产生的损失较大，对企业国际化经营威胁很大。比如缅甸密松水电站项目。该项目是中缅两国政府签署的伊洛瓦底江上游水电开发项目中最大的一座电站，于 2009 年 12 月 21 日正式开工建设。2011 年 9 月 30 日缅甸方面突然宣布暂时搁置密松水电项目，导致企业巨额投资损失。

三是受融资瓶颈限制。据联合国贸易和发展会议发布的《2017 年世界投资报告》显示，中国 2016 年对外投资飙升 44%，达到 1830 亿美元，首次成为全球第二大对外投资国。面对急剧扩张的资金需求，企业走出去开展国际化经营却面临着融资难、融资贵、融资结构不合理等问题，融资问题成为制约中资企业竞争力的瓶颈问题。我国金融机构走出去开展国际化经营远远落后于实体企业走出去步伐，资本走出去进程不断出现反复。到 2016 年年底，中央企业已经在 180 多个国家建立了 9000 个境外机构，而我国仅有 22 家银行机构在 63 个国家建有 1353 个分支机构。以融资成本为例，我国政策性“两优贷款”利率最低在 2%左右，而日本商业性贷款利率一般低于 1%。除了融资成本高，目前中资企业对外投资主要依赖银行间接融资，而股权融资、债券融资、风险投资等直接融资规模较小，导致融资手段较为单一，融资门槛较高，加剧了企业的财务负担和经营风险，一定程度上限制了项目的正常运作和企业的长期发展。而日本企业的国际投资中直接融资比例较高。日本对企业需要资金支持的投资并购好项目，由行业协会协调组织专项基金出资项目资本金，组织银行购买企业专项债券满足项目非资本金部分的资金需求，再由保险机构对该项目给予全额境外商业保险。日本的GNP能维持在GDP的1.8倍水平，与其政府组织行业协会和金融机构支持企业走出去密切相关，过程中又充分发挥了市场机制的作用。如果行业协会和金融机构因某种担心不愿足额支持某个项目，这个项目就暂时做不了。企业要么优化投资方案，要么另寻更好的项目。

如何优化企业投资产权结构化解境外投资并购风险？在总结各方面经验教训的基础上，2017年年初，国务院国资委修订并印发了《中央企业境外投资监督管理办法》（国资委令第35号），要求中央企业将境外投资风险管理作为投资风险管理体系建设的重要内容。该办法明确规定，中央企业境外投资项目应实行全方位全过程全员管理，坚持投资主业和协同运作原则，严格实行投资项目负面清单管理，科学决策、严格评价、严肃追责，切实管住投向、管好程序、管住风险、管好回报。

不同的投资人掌握不同的市场信息，投资项目股权多元是防范境外投资风险的重要手段。为增强信息对称、加强风控能力，35号令要求中央企业在境外投资过程中积极引入国有资本投资、运营公司以及民间投资机构、当地投资者、国际投资机构入股，发挥各类投资者熟悉项目情况、具有较强投资风险管控能力和公关协调能力等优势，降低境外投资风险。对境外特别重大项目，中央企业应建立投资决策前评估制度，委托独立第三方有资质咨询机构对投资所在国政治、经济、社会、文化、市场、法律、政策等风险做全面评估。

一是引入当地投资者以更好熟悉项目投资环境。跨国经营无一例外都涉及所在国政治利益和经济利益，地方政府和社会团体对项目的影响也不可忽视，加上对所在国的法律和投资经营环境缺乏充分掌握和了解，在舆论环境中缺乏主导权和话语权，中国企业境外投资经常被欧美和当地媒体攻击，近年来一些项目“翻烧饼”的情况频繁发生。适当引入当地股份，通过当地有实力企业参股、参与部分工程项目施工建设或咨询服务，有利于化解项目各种风险。例如，国家电网公司（SGCC）作为技术合作伙伴与菲律宾蒙特罗公司（MOGRC）、卡拉卡公司（CHPC）三方按照菲律宾法律组建联营体中标菲律宾国家输电网 25 年特许经营权项目，2009 年 1 月 15 日正式运营以来，连续 7 年获得菲能源监管委员会电网运营绩效考核奖励，由事故导致停电次数逐年大幅下降，从 2008 年的 1208 次减少到 2013 年的 463 次，降低了近三分之二，其依托本地资本的股权结构在中菲关系因南海岛屿仲裁案影响而非常对立时，项目也未受到太大的冲击和影响。反之，对那些在项目所在国没有任何人愿意参与投资的项目，我们应该打上一个大大的问号。

二是引入国际投资者发挥地缘政治影响力。当前，我国综合实力的快速增长正在引起世界政治格局的变化，但东西方的力量对比和影响力尚未从量变引起质变，欧美国家仍然在政治、经济、军事领域对世界各国有着重要影响，形成了一套有影响力的协同运作机制和规则。欧美跨国投资企业，具有丰富的境外投资经验，能够熟练运用政府影响来保护境外投资安全。中国企业在境外投资适当引入欧美资本参与项目，能够使我们的工程建设服务、装备制造、资金方面的优势与欧美资本在政治、金融、保险、法律和风险管理方面的优势相互结合形成互补，提高项目运作成功率和经营效果，对规避政治风险、汇率风险有较大帮助。湖南中联重科收购世界排名第三的意大利混凝土机械生产企业 CIFA 项目，如图 7-4 所示，企业在有了国内基金支持时还感觉下不了决心，在有了国际资本支持时仍不敢立即拍板，直到意大利本土主流资本也同意参与收购，同时得到国内外三个 PE 机构联手合作支持时才最终下定决心实施收购并取得成功。因此，对那些在国际市场上找不到任何合作投资人的项目，我们当然也应打上一个大大的问号。

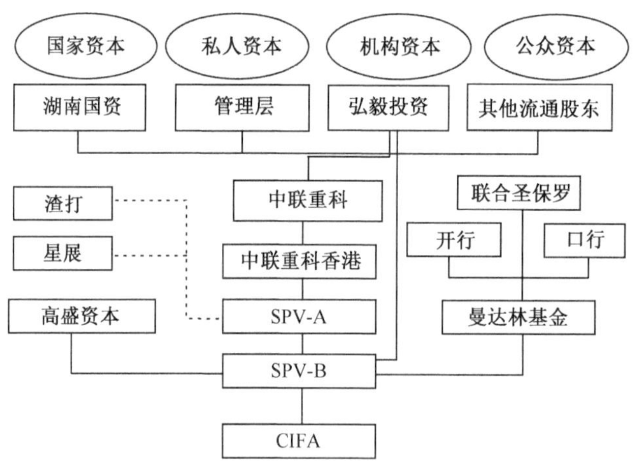

图 7-4　联合国际资本展开境外收购

三是引入国内其他股东，实现优势互补，发挥协同效应。中央企业在国民经济各主要行业都会建立国有资本投资公司，这些公司在国内是行业排头兵，在国际市场上也具有举足轻重的影响，对本行业全球发展的整体情况有比较全面的了解，对投资并购项目通常也会有更全面的认识。中央企业还会设立若干国有资本运营公司，比如国新控股和诚通集团。这是没有主业约束、专事资本运作、支持创新发展、推动结构调整的平台型企业，拥有强大的资本投资能力，对于如何选择确定项目、化解投资风险、加强项目管理、实现保值增值具有丰富经验。其他企业的境外投资项目如能引入上述两类公司成为股东，就能共享先进企业的投资经验，少走很多弯路，少交很多学费，大大提高投资项目成功的可能性。引入淡马锡公司的出资也具有同样的功能价值。引入市场上的私募股权投资基金以及长期与企业交往合作的民营企业资本，也都对促进项目成功有益。中国化工集团通过引入黑石基金合作，大大提高了国内外并购项目成功率。上海电力集团在欧洲风电项目中引入专业从事风力测算服务的高科技公司入股，有效降低了风险，提高了项目竞争力。

四是引入金融机构推进产融结合，破解融资难问题。随着经济全球化的推进，企业金融服务的需求不断扩大，而金融业的创新发展往往不能及时满足实体企业国际化经营需要，尤其是针对企业发展的特色化、个性化金融服务供给不足。因此，产融结合作为一种可高效快速匹配资源的经营模式受到越来越多企业的关注。产融结合的关键是改变融资结构，变短期债务融资为中长期股权融资，努力探索对外投资模式创新，在市场运作、利益共享的基础上，加强企业“抱团出海”力度，打造商产融联合体。从产融两方面整体判断项目的经济性，而不是单从产或单从融考虑，可大大提升投资项目竞争力和抗风险能力。

04»

共建“一带一路”

中国已经成为促进世界经济发展的火车头。“一带一路”倡议是习近平主席代表中国向世界提出的新的全球合作发展方案，其发展目标是要共同打造政治互信、经济融合、文化包容的利益共同体、命运共同体和责任共同体；其发展方式是抓好“五通”：政策沟通、设施联通、贸易畅通、资金融通、民心相通；其行为底气是基于中国企业的“三高七路”建设能力和世界人民对和平发展的强烈愿望。

“一带一路”倡议的发展目标符合沿线国家的共同需要。在进一步推进经济全球化过程中，中国提出将打造政治互信、经济融合、文化包容的利益共同体、命运共同体和责任共同体作为全球化第三阶段的新目标，对促进世界和平发展具有重大意义。中国倡议推进的全球化，不是16世纪到19世纪欧洲列强推行的那种以瓜分世界为目的的殖民地式的你死我活的全球化，也不是20世纪那种一国独尊、陆海失衡、你输我赢的全球化，而是各国共同参与、相互协作、海陆互动、和平发展的全球化。这样的全球化不是由军队以战舰来推进的，也不是由一国货币作为国际金融之锚来强行交易的。新一轮全球化主要由各国企业的合作来共同推动，用有利于实现各方利益共享的方式来相互融通。因此，我们的企业要充分认识第三次全球化的新趋势，努力适应海陆互动双向开放的新要求，把握好人类命运共同体建设过程中的机遇与风险，成为引领“一带一路”建设发展的骨干力量。

“一带一路”倡议的发展方式契合沿线国家的发展实际。2017年5月10日，习近平总书记在推进“一带一路”建设工作座谈会上指出，“以‘一带一路’建设为契机，开展跨国互联互通，提高贸易和投资合作水平，推动国际产能和装备制造合作，本质上是通过提高有效供给来催生新的需求，实现世界经济再平衡。特别是在当前世界经济持续低迷的情况下，如果能够使顺周期下形成的巨大产能和建设能力走出去，支持沿线国家推进工业化、现代化和提高基础设施水平的迫切需要，有利于稳定当前世界经济形势。”这段讲话指出了“一带一路”建设的经济学本质。总结国际上双边与多边合作的经验教训。为了实实在在及时有效地推进海陆互动的均衡发展，中国提出以“五通”方式来推进“一带一路”建设。政策沟通是开展各方面务实合作的基础，也是共建“一带一路”的重要保障，有利于凝聚共识、形成合力。要促进各国以发展战略对接为引领，以发展规划对接为蓝图，以机制与平台对接为支撑，以重点项目对接为抓手，不断夯实政策沟通的政治基础，拓宽政策沟通的领域和渠道。基础设施联通是货物贸易、资金配置、人员流动以及产业合作的基本前提和重要条件。基础设施特别是能源、交通、通信基础设施是“一带一路”沿线多数国家经济社会发展中的主要短板。加快基础设施互联互通，有利于突破发展瓶颈，加快沿线国家经济发展和民生改善，也有利于改善双边和多边经贸合作条件，促进优势互补、实现共赢发展。沿线国家与东西两端的亚太和欧盟的设施大联通，将有利于实现海陆互动，形成贸易畅通、资金融通的巨大市场，提高全球资源配置效率，增进各国共享发展，加快各国民心相通，促进世界和平发展。

中国企业的“三高七路”建设能力是“一带一路”建设的基石。起于汉唐、盛于宋元的古丝绸之路是基于中国的巨大市场供需能力、陆路海路运输及保障能力和沿线国家与人民对交易往来的共同需要形成的。其衰于明清的历史背景，是第一次工业革命后世界海运能力、效率和安全性大大胜过陆运，而中国又恰在此一时期严格实行海禁等闭关锁国政策。今天的中国重新提出同步建设“一带一路”倡议，底气在于世界人民对和平发展的强烈愿望和中国企业具备的“三高七路”建设能力。现在，如图 7-5 所示，中国掌握了以高铁、特高压、高端信息化等技术为代表的高科技，能大大延伸市场半径，有效降低交易成本，在沿线国家带动形成强大的铁路、公路、水路、空路、管路、电路和通信线路等基础设施建设的综合能力，重新均衡海陆运力，促进陆权复兴，使基于陆权的丝绸之路经济带和基于海权的21世纪海上丝绸之路相辅相成，为“一带一路”建设形成一个有机的市场整体创造条件，形成巨大的国际产能合作空间，有效促进“一带一路”沿线国家和地区的经济社会发展。我们要继续发挥科学技术研究和市场运用实践的双重优势，保持三高技术在全球的领先地位，带动七路建设能力和水平不断迈上新台阶，大力促进“一带一路”沿线国家的长期发展。

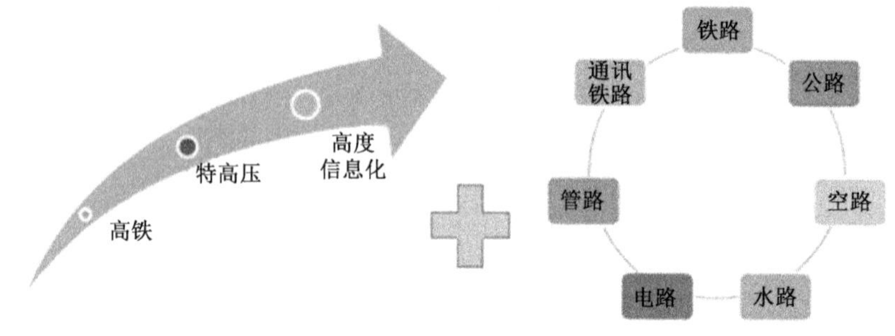

图7-5　中央企业具有强大的三高七路建设能力

中央企业是推进“一带一路”建设的坚强力量。“一带一路”倡议提出后，中央企业积极响应，把“一带一路”沿线国家和地区作为海外业务拓展的重点，发挥“三高七路”优势，已参与沿线国家基础设施互联互通项目1700多个，在20多个国家开展能源资源合作项目60多个。中国石油的中俄、中哈、中缅原油管道，中俄、中亚、中缅天然气管道等项目，有效解决了当地丰富油气资源输出难的问题。国家电网在俄罗斯等周边国家建设的10条输电线路，三峡集团、中国电建、中核集团建设的中巴经济走廊重点电力项目，中广核的马来西亚埃德拉电力项目，提供了当地亟须的电力能源。

一批采用中国装备和技术的工业、制造业项目在马来西亚、老挝、蒙古、印尼等国家成功落地，有效满足了当地经济发展需求。中央企业建设运营的巴基斯坦瓜达尔港、斯里兰卡汉班托塔港、希腊比雷埃夫斯港、吉布提港等项目，提升了当地港口运营水平，为经济贸易发展做出了积极贡献。前港—中城—后区的建设发展模式[7]得到各国的普遍欢迎。

设施联通、贸易畅通，企业是行为主体；政策沟通、资金融通、民心相通，企业是重要力量。我们的企业要坚定信心，紧紧抓住“一带一路”带来的发展机遇，勇敢承担起倡议落地的历史责任，积极参与“一带一路”建设，将企业发展融于“一带一路”建设之中，推动共建“一带一路”向高质量发展转变，形成更多看得见摸得着的建设成果。总结已经取得的成绩，直面尚存的问题，我们的企业在参与一带一路建设中要特别注意以下几点。

一要坚持搞好发展战略对接。“一带一路”建设项目是为双边或多边发展战略对接服务的，必须在经济上合理，能够持续地为两国或多国人民造福。要避免就项目论项目，侧重从发展规划入手，加强各方协同。首先，从当地经济规模、经济结构和发展诉求出发，合理确定上马项目和项目规模，注重对经济社会发展的带动性、示范性，避免盲目贪大脱离实际，不仅不能带来现实直接经济效益，

7“前港—中区—后城”，即由港区带动园区再推动城市的发展，探索“开发+运营+资管”的营业模式，寻求公司规模和利润的潜在增长点。这是目前多数中央企业在境外投资经贸合作区时采用的模式。

还会增加所在国经济负担。其次，具备能力的企业要主动帮助建设项目所在国制定发展规划，明确不同阶段的产业结构、发展重点、目标要求，本着互利共赢的原则，循序渐进提升所在国自身“造血”功能，实现当地经济和项目长期可持续发展。此外，要高度形成行为共识，相关项目应建立在有关各方共识的基础之上，必须加强有关方面的协同合作。承担项目建设的企业，要本着对两国人民负责的态度，及时了解掌握双边或多边谈判达成的共识和尚存的分歧，从政治、经济、社会、文化、市场、法律、政策等方面对项目风险进行全面评估，提出的建设方案要得到相关方面依法定程序的认可，资源配置方式要合法、有效、可靠，碰到问题要及时报告双方政府有关部门并接受其协调，一举一动要体现中国企业与项目相关国家合作并对国际社会负责的精神。

二要坚持双向推进。共建“一带一路”，既要与发展中国家携手，也要与发达国家合作。要根据相关国家的不同需求，积极推进双边和多边合作。对发达国家，要大力提升共建“一带一路”的全球参与度，发挥其在人才、资本、技术、管理、品牌、市场、风控和地缘等方面的优势，携手开拓“一带一路”沿线第三方市场，加大在高铁、核电、特高压、移动通信、重大基础设施建设等我方优势产业领域的合作力度，搭建诸如复兴号高铁平台、华龙一号核电平台、水利水电建设和特高压电网等各类合作平台。对发展中国家，要大力搭建高效产能合作平台，以航空、航天、机械、电力、冶金、炼化、建材、轻工、纺织等高效产能为重点，围绕六廊七路多国多港主干道和交通枢纽，结合当地市场需求，建设境外产业园、物流园等合作园区，加快发展产业集群，发挥好基础设施对经济社会发展的带动效应，促进相关国家的工业化、信息化、城镇化。例如，大力建设中白工业园、赞比亚有色金属工业园，等等。

三要更加注重高质量推进项目建设。经过夯基垒台、立柱架梁的五年，共建“一带一路”正在向落地生根、持久发展的阶段迈进。我们的企业要像习近平总书记在出席推进“一带一路”建设工作五周年座谈会讲话中要求的那样，在过去五年共建“一带一路”完成总体布局，绘就了一幅“大写意”之后，要聚焦重点、精雕细琢，共同绘制好精谨细腻的“工笔画”。中国企业要集中力量、整合资源，以严、细、实、恒的作风，高质量推进项目建设，使各方面的建设项目都经得起历史检验。基础设施建设工期紧、风险高、影响大，最怕各种原因形成拖延停顿。必须集中优势资源打歼灭战，要主动对标国际一流标准，在建设、管理、服务上下功夫，树立中国标准、中国企业的形象，确保按期保质保量建设完成。要聚焦实业主业，推进境外业务区域化、属地化、专业化发展，加强产业链上下游企业间、相关产业链企业间的业务协同，以集团优势能力组合来增进全球业务的统筹发展，切忌战线过宽、力量分散、什么都干。承担共建“一带一路”重点任务的企业要大力实施国际化优先发展战略，坚持资源配置优先、投入优先、管理优先和激励保障优先，大力营造全员关心、支持和参与“一带一路”建设的文化氛围。

四要加快建设方式的转型升级。在“一带一路”建设过程中，要告别过去那种单一企业分别走出去单打独斗相互竞争的落后局面，通过抱团出海加强企业协同，打造各类合作平台，优化全球资源配置。企业对外投资的产业选择、区位选择和模式选择要不断优化，经营方式要加快向平台型、网络型、品牌型、服务型、责任型企业转型，加快技术创新、管理创新和商业模式创新。要大力推进商产融结合，以优势大企业为核心打造平台网络和渠道，发挥其在国际化经营中的人才、资本、信息、资源整合和风险防控等方面的综合优势，联合境内外各类资本，带动更多企业共同参与建设“一带一路”。要引导所在国创新发展模式，更多采用非债务模式推进项目建设，通过创新融资工具、推进水、电、矿、产（园）等一揽子项目合作等方式，在不增加所在国债务负担甚至降低债务负担的情况下，帮助当地实现工业化、信息化、城镇化。要注重携手搭建跨国并购重组平台，推动同行业及产业链上下游企业通过股权合作等方式，组成横向或纵向联合体，参与对境外先进企业、研发机构、著名品牌和营销网络的并购重组，推动中国企业向国际市场价值链高端迈进。国际化经营平台建设要注意与发展混合所有制经济有机结合起来加以推进，在管资本的制度层面做出制度安排，发挥各种资本的优势，不断提高抗风险能力。

第八章

适应“四化”同步发展

党的十八大报告明确提出“坚持走中国特色新型工业化、信息化、城镇化、农业现代化道路，推动信息化和工业化深度融合、工业化和城镇化良性互动、城镇化和农业现代化相互协调，促进工业化、信息化、城镇化、农业现代化同步发展。”

“四化”同步发展既是党中央对我国经济社会发展阶段性特征及发展任务的科学把握，也是深入推进现代化建设进程的重大战略决策。习近平总书记在十八届中央政治局第九次集体学习时指出，我国现代化同西方发达国家有很大不同。西方发达国家是一个“串联式”的发展过程，工业化、城镇化、农业现代化、信息化顺序发展，发展到目前水平用了二百多年时间。我们要后来居上，把“失去的二百年”找回来，决定了我国发展必然是一个“并联式”的过程，工业化、信息化、城镇化、农业现代化是迭加发展的。习近平总书记在党的十九大报告中郑重宣布，经过长期努力，中国特色社会主义进入了从站起来、富起来到强起来伟大飞跃的新时代，开启了全面建设社会主义现代化国家新征程。要在继续推动发展的基础上，着力解决好发展不平衡不充分问题，大力提升发展质量和效益，满足人民日益增长的美好生活需要，更好推动人的全面发展、社会全面进步。要坚持和完善我国社会主义基本经济制度和分配制度，毫不动摇巩固和发展公有制经济，毫不动摇鼓励、支持、引导非公有制经济发展，使市场在资源配置中起决定性作用，更好发挥政府作用，推动新型工业化、信息化、城镇化、农业现代化同步发展，主动参与和推动经济全球化进程，发展更高层次的开放型经济，不断壮大我国经济实力和综合国力。我们的企业应积极响应号召，看清大势，抓住机遇，担起使命，深刻认识“四化”同步发展的趋势与规律性，适应“四化”同步发展对各类企业提出的战略要求，创建恰当的企业制度和市场格局，在参与解决我国“四化”同步发展中的不平衡不充分问题中创新发展，并为支持发展中国家“四化”发展做出我国企业的应有贡献，促进全球经济健康增长。

01»

“四化”同步发展的国际比较

大国现代化是经济社会发展全面的现代化，涉及农业现代化、工业现代化、服务业现代化、科技文化产业现代化等方方面面。现阶段，服务业现代化以城镇化、网络化发展水平为标志，科技文化产业现代化以信息化、智能化发展为重点。因此，大国现代化的过程就是实现工业化、信息化、城镇化和农业现代化的过程。一些人口规模较小、非工产业发展基础好的国家，则可以不经历大规模工业化过程而实现现代化，比如新西兰、摩纳哥等。

世界各国“四化”发展的过程大致有三种情形，一是英美等先发国家的串联式，二是中国等后发国家的并联式，三是德日等战后重建国家的混合式。

以英美为代表的西方发达国家，其工业化、城镇化、农业现代化、信息化的阶段性顺序发展特征较为明显，呈现出“四化”串联式发展的历程。

英国早期的作坊手工业发源于乡村，有上百年的发展历史，手工业促进了乡村和城镇的共同发展。蒸汽机革命使工业化和城市化并驾齐驱。从 18 世纪中期到 19 世纪中期，英国花 100 多年时间初步实现了工业化和城市化。随着第二次工业革命的推进，大工业与城市化一度冲击了乡村发展。之后，中产阶级的成长和汽车的使用推动了郊区建设，政府产业发展政策、乡村建设政策和能源、交通、通信技术进步的联合作用，逐步解决了工业化过程中农村发展滞后问题，推进了农业农村农民的现代化。

美国在 18 世纪还是原始农业社会。其工业化进程始于 19 世纪初，虽然起步晚于英法德等欧洲国家，但借助于欧洲工业革命力量的带动，进展很快。到 19 世纪 60 年代，美国成为仅次于英国的世界第二大制造业国家。19 世纪 80 年代，美国工业总产值超过英、德两国，成为世界第一工业强国。之后，美国在 20 世纪前十年实现流水线工业大生产，20 世纪 30 年代实现农业大生产，50 年代城市化率超过 60%，60 年代开始第三次工业革命，80 年代进入信息化时代，90 年代踏上信息高速公路，至今仍在引领全球互联网时代的科技发展。

德国和日本的“四化”历程走的是一条先串联后并联的混合式发展道路。德国是第二次工业革命的领头羊，日本也在明治维新后较早走上工业化道路，两国都有长达百年的工业发展基础，都在上世纪初基本实现了工业化和城市化。但为扩张市场抢占资源，两国因发动侵略战争惨遭失败，20 世纪 40 年代都被炸成一片废墟。日本的广岛和长崎还遭到了原子弹的轰炸。在战后重建过程中，百废待兴的两国自然都选择了工业化、城市化和农业现代化同步推进的策略，并成为最早开展信息化建设的国家之一。

德国在战后重建基础上，工业和服务业很快得到恢复发展，重新成为欧洲经济大国。为恢复振兴农业，德国加大对农业的投资力度、农村的组织力度和农民的培训力度，以现代工业装备农业生产，以信息技术管理农业经营，以生物科技引领农业发展，推进了农业大生产，逐步实现了规模农业、绿色农业、精准农业，实现了农业现代化。

日本则在亚洲率先实现了工业现代化和农村城镇化。20 世纪 50 年代中期，日本工业进入高速增长阶段。20 世纪 70 年代初，日本成为重化工业品出口比重最高的国家之一，基础工业水平赶上了欧美发达国家。随着日本工业的高速发展，人口日益集中在东京等大城市圈，城乡不平衡越来越突出。为缩小城乡差距，从 20 世纪 70 年代开始，日本政府加大了对农村的资金投入，并进行了较大规模的基础设施网络建设。为解决区域发展不平衡问题，日本先后制定和实施了五次全国综合开发规划，分别从产业发展、社会福利、居住环境、村镇建设、城乡一体化等方面提出战略目标，促进了城乡统筹发展。

澳大利亚和新西兰同处澳洲，也都是富裕的现代化国家，但二者的“四化”发展国家战略却大不相同。二战结束时，澳新都是富裕的农牧国家，农牧业、旅游业、博彩业是其主要经济支柱。凭着良好的自然资源优势和巨大的世界市场需求，他们在战后过着优越的生活。但由于缺乏大工业支撑，两国的经济增长率都不高，远不如战后重建国家的 GDP 增长。1960 年前后，澳大利亚经过多年激烈的举国辩论后达成共识，确立了工业化发展战略，走上了工业发展快车道，矿业和制造业迅猛发展。经过 20 多年的努力，到 20 世纪 80 年代，澳大利亚的工业增加值在 GDP 中的占比超过 70%，发展成为了一个工业化国家。但环境却因工业发展变得不如新西兰优美，传统的农牧、旅游和博彩产业的发展也受到工业化的负面影响，人们的发展获得感很不均衡，只靠工业化难以实现令人满意的持续协调发展。20 世纪 80 年代初，又经过几年的举国再辩论，澳大利亚达成新的各方共识，开始实施“聪明的国家”战略，选择主要依靠人力资源而非自然资源来支撑发展，大力发展科技文化产业和服务业，支持中小企业发展，走均衡发展的道路。又经过 20 年，到本世纪初澳大利亚服务业增加值占 GDP 比例超过 70%，成为现代化国家。

新西兰拥有 26.8 万平方千米国土面积，却只有 450 万人口。新西兰一直坚持农牧国家的绿色发展战略，大力发展服务业，注重农林牧产品深加工，坚持不搞大规模重化工业，集中力量推动农业现代化、城市化和信息化的发展，既维护了绿水青山的优美环境，也较好地实现了经济社会的持续发展。

1949 年，中国的工业化水平很低，如表 8-1 所列[1]，全国发电量 43 亿度，产钢 15.8 万吨，相当于 2017 年我国 6 个小时的发电量和 1 个小时的钢产量，人均 GDP 仅 23 美元。20 世纪 50 年代，我国在奋力抗美援朝的同时，开展农村土地改革，对城市工商业进行社会主义改造，大力恢复生产、加快工业建设，组建一批大学，制定全国科学技术发展远景规划，并在苏联帮助下建设 156 个重点工业项目，搭起了工业发展的骨干体系。20 世纪 60 年代后，逐步建立了基本的能源交通通信体系，开展了大小三线国防工业建设，完成了“两弹一星”伟大工程。70 年代，国营企业的人才、技术开始外溢，农村社队企业开始发展。到改革开放前，中国已建立起了比较独立的工业体系和国防体系，有效维护了国家的安全统一。但是工业化水平不高，城市化发展滞后，服务业占 GDP 比例低于 18%，农业生产也因小农生产方式和公社化生产关系不相匹配而缺乏效率。

表 8-1　全国发电量、粗钢产量、人均 GDP 指标对比

年　份	1949 年	1990 年	2017 年
发电量（亿千瓦时）	43	6146	62758
粗钢产量（万吨）	15.8	6604	83172
人均 GDP（美元）	23	343	9482

1978 年后，改革开放推动中国实行社会主义市场经济，全面加快了中国工业化、信息化、城市化和农业现代化步伐，我们将西

1 数据来源于国家统计局.

方两个多世纪的发展进程压缩到 40 年中，创造了人类最大规模最快速度的现代化进程，实现了奇迹般的大国崛起。中国城镇化发展持续平稳推进，信息化快速发展后来居上，农业现代化成效巨大，农业大生产加快推进，工业化发展则呈现出每十年一个显著飞跃的鲜明特征。

1978—1988 年，我国基本解决人民群众生活基本消费品从无到有的问题。改革开放带来活力，生产要素的市场化流动组合创造奇迹。由于人民生活基本消费品严重短缺产生的巨大市场缺口、农村联产承包后产生的近乎无穷的劳动力供应、从国有企业走出的众多“星期日工程师”、境内外各种资本的流动参与等多种因素的相互作用，乡镇企业在全国各地得到爆发式增长，数量从 150 万家增加到 1890 万家，生产总值增长了 13.5 倍，从占 GDP 的 14%上升到 46%，创造就业岗位达 1 亿个以上，农民的平均收入水平增长了 12 倍。改革开放初期的 10 年，随着农地的分户精耕细作和乡镇企业的快速发展，生活基本消费品供应出现爆炸性增长，中国告别了长期困扰社会发展的短缺经济，有效解决了粮食安全问题。8 亿农民成为这个时期经济改革最大的推动者和受益者。

1988—1998 年，初步实现劳动密集型产业的从小到大发展。遍布中国城乡各地的劳动密集型工厂生产了大量轻工产品，中国成为全球最大的纺织品生产国和出口国，棉花的最大生产国和进口国，家具和玩具的最大生产国和出口国。国有企业改革不断深入推进，乡镇企业继续高速发展，其产值在 1978—2000 年之间保持平均每年增长 28%，连续 20 多年平均每三年翻一番。乡镇企业的大发展有力促进了全国各地的城镇化发展，中国进入了一个前所未有的大规模农民工进城务工的快速工业化时期。成千上万的农民工作为在城市工作的农民，成为推动城镇化、工业化和农业现代化同步发展的中坚力量。

1998—2008 年，资本和技术密集型重化工产业快速发展。教育大投入、西部大开发、快速城镇化、加入 WTO、全方位参与国际市场竞争、信息化升级换代、能源交通通信基础设施迅速发展、银行系统优化重整、资本市场快速扩大、国有大中型企业焕发活力，在这些因素综合作用下，中国重化工产业迅速发展，油气、煤炭、电力、钢铁、水泥、塑料、化纤、机床、汽车、有色金属、工程机械、军工装备、高速公路、移动通信等的生产、消费和技术创新迎来了一个又一个高峰，推动中国朝着世界制造和贸易大国快速迈进。

2008—2018 年，中国进入“四化”并行发展新阶段。2008 年发生在美国的金融危机改变了世界发展的态势。打那以后，西方国家一直在危机后的泥潭中折腾挣扎，中国则逐步进入经济发展新常态，开启创新、协调、绿色、开放、共享发展的新阶段。针对工业产能过剩、环境污染严重、城市中等收入人群快速增长、农业农村农民发展相对滞后等问题，着眼于全面建成小康社会、实现社会主义现代化和中华民族伟大复兴，党的十八大报告对推进中国特色社会主义事业做出了经济建设、政治建设、文化建设、社会建设、生态文明建设“五位一体”的总体布局。“一带一路”战略引领中国与世界各国共同推进基础设施建设和“四化”发展，供给侧结构性改革推动中国经济在从小到大的基础上向着从有到好转变，区域协同发展、乡村振兴战略和精准脱贫等攻坚战、构建共建共治共享的社会治理格局[2]正在改变中国发展中的不平衡、不充分问题，有力促进中国经济从高速度增长向高质量发展转变。体现自主创新系统集成能力的核电装备、海工平台、人工港岛、高速铁路、先进战机、移动通信、北斗导航、移动支付、现代物流、智能机器人、新能源汽车、特高压电网、超级计算机等世界领先技术和产业如雨后春笋般发展起来。

---

2 袁金辉，乔彦斌. 自治到共治：中国乡村治理改革40年回顾与展望[J].行政论坛，2018(6):19-25.

02»

“四化”同步发展的趋势与挑战

“四化”之间不是孤立存在，而是环环相扣、相互促进的一个整体系统。在总体关系上，现代科技文化产业的发展是贯穿“四化”同步发展的主线。工业化、农业现代化、城镇化、信息化的种种进步共同加快科技文化产业的发展；科技文化产业中包容增长的知识、经验、技术和客观规律加速现代化各方面的进程，更快解除发展瓶颈，不断以颠覆式创新促进跨界发展。在相互关系上，工业化是城镇化、信息化和农业现代化的根本动力；信息化是工业化、城镇化和农业现代化的加速引擎；城镇化是工业化、信息化和农业现代化的实现载体；农业现代化是工业化、信息化和城镇化的发展基础。改革开放 40 年来，我国取得了工业化、信息化、城镇化与农业现代化的一定成绩，一批世界级重大项目的建设、一批重大科技项目的突破、一批重点区域规划和专项规划的实施、一批行业领军企业特别是国有骨干企业的迅速崛起，有力促进了“四化”同步发展，并集中表现为以下五大趋势。

一是信息化和工业化融合发展。现阶段的信息化与工业化融合发展包括三方面主要内容：一是以工业化推动信息产业建设发展；二是以信息技术全面改造提升传统工业、带动实现工业生产信息化；三是在两者的相互融合中加快高科技新型工业的创新发展。显然，这既是传统工业提高经济效率的必由之路，也是信息化和新型工业化融合发展的根本路径。工业化为信息化发展提供坚实的基础，信息化为工业化插上腾飞的翅膀。21 世纪以来，我国信息技术产业突飞猛进，部分关键信息技术实现“弯道超车”或“换道超车”，信息技术应用的快速发展为新型工业化提供了强劲引擎，推动工业在重点行业领域不断实现新的突破。我国已建成全球规模最大的宽带通信基础设施，移动网络速率已超越美国，上网人数为世界之最。企业生产数字化、管理信息化、商务电子化技术广泛普及，水平迅速提升。

20 世纪 80 年代，国家选择了一批条件较好的国有大中型企业进行计算机应用试点，重点推进了计算机辅助设计（CAD）、计算机辅助制造（CAM）、管理信息系统等在办公、财务、人事和部分生产经营环节等方面的单项应用。从 2000 年起，国家推行“企业信息化工程”，推动大型企业实施企业管理信息化，建立局域网，连接互联网，并带动中小企业利用信息网络技术提升经营管理水平。2005 年后，逐步实现了核心业务如生产控制、人财物管理及网络营销等方面的信息化，企业办公系统（OA）、企业资源计划（ERP）、供应链管理（SCM）及客户关系管理（CRM）的普及度逐年提高，越来越多的企业利用互联网开展电子商务，企业信息化综合集成应用的水平明显提高。近年来，企业信息化开始进入以生产智能控制、供应链及客户关系的优化管理及协同商务为标志的信息化高级阶段。到 2016 年，我国制造企业数字化研发设计工具普及率达 61.8%，关键工序数控化率达 45.4%，各类企业都已基本实现企业管理信息化，电子商务广泛应用，重点行业骨干工业企业电子商务普及率达 54%，钢铁、石化、冶金、汽车等行业形成了一批百亿级、千亿级行业第三方电子商务交易平台，显著提升了生产效率，降低了生产成本，拓展了价值空间。

二是工业化和城镇化互动发展。工业化和城镇化良性互动，是现代经济社会发展的显著特征。工业化为城镇化提供强有力的经济支撑，城镇化为工业化提供广阔市场空间。工业结构演进带动城镇体系发展完善，城镇化进程增加对工业品和基础设施的增长需求。现在，我国工业体系完整、门类齐全、配套完善，制造业规模稳居世界首位，钢铁、有色金属、建材、汽车、家电等 200 余种工业产品产量稳居世界第一。工业化快速发展创造了大量就业岗位，吸引农村劳动力加快向城镇集聚。全国城镇就业人员比重从 1978 年的 23.7%增长到 2016 年的 53.4%，城镇化率则相应从 17.9%增长到 57.4%。到 2018 年，我国中等收入人数突破 4 亿人。城镇化的快速发展释放出巨大的内需潜力，极大地增加了对各类工业品的市场需求，进一步促进了制造业的发展、工业化水平的提升和城镇基础设施建设的全面跃升。工业化、信息化与城镇化的融合，促进中国出现了一批 GDP 较高的城市经济体。2017 年，上海 GDP 达 3 万亿元，超过英国、法国；北京、深圳、广州的 GDP 超 2 万亿元，超过加拿大、韩国；重庆、天津等 13 个城市 GDP 超 1 万亿元，超过荷兰、瑞士等国家水平，如表 8-2 所示[3]。

三是信息化与城市化并行发展。城镇化的核心是人的城镇化，信息化的核心是人的信息化，城镇化和信息化如人之两腿、车之两轮，需保持同步并行。城镇化是信息化发展的主要依托，信息化是城镇化发展的重要内容。文化是城镇的灵魂，信息是城镇的资源。信息化丰富城镇的灵魂，提升城镇的价值。城镇是信息生产的源泉，是信息交换的市场。城镇化带来信息的涌流，促进信息化发展。与历史上一样，城镇始终是信息生产、集散、交互、储存、加工、传播的处所，城镇化支撑和扩张信息化。与过去不同，互联网时代，信息成为比土地、能源更重要的社会资源，信息流带动商品流、资金流、人才流，成为城镇发展的主导力量，信息化加快和提升城镇化建设水平。工业化与城镇化的互动靠信息化协同，信息化与工业化的互动靠城镇化支撑，城镇化与农业现代化的协调更依赖于信息化的远距离沟通与互动。农民工是建设中国城镇的主力军，不了解农民工就难以理解中国 40 年来的“四化”发展。是城镇化发展吸引了数以亿计的农民工，是信息化帮助留住了数以亿计的农民工。中国的城镇化还有很大的发展空间，中国的信息化正在赶超美欧成为世界一流，中国的智慧城市建设等重大工程建设正在为信息化和

---

3 数据来源于国家统计局。

城镇化并行发展拓展出新的巨大市场空间。

表 8-2　2017 年全国各省及直辖市 GDP 总量及增速表

地区	2017年GDP总量	GDP增速
广东省	89879	7.50
江苏省	85901	7.20
山东省	72678	7.40
浙江省	51768	7.80
河南省	44988	7.80
四川省	36980	8.10
湖北省	36523	7.80
河北省	35964	6.60
湖南省	34591	8.00
福建省	32298	8.10
上海市	30134	6.90
北京市	28000	6.70
安徽省	27519	8.50
辽宁省	23942	4.20
陕西省	21899	8.00
江西省	20819	8.80
广西壮族自治区	20396	7.10
重庆市	19500	9.30
天津市	18595	3.60
云南省	16531	9.50
黑龙江省	16200	6.40
内蒙古自治区	16103	4.00
吉林省	15289	5.30
山西省	14974	7.10
贵州省	13541	10.20
新疆维吾尔自治区	10920	7.60
甘肃省	7677	3.60
海南省	4463	7.00
宁夏回族自治区	3454	7.80
青海省	2643	7.30
西藏自治区	1311	10.00

四是城镇化和农业现代化协调发展。城镇化和农业现代化相互协调，是中国平衡发展、充分发展的应有之义，是中国农村发展的必然要求。没有农业现代化，城镇化就会成为无源之水、无本之木；而没有城镇化的发展，农业现代化就会失去目标，农民市民化现代

化就无法实现。城市基础设施和公共服务向农村延伸，辐射带动农业现代化发展；农业现代化反过来又为城镇化发展提供粮食、人力和自然空间的保障。2017 年，中国无电人口通电问题全面解决，电信普遍服务实现 100%“村村通电话”，固定宽带网络覆盖所有乡镇和 95%行政村。进城务工人员随迁子女在公办学校就读比例超过 80%，城乡居民养老保险制度基本实现整合，基本医保参保率超过 95%。农村居民人均可支配收入逐年增加，城乡居民收入差距缩小到 2.72:1，农村教育、卫生、文化等事业加快发展。农业生产效率的提升为城镇化提供了充足的粮食保障，农村丰富的土地资源为城镇化提供了广阔的发展空间，大量农民进城务工为城镇化提供了丰富的劳动力资源，城市生活有效促进了农民向市民转变，城市各方面力量参与对农村的精准脱贫，有力加快了农业农村农民的进步，必将带动形成城乡更平衡更充分的发展。

五是行业领军企业为“四化”同步发展提供发展动能。“四化”同步发展的主要引擎是行业领军企业。行业领军企业是所在行业发展的领头羊，是推进行业参与社会“四化”融合发展的带头力量。行业领军企业又是所在领域吸收利用社会“四化”同步发展成果的主要平台，是推动本行业实现科技化、国际化、现代化的主体力量。因此，行业领军企业既要及时掌握社会“四化”发展的总体趋势，广泛吸收各领域发展的最新成果，不断拓宽“四化”建设发展空间，也要充分发挥本企业的优势，在解决“四化”同步发展瓶颈问题中奋力开拓新的市场。值得自信的是，经过 40 年改革开放的不断锤炼，中国已拥有一大批具有综合竞争实力的世界级行业领军企业。

如图 8-1 所示[4]，在 2018 年《财富》世界 500 强企业中，中国企业达到 120 家，创历史新高，上榜数量仅少于美国六家，稳居全球第二位，其中国资企业 88 家，占全部上榜企业的 73%，国家电网、中国石油、中国石化进入全球前五强。以信息化企业为例，华为在 5G 通信技术中处于全球领先，中国移动的客户规模和移动网络规模成为世界最大，中国电信的光纤宽带和物联网规模位居全球第一，航天科工的工业互联网建设走在行业前列。阿里巴巴、腾讯、百度、京东四家企业居全球互联网公司市值前十强。在关系国家安全和国民经济命脉的重要行业、关键领域、战略性新兴产业领域崛起的一大批行业领军企业，担负起从各方面推进"四化"同步发展的主力军作用，极大增强了中国企业的国际市场竞争能力。

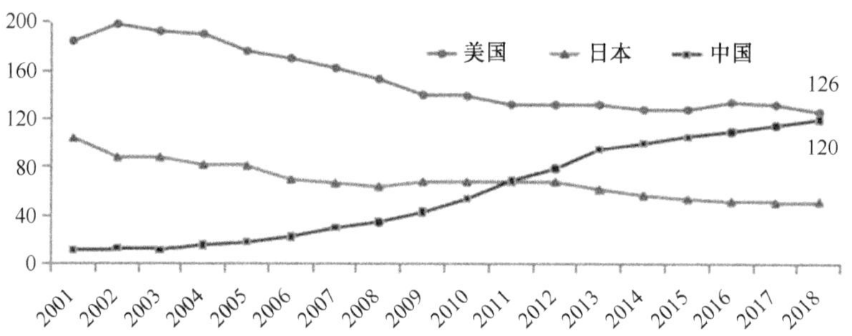

图 8-1 《财富》世界 500 强上榜企业数量对比图

我国"四化"同步发展虽然成效显著，但仍然面临诸多挑战，总体发展仍然存在不够强、不够优、不平衡、不协调、不充分等矛盾和问题，集中表现在：制造业够大不够强，信息化、工业化发展

4 数据来源于 http://www.fortunechina.com.

程度和融合深度都还不够；城镇化发展不够优不够美，工业化和城镇化相互促进不够协调；农业现代化发展相对滞后，城乡一体化进展仍较缓慢；区域发展不平衡，东中西部发展差距较大；制约“四化”同步发展的主要瓶颈尚待突破，核心器件、高端芯片、基础软件等受制于人的“卡脖子”问题尚未解决；适应“四化”同步发展的体制机制尚不完善，行业领军企业的主体作用和积极性未得到充分发挥和有效协同。

03»

当好“四化”同步发展的企业先锋

回顾历史，自 1978 年改革开放以来，我国以数倍于西方主要发达国家的速度进行着工业革命，用 40 年时间走完了西方发达国家先后两百多年的发展历程。我国跨越式发展成绩显著，但也仍然存在大量发展不平衡、不充分问题。展望世界，全球不同国家和地区仍然处在大不相同的发展阶段：世界上尚有 13 亿人口无法获得电力供应，即有 17%的地球人尚未体验到第二次工业革命的成果；全球尚有 40 亿人口未能接入互联网，即有 2/3 的人尚未使用第三次工业革命的成果。因此，促进“四化”同步发展，在国内国外都还有大量工作要做。我们的企业既要适应国内“四化”并行的时代要求，又要争做促进后发国家“四化”发展的企业先锋。

一要建立能够适应“四化”同步发展的企业制度。“四化”同步发展中社会生产力状况的一个显著特点，就是体力、机器、脑力、智能各有其用武之地。这就要求同一时期的不同企业要采取不同的企业制度，而切记盲目搞企业制度的单一化。传统的线下服务业特别是乡村和社区的服务业要依靠体力、经验、品牌和渠道，其企业制度可以更多地采用独资企业制度。规模化的工业企业需要大资本、大市场和治理制衡，公司制股份制成为首选，在这一领域要继续发挥好公司制的优势。在农业生产中，包产到户的精耕细作适合采用家庭独资企业形式，农业大生产则适合采取公司制或股份合作制，而生物科技型农业企业需要风险资本来支持创新，当然应更多采用有限合伙企业制度。其他领域的科技文化企业也是如此。当所需风险资本不多时，小微企业可以采取个人独资的企业制度；当企业成长与竞争需要较大资本支持时应分阶段引入有限合伙基金如天使投资或风险投资；而当企业进入市场扩张或投资退出阶段时，企业应及时改制上市成为公众公司；陷于过剩落后产能状态的企业，应及时重组更新。

中央企业等特大型企业集团，面对全球开展经营，要以管资本为主科学安排好企业制度结构，坚持集团公司一级的国家独资或国家全资体制[5]；在二级企业大力打造引领行业或领域的创新发展平台，以有限公司和有限合伙等混合所有制形式与各类创新主体规范展开合作；将控股上市公司置于二、三两级以内，既充分利用渠道资源又有效防控市场风险；鼓励管理层和企业员工成立有限责任公

5 参见第四章。

司或有限合伙企业参与企业跟投持股；严格控制企业已有管理层级在五级以内，四级企业不再对外投资，不断优化企业资源配置，严防监管失控。

二要制定能够引领“四化”同步发展的企业战略。在“四化”同步发展过程中的企业战略，既要深入关注各个行业领域的发展状态，也要关注“四化”并行带来的机遇与挑战；既要创造条件推动行业领域的持续发展，又要着力解决好各个方面的发展不平衡不充分问题；既要关注解决好国内的发展问题，大力提升发展质量和效益，满足人民日益增长的美好生活需要，更好推动人的全面发展、社会全面进步；又要主动参与和推动经济全球化进程，发展更高层次的开放型经济，不断壮大我国经济实力和综合国力，积极推动人类命运共同体建设。

中央企业是国内经济社会发展的排头兵，是中国企业走出去开展国际化经营的领头羊。在“四化”同步发展过程中，为进一步发挥好这种排头兵和领头羊作用，中央企业要明确发展目标，优化发展战略。

如图 8-2 所示，按照中央企业“十三五”发展规划，中央企业的发展目标是要做强做优做大国有资本，培育一批具有全球竞争力的世界一流企业。为了实现好这一目标，中央企业要实施好“一体两翼三合”发展战略。“一体”就是要搞好企业主体的转型升级，要通过市场化改革调整，优化供给侧结构，搞好加减乘除，实现提质增效发展。“两翼”就是要搞好现代化创新和国际化经营。通过现代化创新向生产力的深度进军，通过国际化经营向生产力广度进军。一体两翼联动，就是要通过改革推动、创新驱动和开放带动，增强发展动能，实现稳中求进、高质量发展。“三合”就是公私混合、建营（制服）结合、产融结合[6]。“四化”同步发展中充满了跨界创新、颠覆式创新，企业既不能固守藩篱、错失战机，也不能不顾风险、盲目行动。要遵循时代潮流，按照规律办企业[7]。混合所有制是历史必然，产融结合是资本运动规律决定。PPP 在全球的持续兴起证明，科技文化产业的蓬勃发展，使建筑业与运营业结合、制造业与服务业结合成为市场发展的大势所趋。从单一走向结合，既有风险，更有效益。我们的企业要结合企业产业、资本、人才和管理的实际，及时推进“三合”，切实防范好风险。在监管过程中，国务院国资委对开展规范董事会试点的央企，允许其董事会在主业之外为企业提出一至两项“拟发展产业”，报经国资委同意后视同主业管理，目的就是要稳妥推进“三合”，使传统的主业管理适应科技文化产业创新发展的现实需要，更好做强做优做大国有资本。

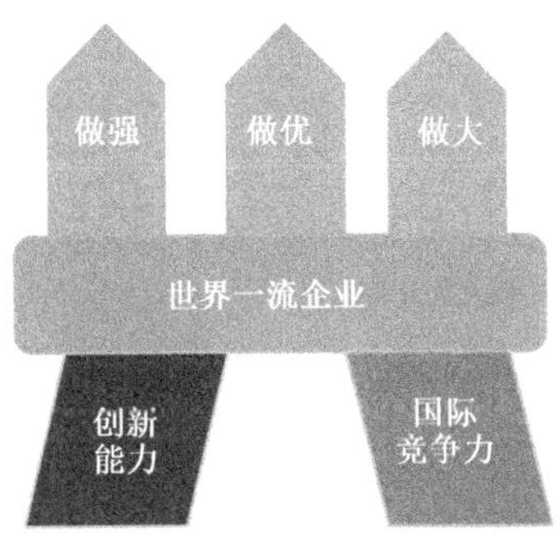

图 8-2　中央企业发展目标

6 参见第五章、第六章、第七章。

7 参见李荣融著：《按照规律办企业》。

三要建设和利用好各种市场形态促进“四化”同步发展，重点建设好市场化平台型企业[8]。市场和企业始终是紧密联系的，不适应市场机制的企业制度因缺乏效率会被淘汰，不能促进企业发展的市场形态将被改变。在“四化”同步发展过程中，生产力和企业制度多种多样，要求各种形态的市场同时存在和发展。离散化的、中心化的、分布式的、平台化的市场形态分别对应和支持独资企业、股份公司、有限合伙和网络平台企业的生存和发展，不同市场形态的区隔与联通阻碍或促进不同企业之间的区隔与互动。政府应及时建立并监管好各类市场，企业应结合自身实际充分利用好各类市场，不断优化资源配置，推动“四化”同步发展。

随着信息智能时代的发展，创新型的开放的市场化的网络平台企业成为推动“四化”同步发展的核心。在新的历史起点上，必须更好发挥网络平台型企业在第四次工业革命生态构建中的引领带动整合作用，将千千万万充满活力的小微企业与一个个阳光诚信的市场化大平台企业有机结合起来，共同推进“四化”同步发展。在新型工业化、信息化领域，大型工业企业、电信企业、互联网企业应当立足既有技术产业基础，充分利用我国市场广大优势，面向全球打造能力资源开放共享的市场平台，优化产业生态环境，在新一代信息技术、高端装备、智能制造、绿色能源、新材料等领域发挥引领带动整合作用，集聚高等院校、科研院所、金融机构、生产服务配套企业等产业链、创新链上下游资源，共同打造新一轮工业革命的产业新生态。在城镇化领域，行业领军企业应携手各方打造市

8 参见第三章。

场化平台，全面提升高铁、特高压、高端信息化技术水平，加强铁路、公路、水路、空路、油气管路、电路、通信线路等重大基础设施建设，支持智慧城市、市政工程、交通运输、环境保护、生态建设、保障性安居工程的建设和发展。针对“四化”协同发展的薄弱环节——农业现代化领域，应在继续发挥广大中小创企业决策高效、组织灵活、“嗅觉”敏锐等优势的同时，积极贯彻落实乡村振兴战略和区域协调发展战略，加大生物生态科技投入，支持农业大生产发展，加速推进信息化与三农的跨界融合，将千村万户农民与教育、卫生、科技、商品、资本、旅游、扶贫等各类信息网络平台紧密结合起来，以农业物联网、农村电商、农民大数据、农机智能化等为重点，加大智慧乡村、智慧农业建设力度。

还应强调指出的是，“四化”同步发展要在市场中实现，企业资源配置应由市场决定，政府应为企业提供和监管好市场，国有企业要成为市场基础设施建设和运营的主要力量。为促进“四化”同步发展，要加快国有经济布局优化、结构调整，推动国有经济向关系国家安全、国民经济命脉和国计民生的重要行业和关键领域、重点基础设施集中。要抓住全球第四次工业革命和发展中国家“四化”发展的战略机遇期，联合国有企业和其他具有责任承担能力的企业打造成具有国际竞争力的市场网络平台型企业，更好地为成千上万家企业和千家万户提供服务，为我国“四化”更平衡更充分发展出力，为世界和平发展经济繁荣做贡献。

第九章

积极践行共享经济

工业化、城市化、信息化和农业现代化并行发展的一个重要结果，是共享经济加快发展起来。它的发展是如此之快，以至于在人们还没有区分好到底是称为共享经济还是分享经济的时候，它就已经在中国占到了 GDP 的 5%，到 2020 年，没准就会达到 10%，比其他经济的发展都来得迅猛。事实上，2016 年，我国以一定方式享受共享经济的消费者就已经达到 6 亿人，以各种方式参与共享经济的服务者则超过了 6000 万人[1]。

在广义上，共享经济是一种新兴的经济发展模式，一种新的社会资源配置方式，一条新的社会问题解决途径，一种新的社会进步文化。在狭义上，共享经济是指通过建立和利用开放共享的信息网络平台，将社会相关群体内企业或个人的资源使用权信息集聚起来，利用大数据、云计算、移动通信和人工智能等新一代信息技术，在第三方平台的一对多监管下，有效实现多对多的供需匹配与交易，并由所有者、使用者和交易平台共同分享这种交易带来的收益

1 选自中国国家互联网信息办公室副主任任贤良在 2017 年第四届世界互联网大会做的“分享经济：创新与治理”上的主旨演讲。

的一种新的资源配置方式。这种资源配置方式中最大的特点，是各交易主体按照共同认可的平台共识协议交易标的资源在一定时段内的使用权，资源的所有权及收益权、处置权等则不发生变化和转移。在不涉及所有权的情况下分时共享标的资源的使用权价值，正是“Sharing Economy”既被翻译为“共享经济”又被翻译为“分享经济”的原因。产权是一束权利，包括所有权、使用权、收益权、处置权等多个方面。在市场化的资源配置过程中，这些权利可以集中于一体配置，也可以分置给不同的主体使用。从产权集中的角度看，“Sharing Economy”中的资源提供方向使用方分享了标的资源产权的使用权价值，因此是“分享经济”。从产权分置角度看，“Sharing Economy”中不同的资源使用方共享了提供方标的资源的使用权价值，因此是“共享经济”。本书的立场是从外向内看企业，从“Sharing Economy”的本质是社会各方共同利用新技术在新型企业平台上共享资源配置效率提升价值的角度考虑，选择“共享经济”的称谓。

01»

两个有趣的特点

共享经济有两个鲜明而有趣的特点。一是共享经济是共享出来的经济。非经共享，就不经济；共享越深，共享价值就越大，社会资源配置效率就越高。共享经济中标的资源的使用价值都是全时段的，但这种使用价值只有在充分使用中才能实现，不用就存在价值浪费，不用也有成本必须支付，不用甚至更容易形成价值毁损。越是昂贵的东西越是如此。由于标的资源所有者主体自身使用标的物的时间和频率总是有限的，故而标的资源的使用价值通常并不能充分发挥出来。通过交易与人共享，使原来没有应用的使用价值发挥出来，并由所有者、使用者和交易平台共同分享这种价值带来的收益，就形成了共享经济。从这一点上看，世界上的绝大多数东西都具有一定的可共享性！由于现有市场上的人和物，已经充分发挥了其全部使用价值的还只占很小很小的比例，因此可以断定，未来共享经济的发展规模必将是极其巨大的。

共享经济将彻底改变社会生产和消费的模样，使之朝着高新产品创造与已有产品充分利用两个方向被同等重视的模式发展。社会既注重创新，也注重共享，人们的物品价值观将从拥有更多向用得更好转变，经济发展将变得更加开放、更加绿色、更加协调。在共享经济发展过程中，人们头脑中人与物的关系将发生深刻变化，不求所有但有所用将日益成为全新的产权观念。当科技发展使人们需要的各种物品都能够越来越多的通过各类共享平台安全方便地实现招手能有、随手好用、挥手即去的时候，物品所有权便越来越多的只须归集于一个个共享平台而不必每家每户都去单独持有了。各种物品与服务的使用效率会因此大大提高，经济社会资源的稀缺性会因此大大降低，人们在物质产品占有上的两极分化将大为改善，个人自拥过多的物品甚至会被视为落后的生产生活观念和方式。因此，随着共享经济的不断发展，人们必须拥有所有权的物品范围将逐渐收敛，而可以拥有使用权的物品范围将快速扩张。房子、汽车、飞机，老师、医师、教练，甚至采购、生产、销售，都是可以随时随地共享或外包的。

从共享经济的发展趋势中我们联想到，共产主义“各尽所能、按需分配”原则中的“需”，并非总要理解为所有权之需，而是可以更多地理解为使用权之需。当科技文化进步使民众生产生活中的要用之物多数都可通过各类共享网络平台方便地获得时，社会的资源配置方式就会不断更新，人们就可以越来越远离拜物教的魔爪，从疯狂追求物的所有权的无休止竞赛中解放出来，日益摆脱物的异化和累赘，形成对多余物品所有权的断、舍、离观念，更好地实现人的自由而全面的发展。

二是共享经济是平台化市场经济。没有平台，就难共享。交易平台是分布式市场网络与交易中心两相结合的产物[2]。市场节点间是分布式的多对多互动，但市场中有一个交易中心，交易中心与各市场节点之间是一对多互动，形成了一个具有中心节点的分布式交易网络，如图 4-3 所示。其交易机制既有中心节点与二级节点之间形成的“一对多”上下互动，更有二级节点之间“多对多”的平行互动，共同形成了两级结构的“一对多+多对多”市场交易机制。通过一对多机制保障市场诚信、形成市场规模，通过多对多互动形成各交易主体对于交易标的物使用权较为充分的分时共享 ，有力提高社会资源配置效率，有效降低对物品终极所有权的个人需求。

在这里，交易平台机制的作用至关重要。确定平台功能、树立平台品牌、承担平台责任、设计平台机制、形成平台协议、建立平台共识、扩张平台节点、引入交易主体、披露交易信息、发现交易对家、形成交易价格、提供交易诚信、完成交易结算、实施交易监管，都要由交易中心与市场网络的互动来完成。人类可以共享的标的资源早已有之，愿意共享标的资源的交易主体早已有之，专营物品调剂或租赁的市场模式也早已有之，但大规模的共享经济在十年以前却从来没有在世界上出现。只有利用大数据、云计算、移动网

2 参见第四章 1、2。

络和人工智能等新一代信息技术搭建起来的“一对多+多对多”供需匹配平台机制实现后，建立了连接供需的网络渠道，减少了市场上的信息不对称，给出了各种交易问题的有效解决机制，有效内化和增强了交易诚信，显著降低了市场中的交易成本，创造了更高质量和更多样化的消费体验，共享经济才得以催生出来。让供需双方在信息化网络平台上按照市场共识协议无障碍、无疑虑地自主匹配达成交易，同时保持交易中心对每一单交易的适时监测，以及时有效地完成相关交易、防控系统风险、分配交易利益是共享经济得以大规模发展起来的根本原因。

02»

基础是信息共享

共享经济发展的基础是信息共享。信息是事物之间普遍的、全面的、动态的相互关联，是能解除人们对事物不确定性认知问题的客观存在。它看不见、摸不着，却能感知、可度量；它吃不得、烧不得，却分分秒秒离不得；它帮助人们认识宇宙万物之间的相互关系。信息正如马克思所说的那样，“人们能够自由地获得世界范围内的最大信息，才能得到完全的精神解放”。信息产品的生产与应用具有四个鲜明的特点，一是依靠人脑，二是易于复制，三是能够共享，四是快速更新。在劳动对象上，与工人、农民的劳动多是作用于某种物质向产品的转换不同，科技文化产业中码农们的信息产品是系统程序软件等，是人类脑力劳动的产物。在产品生产上，与工农业及传统服务业产品的复制成本很难降低不同，信息产品生产的独特性在于产品创制成本较高而复制成本趋近于零。在产品使用上，与某一物质、能量产品的使用权在同一时间只能属于某一个人或某一个企业不同，信息产品的使用具有广泛的可共享性。人们在将信息产品分发给他人的同时，自身仍拥有这一信息产品的全部效用。其结果是，信息在共享中不断增值，共享的人越多，信息产品的效用越大。在产品更新换代上，正如摩尔定律所描述的那样，信息产品更新换代很快，一代代新产品每隔一两年就会出现，老产品则过两三年就会被淘汰。在资产价值评估中，信息企业的固定资产折旧期只有重化工企业的 1/8 左右。有了互联网之后，上述特点更是得到充分表现。全球各地众多码农的脑力可同时共同参与某一信息产品的生产，使产品的生产能力迅速扩大。一件信息产品可在同一时间让无数用户共享使用，让信息产品的效用得到极大提高。随着互联网的技术进步，信息产品的结构、信息量和传输形式不断升级，产品生产和消费参与方不断扩大并很快相互转化和融合，迅速形成功能丰富、结构多元、布局广泛、规模庞大的信息交互集群，在推动全社会科技文化进步、促进全球产业发展中产生出日益巨大的磅礴能量。

上述特点决定了信息产业的发展具有比工农业和传统服务业发展更快的共享加速度和更广阔的共享发展空间，能大大降低人们信息交互的成本，迅速扩大可以共享的产品规模，极大丰富人们的物质文化和美好生活需求，并使社会生产力的发展越来越依赖于人脑而不只是消耗越来越多的自然资源。进入创新发展、协调发展、绿色发展、开放发展、共享发展新阶段，数据正日益取代物质能量成为企业价值的核心和主体。我们的企业应看清这种社会发展大趋势，高度重视信息科技的最新发展，注重在科技文化生产领域中配置更多的企业资源，主动融入共享经济发展，积极打造与相关生产者和消费者广泛互动的信息共享平台，不断增强企业与市场各方互动交易的能力，并通过信息全员共享加强企业文化建设，增强企业员工凝聚力，提高社会对企业品牌的认知度。

03»

关键是算力共享

共享经济发展的关键是算力共享。共享经济有两个发展方式，一个是大众共享公共产品，一个是个人共享他人闲散资源。二者都需要建立起共享平台，都需要平台具有随时随处算天算地算人的强大计算能力。计算机、智能手机及其互联网络，是人类创造的最伟大的产品，通过它们产生的计算能力是人类认识和改造世界的巨大力量，也是各类共享经济平台得以运转的功能基础。

社会闲散资源高度分散，其共享使用需要物品提供者和使用者借助共享网络平台的节点共识所形成的连接方式、交易平台和市场诚信来实现。相关资源和主体的聚集联网、相关交易的有效形成、支付结算与物流配送的及时完成，一刻也离不开共享平台计算能力的强力支撑。提高算力共享水平是发展共享经济的关键。算法越科学，算力越强大，可以求解的问题就越多，可以获得的信息就越多，可以掌握的知识和规律就越多，可以完成的交易就越多，企业发展创新突破和风险防范的能力就越强，企业和个人可以共享的资源就越丰富，共享经济的发展就越迅速。本质上，正是科技创新带来的算力升级加快了共享经济的发展。

说明共享经济发展空间巨大的一个有趣现象是，各国智能手机本身的计算能力现在就还是高度闲散的资源。智能手机用量巨大、分布广泛、更新换代很快，但其计算能力的绝大部分目前都是空置的，尚未有效加以利用。这是一座宝贵的算力金矿，亟待新的共享经济模式和算法去加以开发和利用。我国具有全球最多的计算机、手机和人才，应该在全社会算力共享上走在世界的前面。

在公共产品生产与共享上，天文科学、生命科学、环境科学、材料科学、人工智能、金融计算、国家安全、智慧城市等领域是算力消耗大户。试想，如果我们的算力足够强大，而算力成本又十分低廉，天气预报、雾霾防治、地震预测、药品研制、疾病控制、国防建设、社会治理、金融风险防控等方面的供给能力不足问题就能得到更好解决。为此，我们需要进一步集中资源，加快建设一批能力更加强大的国家计算中心，为国家、地区、行业和企业提供算力共享的高水平计算服务。其实，美国就正是这样做的。其高性能计算应用主要分为三类：第一类是与国家安全密切相关的使命性应用，如美国能源部各国家实验室所从事的核武器设计、试验、改进和安全储存的研究，要以超级计算机进行全面的数值模拟；第二类是解决能源、环境、健康等方面重大挑战性问题的应用，例如聚变能源、气候变化、新材料设计、新药创制等；第三类是以计算能力促进科学研究，例如在宇宙起源、人脑功能、基因组学等方面的科研应用。近年来，美国基于人工智能的高性能计算应用呈拓展趋势，大数据、金融计算、社会计算等都成为高性能计算的新领域。

近年来，随着我国神威·太湖之光[3]和天河二号[4]计算机连续多年成为全球超级计算机之冠（见图 9-1 和图 9-2），我国在超级计算机规模和性能上均已超越美国成为世界第一计算力强国。下一步，我国应继续加强超算中心建设，充分利用超级计算机开展重大项目计算，同时大力推广超算小型机服务于各个行业和领域的计算需要，并通过算力共享推动超算产业化，促进经济社会高质量发展。

---

3 神威·太湖之光是国家“十二五”期间“863 计划”的重大科研成果，由国家并行计算机工程技术研究中心研制，运算系统全面采用了由国家高性能集成电路设计中心通过自主核心技术研制的国产“申威 26010”众核处理器。“神威·太湖之光”也是我国第一台全部采用国产处理器构建的世界排名第一的超级计算机。峰值计算能力每秒 12.5 亿亿次，持续计算能力每秒 9.3 亿亿次，系统能效比高达每瓦特 60.51 亿次。

4 “天河二号”超级计算机系统是国家“十二五”期间“863 计划”的重大科研成果，由国防科学技术大学承担研制。“天河二号”一期系统峰值计算速度每秒 5.49 亿亿次、持续计算速度每秒 3.39 亿亿次、能效比每瓦特秒 19 亿次双精度浮点运算。

图 9-1 神威 • 太湖之光[5]

图 9-2 天河二号[6]

我国三大电信运营商以自身的网络和云计算能力服务于地方智慧城市建设，是大众共享公共产品方面取得的最新成果之一。作者在考察由中国电信作为平台系统集成服务商的南昌市 12345 政府服务中心（见图 9-3）时了解到：中心场地 1000 平方米，平台系

5 图片来源 http://www.sohu.com/a/150448151_472705

6 图片来源 http://www.sohu.com/a/150448151_472705

统采用云计算方式部署，通过 100M IPROUN 专线接入省电信云计算中心，设立 100 个服务台席，实行 7×24 小时服务，采用 12345 一个号码整合全市原有的 111 条政府服务热线，群众只要记住 12345 这一个号码即可咨询了解各类政府服务的相关问题。该中心日处理工单可达 3000 件，其中 90%左右是知识性问题，由中心工作人员直接答复广大市民；10%左右需要协调相关部门答复和解决，由中心发单政府督办。运行一年多来，大大方便了广大群众了解政府服务方式，有效增强了政府为民服务能力，及时处置了很多应急事项和风险，得到广大群众和相关部门的一致好评。

图 9-3　南昌市 12345 政府服务中心

04»

重点是使用权共享

信息化与城市化相互作用，使社会在信息共享快速发展的基础上，在物品使用权上出现了越来越多的共享现象，逐步形成使用权共享的新趋势。现阶段共享经济发展的重点是使用权共享，顺应这种新趋势出现的共享平台企业成为发展最快的明星企业。

我国已经形成了规模巨大的城市群和中产阶层，已出现了相当程度的生产产能过剩和生活物品冗余。城市化进程中，千家万户居民分别置备了大量的吃、穿、住、行、玩等各方面的生活用品，成千上万家企业也分别购置了各种各样的固定资产和经营设施。从分散决策角度看，这些物品都有其需求合理性，但从使用频度和效率上看，其中多数都没有达到独家拥有所有权的必要性。例如，家用电动工具年均使用率不到 5%，家庭用汽车平均使用率不到 8%，备用客房使用率不足 10%；单位大会堂平均使用率低于 20%，多数企业的主要测试设备使用率也不足 25%。在信息不畅的时代，因为物到用时方恨少的缘故，为取得方便和有力的竞争地位，各方不得不分别购置这些东西以备不时之需，继而花费昂贵的空间和大量的时间来存放、维护和保养这些东西。随着信息化特别是移动互联网的发展，专业的物品配置平台企业发展起来，它们既可以方便地找到并随时随地地连接大量的物品主人和使用需求方，还能够有效建立起他们之间的信用监督体系，这就使通过提高这些物品的使用频率而让提供者、使用者和配置平台都能共享利益成为可能。当共享经济平台技术相对成熟之后，这种有益各方也有益于社会的共享经济发展方式就雨后春笋般地发展起来。根本没有共享物品的一个又一个物品配置信息平台企业，打造出了联通世界物品的共享厨房、共享衣柜、共享房间、共享单车、共享汽车、共享设备、共享办公、共享网络、共享电商。与此同理，自身没有经营相关业务的服务业平台，针对能力冗余很大的各类人才，打造出了共享司机、共享厨师、共享医生、共享教师、共享养老、共享家政等生活服务共享平台，有力改变了人们的就业方式，有效拓宽了就业渠道，大大提高了人才和资源配置效率，改善了人们的生活方式。

大多数中央企业是各行各业的龙头企业，有着丰富的人才资源和巨大的固定资产，又有很好的品牌和信誉，要深刻认识到线上平台建设的重要性，既善于利用社会上各类平台企业为企业自身优化资源配置服务，又敢于将自己打造成所在行业领域的主要平台型企业，为所在行业和地区资源的优化配置做出应有贡献。我们高兴地看到，国家电网的全球能源互联网[7]、航天科工的航天云网、发源于中车的央企云信等，正在努力朝这个方向发展。

7 为实现全球能源互联网的构想，基于对中国能源和电力的探索和实践，中国最大的电网公司——国家电网公司成立了全球能源互联网公司，旨在建设全球能源互联网，全面推进“两个替代”，提供更安全、更清洁、更高效、可持续的能源供应。

05»

方向是所有权共享

产权是所有权、使用权、收益权、处置权等一束权利的集合，所有权是产权的核心。所有权问题源于产权标的的稀缺性。人类是从短缺经济中走过来的。土地、矿产、企业资产、居民物业等资源是相对稀缺的，需要明确产权归属才能进入市场有序运转。而时间、空气、阳光等更为重要但无限供应的资源，通常并不需要产权制度来加以保护。

事实上，在人类的四种生产中，对所有权保护的需求是大不一样的。在农业时代，土地就是安身立命之本，对土地所有权的争夺寸土不让、极其惨烈。但大多数农产品是季节性产出的，产品保质期短，价值随时间衰退很快，因此农产品本身并不需要强烈的所有权保护制度。在工业时代，工业革命爆发提升了产品生产能力，使资本、土地及企业产权等要素显得相对稀缺，非常需要产权保护，那些市场短缺、价值高昂、长期使用的工业产品也常常需要产权保护，而同样重要的劳动力要素就因供给充分而较少涉及产权保护层面的讨论。资本主义就是应工业时代社会化大生产中的资产所有权形成、运营、流转和保护的强烈要求而产生出来的纯粹资合而忽视人合的企业制度。在服务业生产中，品牌、场所和技艺至关重要，必须加以产权保护。但劳务产品无形，且生产和消费多数情况下是同时完成，按时按次交易，很少有产品所有权需要保护。科技文化产业的产品是符号和信息，是人脑的产物，市场稀缺、应用广泛、价值高昂，因此有强烈的知识产权的所有权保护需求。但如前所述，这些信息产品的使用具有易于复制、能够共享的鲜明特点。在处理好知识产权的所有权问题后，科技文化产品是非常方便也非常应该由全社会共用共享的，其价值也随其使用面的扩大而迅速增加。专利制度就是一种既想保护好发明人对其科技创新成果的知识产权利益，又希望有利于其技术成果公开传播和有序共享的知识产权制度。需要指出的是，世界上现存的专利制度安排主要是工业化早期的产物，相当程度上过分强调了发明者所有权意义上的知识产权保护，保护期也过长，对科技文化产品在使用权上的共享共用则重视不够。科学本无国界，技术应该推广。可以想见，在进入信息化时代以后，如果各国政府对技术发明专利进行更细的分类，将那些社会共享性较强的发明专利实行政府统一采购后适当说短专利保护期，必将会更有利于社会先进生产力的广泛应用，有利于科技文化产业加快发展。

由此可见，所有权保护需求问题只是突出表现在工业时代，并非从来如此，亦非一成不变。未来信息智能科学技术的发展，将大大提高人们透过数字世界把控现实世界的能力，使人们对农业、工业、服务业的客观规律认识越来越清晰，其产品数量与质量将更好地满足人们在各方面的需求。社会上第一、二、三、四产业的产品越是能随时随地满足人们的基本需求，私人个体对获得这些产品之所有权的需求就越低。其结果是，这些产品的所有权将越来越多地集中在国家、地区的政府手中或一个个社会公共平台之上，成为只是相对于其他区域政府而言的“社会公品”[8]所有权，或者作为相对于其它平台而存在的“平台共品”所有权。这表明，共享经济发展将在加快社会资源使用权分散共享的同时，推动其所有权的公共化。因此，社会资源所有权公有程度不断提高是共享经济发展的必然结果，所有权共享是共享经济发展的必然方向。就全球而言，在大力推进人类命运共同体建设过程中，PPP 等共享经济模式将得到更多应用，地区之间、国家之间也将形成越来越多的共有产权。

---

8 北京大学曹和平教授观点。

06»

国有经济是共享经济发展保障

上述分析表明，共享经济的市场形态是平台化市场形态。平台化市场形态是高效的交易中心与泛在的分布式网络两相结合的产物[9]。高效的交易中心与泛在的市场网络都须有与之匹配的市场公共基础设施。因此，规模庞大、发展迅猛的共享经济，一刻也离不开强大的市场公共基础设施的支撑与保障。

中国共享经济发展的实践证明，市场及其相关公共基础设施需要大力建设才能满足共享经济发展需要。市场及其公共基础设施的规划、建设、运维与监管要由政府来组织，而国资企业是政府建设运维市场公共基础设施的主要力量。

---

9 参见第四章。

经过 40 年改革开放，中国的国有经济不再是无所不为包打天下，也绝不是一概退出全盘私有化，而是在市场中优胜劣汰的基础上日益朝着国家安全和国计民生支撑力量这一方向集中，主要坚守在公共基础设施领域，为千家万户居民生活和成千上万家企业生产的共同需要提供产品和服务。现在，中央企业主要分布在全国性公共基础设施网络上，地方国企主要分布在区域性公共基础设施网络上。中国经济发展的能源、交通、通信、金融、国防等平台型、网络型基础设施都主要由国资企业作为支撑力量，支持、引领、结合其他经济共同发展。

2008 年世界金融危机以后，中美两国的共享经济都在加快发展，但二者发展方式却有所不同。除了支持各种共享经济平台企业建设发展之外，中国更加注重通过国资企业加强共享经济发展所需要的公共基础设施建设。中国移动、中国电信、中国联通等信息通信企业为共享经济发展打下通信网络和移动用户基础，国家电网、南方电网携手各发电企业为共享经济发展提供电力保障，中国建筑、中国铁工、中国铁建、中国交建、中国能建、中国电建等建筑施工企业为共享经济发展提供了越来越便捷高效的交通设施，中铁总、中国中车、三大航空、地方高速公路企业为共享经济发展提供了强大的人流物流运输支撑保障，中国石油、中国石化、中国海油用足量高效的油气管网支撑着广大企业生产和居民生活。如图 9-4 所示，过去五年，中国完成新一轮农村电网改造，投运特高压电网从 3 条增长到 16 条，运送容量和运送距离均创世界新纪录；高速铁路运营里程从 9000 多公里增加到 2.5 万公里[10]，占到了世界三分之二；高速公路里程从 9.6 万公里增长到 13.6 万公里，新建改建农村公路 127 万公里；新建民航机场 46 个，国际机票价格下降了 30%；北斗卫星及其地基增强系统投入运行，为电商和网联汽车发展提供了大规模商用的良好基础，网上零售额年均增长 30%以上；建成全球最大的移动宽带网，移动用户超过 14 亿户，固网宽带用户达到 3.23 亿户。2017 年，中国电信网络提速降费成效显著，固定宽带平均接入速率同比增长 51%，达到 76.6Mb/s，单位带宽价格下降了 44%，手机流量单价同比下降了 52%。据麦肯锡报告，10 年前，中国电子商务交易额还不到全球总额的 1%，2016 年却已占比超过 40%，比美、英、日、法、德五国的总和还多。2016 年中国与个人消费相关的移动支付交易额高达 7900 亿美元，相当于美国的 11 倍。

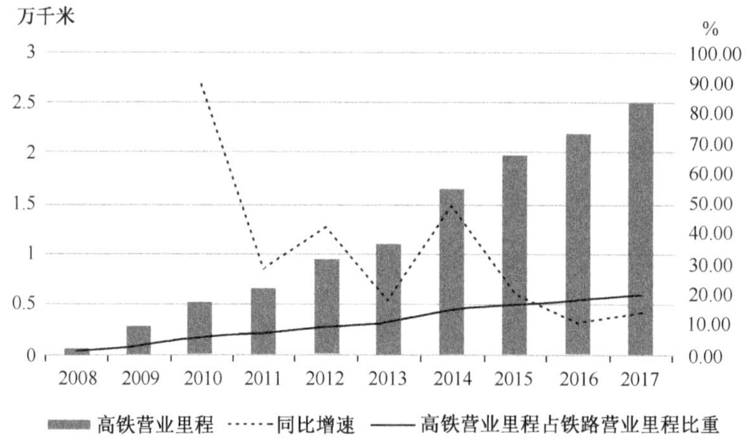

图 9-4　我国高铁营业里程增长情况

10 数据来源于国家统计局。

中国能够如此快速建设发展公共基础设施以适应共享经济发展的需要，一个重要的原因在于土地是全面公有共享的。农村土地归集体所有，城市土地归国家所有。在确有需要的时候，国家可以市场化方式征收农村集体土地展开项目建设。在国有土地上规划建设国家经济基础设施，决策效率较高，交易费用较低，速度远高于在私有土地上开展相同工作。由国资企业来建设和运营这些基础设施，在标准、速度、质量、服务和责任等方面明显更有保障优势。土地产权公有制有利于全国性网络状的共享经济平台建设，具有公共产品性质的市场公共基础设施，坚持由政府统一规划、国企主导建设运营，正是中国共享经济得以健康发展的根本原因。

可以预计，随着科技文化产业的进一步发展，我国农业、工业、服务业发展水平将进一步提高，第一、二、三、四产业产品将更加丰富易得，共享经济的发展将会更快，社会资源的使用权将更加分散，而其所有权将逐渐集中。国家将大力支持各类共享经济平台发展，国有资本将结合其他资本为共享平台建设好相关基础设施，共同加快推进中国稳步实现建设社会主义现代化强国的伟大目标，并为建设人类命运共同体做出更大的贡献。

后　记

1. 写作起因

我们这一代人在中国人民站起来后出生，全程参与了让中国人民富起来的建设发展过程，现在还为中国强起来贡献力量。在长达 45 年的与企业密切相关的工作与学习过程中，我碰到了与企业发展相关的一系列问题，积累了诸多工作体会。这些问题有些是被争论不休的，比如工业革命发生的缘由、国有经济能否融入市场、2008 年金融危机的宏观原因和微观成因；有些似乎是非常重要却没被社会注意到的，比如公司制的债务责任敞口、市场形态对企业制度的深刻影响、第四产业的形成与发展态势、共享经济发展的特点和方向，等等。我一直想把这些问题梳理清楚，把个人体会写出来，但苦于没有时间一直未能开笔。其中的很多认识和体会已在工作中经组织认可融于实践中、写进制度里、带到讲台上，还有一些则仍在凝练过程中。从付诸实践的效果看，这些认识和体会总体上符合国家改革开放需要，促进了企业长期健康发展。因此应该写出来，值得传下去。2017 年 6 月，我离开国务院国资委规划发展局局长岗位转任中央企业专职外部董事，时间上稍有宽裕，我便尝试开始了此书的写作。

2. 目的与书名

与其他企业管理书籍不同，这本书重在探讨企业外部环境母系统对企业子系统的影响，研究基于环境的企业发展战略，以帮助企业家系统地认识环境，以提示创业者整体把握时势，以辅助企业管理专业的学生全面理解企业。写作过程中，曾先后采用过《企业系统发展观》《企业系统的进化》《企业制度演进分析》《企业系统嬗变因素分析》《企业系统时与势》《企业时势纵横谈》《企因谈——跳出企业看企业》《历程与趋势——企业发展外因综合分析》《跳出企业看企业——企业发展外因综合分析》等书名。最后，考虑到服务企业家多维度战略思考需要的初衷，定名为《岭峰之观—基于环境的企业发展战略》。九章如九岭，横竖各不同。希望此书能帮助读者增强整体认识时代环境和系统把握企业发展战略的能力。

3. 与谁一起写这本书

前海母基金的格日勒图博士 2008 年做博士后研究时与我是合作伙伴，曾共同对 PE 基金中的新型生产关系进行过深入探讨，此次他自告奋勇起草了第四章，并提出了四种市场形态分析的初步框架。熟悉“四化”同步发展特别是信息化发展的胡武婕博士参与起草了第八章和第二章的 4、5 两节。李宁博士擅长数据整理和图表制作，此次我邀请她参与全书的图表和索引编制，很好地充实、加强、拓展了全书的分析能力。刘庆波博士、夏平博士和乔彦斌同志全程参与本书架构设计和阅读批评，提出了不少好的修改意见。

4. 衷心的致谢

感谢时代的眷顾，给予我们不断前行的使命。感谢社会的发展，给予我们这代人特别丰富的阅历。感谢父母的养育，给了我们良好的身体与心理。感谢夫人李新鸣全心全意的照顾和服务，使我 60 多岁之后能健康安心的写作。感谢参与写作的伙伴在繁忙的工作之余挤出时间来辛勤合作。感谢电子工业出版社给予的认可和大力支持。感谢李荣融主任、黄伯云校长、靳海涛先生的厚爱，悉心为本书作序。最后要特别感谢我的哥哥邓志刚和嫂嫂王敏，他们在长沙对于 90 岁高龄父母的长期照料与服侍，是我能安心在北京坚持工作并写成此书的前提。

邓志雄

2019-2-19